董季棠著

重修增訂

修辭析論

文史哲學集成

文史哲出版社印行

國立中央圖書館出版品預行編目資料

修辭析論/ 董季棠著. -- 增訂初版. -- 臺北市
: 文史哲, 民８１
面； 公分. -- (文史哲學集成 ; 258)
ISBN 957-547-131-8(平裝)

1. 中國語言 - 修辭

802.7 81002608

文史哲學集成 ㉘

重修增訂 修辭析論

著者：董季棠
出版者：文史哲出版社
登記證字號：行政院新聞局局版臺業字五三三七號
發行人：彭正雄
發行所：文史哲出版社
印刷者：文史哲出版社
台北市羅斯福路一段七十二巷四號
郵撥○五一二八八一二彭正雄帳戶
電話：三五一一○二八
實價新台幣五四○元
中華民國八十一年六月增訂初版
中華民國八十三年十月增訂再版

ISBN 957-547-131-8

寫在修訂本前

我這本「修辭析論」，自民國七十年出版以來，受到大學院校師生和社會讀者的欣賞，採作教材、參考書，因而一再重版，前後已印多次。他們給我許多鼓勵，也告訴我一些瑕疵。他們說這本書的優點是辭格的取捨恰當，範圍的釐定清楚；尤其是每一條辭例都有深入淺出的分析，名文佳句的妙處剖露無遺，對教學與寫作，方便而有用。缺點是某些章節材料稍嫌冗雜，引申略見枝蔓，舉例有些重複，標目不夠清楚等。我參照他們的意見，從頭檢討、修訂，充實優點，改進缺點。希望它以更完善的形貌，呈現在大家的面前，為修辭學這門學問盡些微貢獻。感謝大家的愛護，也感謝文史哲出版社承印這個修訂本。

著者　中華民國八十一年三月　日

自序

我讀書很雜，經、史、子、集，都涉獵了一些。不過小時讀經書，是父親督導的；後來念詩詞，才是自己志願的；再後來看古典小說，甚至外國翻譯文學名著，更是興之所至了。父親要我讀經，還須背誦，當時深以爲苦；但習慣成自然，等自己念詩詞時，就以能誦爲樂了。甚至讀史、讀子、看小說、翻譯等，也能默記一些其中的名言佳句。因爲沉浸典冊，涵泳詩書，不知不覺就走上學文的道路了。由吸收而至發表，自己也執筆寫作。因寫作的需要，又旁及詩話、詞評、文則、析義等書，對修辭技巧作進一步研究。且讀且記，也頗有收穫。

旴以後任教專上學校，擔任修辭課程，看了更多有關修辭的書，對修辭有更廣泛更深入的認識。旴衡眾書，校短量長，就立下自著一本研究修辭專著的意願。首先，我的構想，是這本專著，不但要有充實的內容，精美的辭例，讓喜歡鑽研修辭的人有探討的興趣；而且應該藉各種佳例，指出作者的用意，說明創作的原理，使有志寫作的人瞭解修辭的方法，提高作品的水準。爲達到這個目標，就要確定適當的範圍，搜集足夠的辭例，還要分析作法和評論優劣。因此，難事也就來了：先是怎樣擬訂格目，應該有哪些格目，不要哪些格目？選擇去取，煞費考量。其次是辭例的搜尋。以前所記誦的名文佳句，用來講課有餘，取作著書不足；而有些記得文句，卻忘了出處；更有些只剩浮光掠影，不省全文。爲解決這個問題，書桌上排滿了書，眞像獺祭魚；爬羅剔抉，又如沙裏淘金。再其次是有了辭例，怎樣去分析它。多數辭例，固然意義明確，容易瞭解作者用意；但有少數辭例，意義隱晦，很難猜透作者匠心，而精微要妙之作，卻正在這些辭例中。爲了加上適當的分析，夜半不寐，蹀躞尋思，也是常有的事。又其次是，別人認爲平凡的辭例，筆者卻認爲不錯；別人認爲有名的辭例，筆者卻認爲不好。評優論劣，下筆實難。排比研判，斟酌推敲，常有旬日躊躇的情形。這樣念茲在茲，除教課外，所有時間精力，灌注在此，經兩年而完稿。再經修飾琢磨，成爲本書。

爲實現自己的構想，達到預期的目標，本書的要點是，分上、中、下三篇，每篇章數約略相等。上篇討論意境，中篇討論字句，下篇討論形式。希望在全書結構上，能修短有度，穠纖合宜。每篇各章，先說明格目的意義，確定明白的界限；再列舉本格辭例而加以分析，辭例文白兼收，分析力求入扣；末後作一評論，主要是在闡優，偶然也有摘劣，但都務期中肯。大致是：說明格目的文字較少，分析評論的話語較多，旨在探賾發微，有新的發現。例如上篇第一章「譬喻」，對譬喻種類，只約舉數例；多數筆墨，討論如何以已知、具體、酷似、取近、求新等方法創造佳喻。中篇「析字」章，雖分九個細目，但只簡單撮述；而以兩倍有餘的文字詳論其中借形、借音、牽附三目的優點，並附以「謬衍」的作法。因它們對修辭功用有輕重之分，故而詳略不同。下篇「回文」章，辭例中，回文句多於回文詩，而分析評論之言尤爲詳盡。因一般認爲回文詩奇險難能，十分可貴；而筆者從修辭功用看，以爲回文句才是正途，回文詩卻是小道，故有厚此薄彼之論。

文學裏，韻文爲重要角色；韻文裏，音節爲重要條件。本書立「音節」一章，討論音節在修辭上的功用。用實例說明詩人們如何以聲、韻、調作爲修辭的手段，表現他心中的意念。辭例雖多舊詩，但溫故可以知新，對新詩的創作當有幫助。

最後「省略」一章，由評省略的得失，附論文章的繁簡。文章有繁所當繁，簡所當簡；也有繁所不當繁，簡所不當簡。如何權衡增損，適得其中，也是作家們可以參考的。

修辭佳例，除少數是社會上原已存在的「天籟」，妙手偶得之外，大多數是作家們苦心孤詣，自我創造的。但自我創造也必須爲讀者所接受，所謂雕琢也要近於自然。如果一味逞奇鬥巧，讀者不能領會，甚至不合語言軌轍，那就失去修辭的意義了。本書偶有批評名作中不當的字句，以筆者看來，都因雕鏤太過，違反自然的緣故。

寫完本書，略敘筆者對修辭的看法，以作爲本書的簡介。學疏識淺，缺誤必多，敬祈方家指教是幸。

中華民國七十年八月

修辭析論　目錄

中篇　字句的取樸與求新

下篇　形式的整齊與變化

前言

一、「修辭」一詞的起源和它的界說。

「修辭」這個名詞，最早見於周易乾文言：

九三曰：「君子終日乾乾，夕惕若厲，无咎。」何謂也？子曰：「君子進德脩業。忠信，所以進德也；脩辭立其誠，所以居業也。」

不過這段話裏所說的「脩辭」，並不完全等於現在所說的「修辭」，看孔穎達的正義就可知道。他說：

此釋九三爻辭也。子曰「進德脩業」者，德謂德行，業謂功業。九三所以「終日乾乾」者，欲進益道德，脩營功業，故終日乾乾匪懈也。……「忠信，所以進德」者，復解進德之事，推忠於人，以信待物，人則親而尊之，其德日進，是進德也。「脩辭立其誠，所以居業」者，辭謂文教，誠爲誠實也。外則脩理文教，内則立其誠實，則有功業可居，故云居業也。……

孔子說的話，本來就是解釋九三爻辭「君子終日乾乾，夕惕若厲」是什麼意思，孔穎達也從這方面作疏。所以說「脩辭立其誠」是外脩文教，內立誠實，方能成爲有功業可居的君子。「外脩文教」和現在所說的修辭，包涵的意義是不同的。如果說「脩辭立其誠」這句話只是修飾文辭要誠實的意思，這跟「居業」沒多大關係，而且修飾文辭是無法完全誠實的。就以「夸飾」修辭法來說，就很不「誠實」。而這些材料在書經、詩經裏都不少，孔子一定看過，也沒說它不合。但是，周易所說的「脩辭」，是現在所說的「修辭」的來源，那是不錯的。因爲一個名詞的原始涵義，和後來的涵義，往往不同，但我們不能否定它是從那裏發源的。

修辭不可能完全誠實，但發爲修辭的根基——情，卻必須完全誠實。也就是須有眞誠懇摯的情感，加上華美動聽的辭藻，才是內容、形式兩者兼具的好作品。所以，禮記表記，孔子說的一句話：

情欲信，辭欲巧。

卻眞正可作爲寫作的圭臬了。「辭欲巧」，不是修辭要誠實，也不全是「外脩文教」，但卻是修辭的眞意義。所以研究修辭的人，替修辭下的定義，雖各有不同的說法，但歸納起來，不外是：

修辭是研究如何適切地、巧妙地表出作者的情意，使讀者發生共鳴的一種學問。

再從「修」「辭」兩字的意義來說修辭的目的。周易作「脩」，說文把它列在肉部。許愼說：「脩，脯也。从肉，攸聲。」段玉裁注：「經傳多假『脩』爲『修治』字。」這是先有字兼代後有字的意思。脩字在先，修字在後，所以脩字本是肉脯，又兼代修治。論語有「束脩」，又有「德之不脩」，也是兼代。周易的「脩辭」就是「修辭」，是毫無疑問的。說文「脩」、「修」兩收。「修」字下，許愼說：「飾也。从彡，攸聲。」段玉裁注：「修飾也者，合本義引伸義而兼擧之。不去其塵垢，不可謂之修；不加以縟采，不可謂之修。修之从彡者，洒刷之也，藻繪之也。修者，治也，引伸爲凡治之稱。」說文「彡」字下，段注說它是多毛的刷子或筆，所以可以用來「洒刷」，用來「藻繪」。關於「辭」字，說文解爲：「說也。从𤔔辛。𤔔辛，猶理辜也。」辜字，說文解作辠。而辠就是後來的罪字。所以理罪是處理訴訟的意思。也就是禮記大學「無情者不得盡其辭」的「辭」。是訴訟者的言辭。辭有言和文兩方面。心裏的情意，用口說出來是言辭，用手寫出來是文辭，所以辭字包括言辭和文辭。周易繫辭：「將叛者其辭慚，中心疑者其辭枝，吉人之辭寡，躁人之辭多，誣善之人其辭游，失其守者其辭曲。」論語泰伯篇：「出辭氣，斯遠鄙倍矣。」孟子公孫丑篇：「宰我、子貢善爲說辭。」無論好的壞的，這些都是用口說出來的「辭」。孟子萬章篇：「故說詩者，不以文害辭，不以辭害志，以意逆志，是爲得之。如以辭而已矣，雲漢之詩曰：『周餘黎民，靡有孑遺。』信斯言也，是周無遺民也。」荀子正名篇：「辭合於說。」楊倞注：「言經爲說，成文爲辭。」史記孔子世家：「孔子在位聽訟，文辭有可與人共者，弗獨有也。至於爲春秋，筆則筆，削則削，子夏之徒不能贊一辭。」這些都是用手寫出來的「辭」。那麼「修辭」應該解釋爲：

從消極方面說，是洗汰言辭或文辭裏一些不必要的渣滓，好像用刷子洒刷塵垢；從積極方面說，是創作言辭或文辭裏一些必需的精髓，好像用畫筆藻繪縟采。但言之無文，行之不遠。言辭變成文辭，才能廣泛地永久地流傳。而消極的洗汰，只求無病；積極的創作，才能光耀奪目。因此，修辭的主要目的，是使文辭美適精巧，讀者爲之神往。

二、古書上的修辭實例。

雖然周易上的「脩辭」，並不完全等於現在所說的「修辭」，那時也沒人專門研究修辭，但實質上的修辭卻早已存在了。論語憲問篇說：「子曰：『爲命，裨諶草創之，世叔討論之，行人子羽脩飾之，東里子產潤色之。』」「爲命」，就是寫作辭令。朱熹集注：「裨諶以下四人，皆鄭大夫。……鄭國之爲辭命，必更此四賢之手而成，詳審精密，各盡所長。是以應對諸侯，鮮有敗事。」應對諸侯，是外交辭令。這種辭令，可能是說話的底稿，或逕作書面的報告。朱注解「草創」爲「造爲草藁也」，解「討論」爲「尋究、講議也」，解「脩飾」爲「增損之」，解「潤色」爲「加以文采也」：製作的過程極爲審愼。尤其是後面兩個步驟，完全是指修辭方面所下的工夫。

戰國策秦策，蘇秦以連横說秦，他勸秦惠王用兵併吞天下，從神農伐補遂，說到齊桓霸天下，又說到武功不盛，文治難成。囉囉嗦嗦，說了四百八十多字。結果是「書十上而說不行」，自擔行囊回家。再發憤讀書，找到了太公陰符，「伏而誦之，簡練以爲揣摩。」這樣過了一年，到趙國勸說趙王，在華屋下「抵掌而談」，趙王大悅，封爲武安君。「簡練揣摩」，就是在修辭上下了苦工。林西仲古文析義，評論前段說秦的長文說：「他段妙在佳，此段妙在不佳，千古傳神之筆。」以戰國策的寫作技巧說，它傳了蘇秦說話嘮叨的神，確是妙文；但在蘇秦，卻被自以爲佳的不佳言辭害得裘敝金盡，狼狽而歸。林西仲又評「簡練揣摩」說：「簡之使精，練之使熟。以我所學之精熟者，揣摩時務之切而用之，世主之情而中之，此遊說妙訣也。」蘇秦爲求富貴而遊說，他的用心是可鄙的；但他在遊說的內容和技巧上，下了極大的工夫，卻是可佩的。「簡」是汰劣留優，去蕪存精，在消極修辭方面做到盡善；「練」是運用各種技巧，作表情達意的訓練，在積極修辭方面做到盡美。因此一言而使趙王大悅，他的說辭一定非常精彩。只可惜原文只留下「抵掌而談」四字，引人遐思而已。

文心雕龍附會篇說：

> 改章難於造篇，易字艱於代句，此已然之驗也。昔張湯擬奏而再卻，虞松草表而屢譴，並事理之不明，而詞旨之失調也。及倪寬更草，鍾會易字，而漢武歎奇，晉景稱善者，乃理得而事明，心敏而辭當也。

倪寬替張湯草奏，是整篇重寫，包括事理的申述，使漢武帝大爲贊美（見漢書兒寬傳），這不全是修辭的斟酌；鍾會替虞松改表，只換了五個字，使晉景王（司馬師）十分高興（見三國志鍾會傳注引世語），一定是修辭的鍛鍊，只是後世已不知道換的是什麼字了。

文心雕龍這部書，主要是討論文學創作和批評，但也有一部分是說明修辭方法的。如聲律、麗辭、比興、夸飾、事類、練字等篇。只是劉勰並沒舉出「修辭」這一面旗幟，後來許多作家們寫下許多不朽的作品，也沒說自己是用哪一種修辭法寫詩文。但是像盧延遜所說的「吟安一個字，撚斷數莖鬚」，豈不就是練字篇所說的「富於萬篇，窘於一字」嗎？鍛字鍊句修文辭，卻是自古迄今，早已存在了。

三、政治家、外交家、哲學家、文學家的修辭。

同樣一句話，不加修飾，平淡無趣；修飾之後，就新奇有味，能激起別人的反應。政治家藉此說服群眾，外交家藉此戰勝對方，哲學家藉此說明理論，文學家藉此影響讀者，古今中外，實在太多了。即使朋友聊天，情人說愛，老人講古，也莫不藉着修辭的功能，提高他們的情趣。修辭的重要，是無可懷疑的。

商湯舉兵伐桀，怕民眾不服從，他宣布的理由是：

曰：「時日曷喪，予及汝偕亡！」夏德若茲，今朕必往。爾尚輔予一人，致天之罰。（書經商書湯誓）

商湯引用夏民所說的「時日曷喪，予及汝偕亡」，是修辭引用格的訴諸大眾。表示伐桀是應天順人，弔民伐罪。名正言順，就有號召的力量。而夏民所說的這句話，是譬喻兼擬人呼告，充分表現他們的憤恨，很有引用的價值。等到商朝末年，武王伐紂的時候，又有一套說辭：

商王受（紂名）弗敬上天，降災下民。沉湎冒色，敢行暴虐；罪人以族，官人以世；惟宮室臺榭陂池侈服，以殘害於爾萬姓；焚炙忠良，刳剔孕婦。皇天震怒，命我文考，肅將天威，大勳未集……（書經周書泰誓）

這段話使用修辭排比格和複疊格的形式，把紂王的罪惡堆疊起來，給人一種萬惡不赦，非伐不可的感覺，就有出兵的理由。這段話大概也是使紂王成爲「天下之惡皆歸焉」的箭垛式的惡人的原因之一。如果泰誓篇確定是漢晉人僞造的古文尙書的材料（見閻若璩「古文尙書疏證」），那麼這段話也正是集合前人評論的結果。總之，它是堆疊式的以多取勝的修辭法。

秦王政要併呑安陵，卻派使者跟安陵君說，用五百里的土地交換五十里的安陵。安陵君不肯，派唐且到秦國：

秦王怫然怒謂唐且曰：「公亦嘗聞天子之怒乎？」唐且對曰：「臣未嘗聞也。」秦王曰：「天子之怒，伏屍百萬，流血千里。」唐且對曰：「大王嘗聞布衣之怒乎？」秦王曰：「布衣之怒，亦免冠徒跣，以頭搶地爾！」唐且曰：「此庸夫之怒也，非士之怒也。夫專諸之刺王僚也，彗星襲月；聶政之刺韓傀也，白虹貫日；要離之刺慶忌也，蒼鷹擊於殿上。此三子者，皆布衣之士也。懷怒未發，休祲降於天，與臣而將四矣。若士必怒，伏屍二人，流血五步，天下縞素。今日是也！」挺劍而起，秦王色撓，長跪而謝曰：「先生坐，何至於此！寡人諭矣。夫韓、魏滅亡而安陵以五十里之地存者，徒以有先生也。」（戰國策魏策）

唐且這一段話，先用排比的句式，說出專諸、聶政、要離的故事，聲勢盛大；加上自己成四個，又有對比的作用。「伏屍二人，流血五步」，而竟使「天下縞素」，這是映襯裏的反襯；和前面秦王說的「伏屍百萬，流血千里」，又是映襯裏的對襯。針鋒相對，凌厲逼人。雖然「秦王色撓」，還有賴唐且的「挺劍而起」，但這幾句理直氣壯的外交辭令，也夠令人心悸的。正像魯仲連痛罵辛垣衍之後，使「秦將聞之，爲卻軍五十里」。在外交上作冷戰時，必須講究修辭的技巧。

莊子是一位睿智的哲學家，也是一位偉大的文學家。他有許多奇妙的修辭法，用來說明他的哲理。他爲了說明人當逍遙物外，任天然之理，無爲自得，就說：

> 鯤之大，不知其幾千里也。化而爲鳥，其名爲鵬。鵬之背，不知其幾千里也。怒而飛，其翼若垂天之雲。……鵬之徙於南冥也，水擊三千里，摶扶搖而上者九萬里。（逍遙遊篇）

這是一種極其鋪張的夸飾寫法，以表示宇宙廣無涯涘，任君漫遊。他爲了說明生死變化之理，在生適於生，在死適於死，則無所謂生死，就說了莊周夢胡蝶的故事：

> 昔者莊周夢爲胡蝶，栩栩然胡蝶也。自喻適志與，不知周也。俄然覺，則蘧蘧然周也。不知周之夢爲胡蝶與？胡蝶之夢爲周與？……（齊物論篇）

這是一種十分生動的摹狀寫法，以象徵生死兩境界都很可愛。他爲了說明智不如朴，人爲不如自然的道理，就說：

> 泉涸，魚相與處於陸。相呴以濕，相濡以沫，不如相忘於江湖。（大宗師篇）

這是一種非常有趣的譬喻法，也帶有映襯的作用。讀者可領會人爲與自然的截然不同。其他還有許多異想天開、多采多姿的寓言，使讀者眼花撩亂，神往心凝。他用的是諷喻法。

孟子生當戰國亂世，諸侯重力重利，以攻伐爲能。而孟子說性善，倡王道，周旋於時君群小之間，可想見其戛戛乎難矣。但孟子長於修辭，善於設譬。以牛山之木、麰麥之播，說明生性本善，人人相同；以戕賊杞柳以為桮棬，摶水可使過顙，說明矯揉造作都不是人類的本性。使眾人信服，告子莫辯。以五十步笑百步說明魏君的好戰殘民，與鄰國同；以挾泰山超北海，為長者折枝，說明齊王不王天下，是不為，非不能。以大旱望雲霓說明人民盼望仁君；以緣木求魚說明不能以征戰取天下。化抽象為具體，取近事以作譬，滔滔不絕，侃侃而談。梁惠王、齊宣王雖限於形勢，不曾實行他的理論，但也說了「寡人願安承教」、「我雖不敏，請嘗試之」的話，究竟被說動了幾分。趙岐說孟子「長於譬喻，辭不迫切，而意已獨至」。他實在是一位有創見的哲學家，有才華的文學家；他雖否認好辯，其實也是雄辯家。

新五代史馮道傳記着：

耶律德光嘗問道曰：「天下百姓如何救得？」道為俳語以對曰：「此時佛出救不得，惟皇帝救得。」人皆以為契丹不夷滅中國之人者，賴道一言之善也。

歐陽修對馮道評價不高，但卻認為這句話說得不錯。如以「不以人廢言」的尺度來看，這句近乎諂媚的話，確實發揮很大的作用。它利用修辭學層遞的原則，把當時大家崇仰的佛擺在很高的位置上，又把皇帝擺在更高的位置上；而救得、救不得，又有映襯作用。使耶律德光覺得皇帝比佛更慈悲，更法力無邊，給他一種極高的榮譽感和滿足慾，自然不好意思殺人了。

世說新語賢媛篇，說許允和阮家女結婚，行禮後，發現新婦奇醜。許允不肯進房，桓範勸他進房，許允又想逃走，新婦攔着他：

許因謂曰：「婦有四德，卿其有幾？」婦曰：「新婦所乏唯容爾。然士有百行，君有幾？」許云：「皆備。」婦曰：「夫百行以德爲首，君好色不好德，何謂皆備？」允有慚色，遂相敬重。

新婦的修辭法，暗用了孔子所說「吾未見好德如好色者也」的話，引用裏的訴諸權威。大帽子一壓，許允感到慚愧，就接受了她。事實上後來也確實靠這位「新婦」，脫離一些災難，保全幾個兒子。

一九六九年七月二十一日，美國太空人阿姆斯壯登陸月球。他走下登月小艇，踏上月球的時候，所說的第一句話是：

對我個人來說，這是一小步；但是對人類來說，這是一大步！

藉着電視、廣播的傳播，全世界無數的人，都聽到這句話了。這句話的修辭法巧妙而得體。他拿個人對襯人類，一小步對襯一大步；而個人的一小步，竟是人類的一大步。充分說明美國人在科技發明、太空探險方面卓越的成就，但也沒有忽略全人類共同的進步。同時「踏步」和「進步」，也有雙關和象徵的作用。因爲阿姆斯壯是全人類第一位登上月球的人，他知道他在月球上所說的第一句話，不但爲全世界的人所傾聽，而且也將在人類的歷史上記下一筆。他事先一定仔細考慮過怎樣說一句最有意義的話，或者是太空中心的「秘書」代擬講稿也不一定。總之，偉大的壯舉，非配上一句美好的修辭不可。

孔子曾說：「不學詩，無以言。」又說：「詩：可以興，可以觀，可以群，可以怨。」如果我們用「修辭」代替這些話裏的「詩」，也並不過分。

四、消極修辭—措詞明確，用字淺顯，照應周密，層次分明。

作文是給別人看的，修辭的目的是在影響別人。但在沒有影響別人以前，首先要讓別人看得懂，如果你的文章別人看不懂，更別說影響別人了。所以看得懂，實爲修辭的第一步。措詞明確，用字淺顯，照應周密，層次分明，讓別人看了有淸楚的印象，知道你在說什麼，這是最起碼的條件。也就是所謂「消極修辭」。大致說來，是「洒刷塵垢」的工夫。這些條件看似容易，事實上卻常有問題。古今都有這些例子。

1.措詞明確　措詞不明確的，如孟子公孫丑篇：

孟施舍似曾子，北宮黝似子夏。夫二子之勇，未知其孰賢；然而孟施舍守約也。昔者曾子謂子襄曰：「子好勇乎？吾嘗聞大勇於夫子矣：自反而不縮，雖褐寬博，吾不惴焉？自反而縮，雖千萬人，吾往矣。」孟施舍之守氣，又不如曾子之守約也。

前面說「孟施舍守約」，後面說「孟施舍之守氣，又不如曾子之守約」，十分矛盾。趙岐、朱熹都不敢改字解經，都把前一句的「守約」解爲守要，至於後一句爲什麼變爲「守氣」，就無法交代，只好望文生義，依樣作解而已。近來有些學者（如王叔岷先生）就明白說前一句的「守約」是「守氣」的誤寫。改爲「守氣」，就文從義順了。如不是後人傳寫錯誤，就是孟子措詞不明確。

又如鄭玄戒子益恩書第一段：

> 吾家舊貧，不爲父母群弟所容，去廝役之吏，游學周、秦之都，往來幽、并、兗、豫之域。

既然不爲父母群弟包容，怎能丟開吏職，去周、秦之都游學呢？因此有人解釋爲鄭玄喜讀書，不喜作吏，父母群弟不原諒他。那跟下文的意思正相反了。因此又有人說，「不爲」就是「爲」，王引之的經傳釋詞就舉了許多例子，詩經小雅車攻：「徒御不驚，大庖不盈。」「不驚」就是「驚」，「不盈」就是「盈」。可是鄭玄箋詩會這樣解，鄭玄戒子也會這樣寫嗎？王先謙替後漢書作集解，在鄭玄傳裏就說「不」字爲衍文，應該刪去。不知是鄭玄確實這樣寫？還是後人妄加？總之，是措詞不明，徒滋紛擾了。

金人王若虛滹南遺老集（卷三十五）說：

> 退之行難篇云：「先生矜語其客曰：『某，胥也；某，商也。其生，某任之；其死，某誅之。』」予謂上二「某」字，胥、商之名也；下二「某」字，先生自稱也。一而用之，何以別乎？

這可不是傳寫錯誤，後人妄加，而確是作者措詞不明了。在同一段話裏，「某」字作「某某人」用，又作「我」字用，就混淆不清了。這因爲代名詞沒分化。

陳望道在修辭學發凡中，由前例談到用代名詞不宜過多，說：

大抵代詞過多，或用名詞過少，都容易患這種毛病。如左傳桓公十八年：「春，公會齊侯於濼，遂及文姜如齊。齊侯通焉。公謫之。以告。夏四月丙子，享公，使公子彭生乘公。公薨於車。」我們可以有「齊侯通焉」，通誰？「公謫之」，謫誰？誰以告？告於誰？等懷疑。而管子大匡篇作：「魯桓公遂以文姜會齊侯於濼。文姜通於齊侯。桓公聞，責文姜。文姜告齊侯，齊侯怒，饗公。使公子彭生乘魯侯。公薨於車。」複用了幾個名詞，便覺得異常明白，無可致疑。

一件事情，兩種用詞，對照看，就孰明孰晦，一目了然。詞語的使用，應以意義明確為準繩。

2.用字淺顯　為了讓別人看懂，用字淺顯是必需的條件。雖然鍛字造句有時要有深意，但是有深意並非冷僻古奧。照胡適先生的白話文學史觀，古今來凡是好作品，都是白話文學。文言是古人的白話，語體是今人的白話。在當時代的人看來，都是淺顯易懂的。今人說古語，就深奧難曉，不合時宜了。有些人喜歡捨棄常用字，特用冷僻字，也不過以艱深文淺陋，貽笑大方而已。這在記述的實用文字方面更要注意。

歐陽修和宋祁共修新唐書，雖佩服他功力深湛，但對於他喜歡用艱深的文字更換舊唐書淺顯的語句，卻不以為然。宋稗類鈔卷五、涵芬樓文談五，都說歐陽修在牆壁上寫了「宵寐匪禎，札闥洪庥」八個字，代替「夜夢不祥，書門大吉」的意思，以戲弄宋祁，說這是他寫新唐書的筆法。洪邁容齋隨筆、王若虛滹南遺老集，對宋祁修新唐書喜用僻字，也多所批評。趙翼陔餘叢考卷十一「新唐書文筆」條，對宋祁的文辭，「過求簡淨，不免晦澀」、「造語用字，尤多新奇」，頗爲譏評。他列舉道：

范君璋傳：「矜肘變生。」（謂變起肘腋也。）李迥秀傳：「撓意諧媚。」（謂曲意阿附也。）裴矩傳：「池酒林胾。」（即酒池肉林也。）宇文士及傳：「通諄勤」（即通殷勤也。）蕭瑀傳：「亡不旋跬。」（即亡不旋踵也。）蕭廩傳：「厲止夜行。」（即禁止夜行也。）李嶠傳：「無所嫁非。」（謂無所委罪也。）蘇頲傳：「朝鼎夕砧。」（謂迅速伏誅也。）……至其好用「叵」字代「不可」二字：如桑道茂傳：「福壽叵涯。」薛頤傳：「卒叵之測。」張巡傳：「時人叵知。」安祿山傳：「叵可忍。」又承天皇帝傳，以「沒奈何」爲「末耐何」；李泌傳，以「率爾」爲「帥爾」。此則徒以新巧避陳俗，未免同「卉犬」、「篠驂」之誚矣！

「矜肘變生」等語之下，趙翼所加注解，都是習見常語，極爲明瞭；特意改作，就晦澀難曉，甚至不可通。如「酒池肉林」，原只是形容紂王的豪侈無度，一種夸飾的寫法，後世引用，也是如此；宋祁改爲『池酒林胾』，是說酒盛在池塘裏，肉掛在樹林裏，反而落實不通了。（以「胾」換「肉」，尤爲奧僻。）又如「不旋踵」，是說來不及旋轉腳跟，等於說一彈指頃，形容時間極短而已；而「跬」是半步，來不及旋轉半步，就不知是什麼意思了。而「朝鼎夕砧」，看起來很像調和鼎鼐，折衝樽俎呢。眞是弄巧成拙，反受人譏了。（「叵」是「不可」的合讀，意義也同。「叵可忍」就是「不可可忍」，一個不通的句子。費袞梁谿漫志卷十也說到這一例。又：唐徐彥伯作文，喜用僻字，「鳳閣」

改作「鴉闌」，「龍門」改作「虬戶」，「芻狗」改作「卉犬」，「竹馬」改作「篠驂」，所以趙翼借來譏笑宋祁。）

現在是文言白話、中文西文大雜拌的時代。雜拌之下，有些句子不順口，像「有所長的，他都向之請教。」（張蔭麟：孔子的先世與孔子的人格。文白夾雜。）「我是素食主義的崇拜者。」（余光中批評中文歐化句。）有些句子難懂，像民國六十七年三月十六日，各大報都有「曾廣順眞除海工會主任」的標題。絕大多數的讀者都以爲「眞除」是完全免職的意思；只有少數懂得文言的人，才知道它說的是正式任命，補上實缺。當然還有更少數的人，讀過漢書平帝紀「一切滿秩如眞」、景帝紀「初除之官」的文字，因而懂得它的出典。報紙上又常出現「美參眾兩院，杯葛自韓撤軍」、「亞洲羽協，杯葛國際羽協」等標題。這「杯葛」兩字，也只有少數讀者知道它是抵制、阻撓的意思；和極少數精通英文的人，知道它是Boycott這個愛爾蘭人名的譯音，以及他得罪農民，發生不合作事件的故事。人名轉品爲動詞，就成爲抵制、阻撓了。但是看報的國民，有幾個讀過漢書和精通英文的呢？執筆的人，如果能設身處地替讀者想一想，就不會寫出這類冶古今中外於一爐，晦澀難懂的標題了。

3.照應周密　照應周密，就是上下句互相配合，或前後段彼此呼應。如果上下差錯，或前後乖違，就是疏漏。疏漏是文病之一，古人也有這種缺失。俞樾古書疑義舉例卷二，「古人行文不嫌疏略例」說：

襄二年左傳：「以索馬牛皆百匹。」正義曰：「司馬法：丘出馬一匹，牛三頭。」則牛當稱頭。而亦云匹者，因馬而名牛曰匹，并言之耳。經傳之文，此類多矣。易繫辭云：「潤之以風雨。」論語云：「沽酒市脯不食。」玉藻云：「大夫不得造車馬。」皆從一文而省也。按此亦古人行文不嫌疏略之處。使後人爲之，必一一爲之辭曰：「以索馬百匹，索牛百頭。」曰：「沽酒不飲，市脯不食。」此文之所以日繁也。

俞氏說古人行文不嫌疏略，今人行文不憚繁複，恐是厚古薄今的說法。「索馬牛皆百匹」、「沽酒市脯不食」二句不算語病，還勉强可以；「潤之以風雨」、「大夫不得造車馬」二句，怎麼能說只是疏略而已呢？風怎麼能潤，馬怎麼能造呢？有人說，禮記曲禮：「鸚鵡能言，不離飛鳥；猩猩能言，不離禽獸。」「禽獸」二字也是病辭，應改爲「走獸」，才能和「猩猩」相應。這話十分正確。如果後人作文，一定連「飛鳥」也會改成「飛禽」，這不僅爲了和「走獸」相對，也因爲下文原是：「今人而無禮，雖能言，不亦禽獸之心乎！」這樣修改，如以進步的觀點看，該是「後出者精」，後人比古人周密。前人曾說宋玉「對楚王問」：「豈能料天地之高哉！」天可言高，地不可言高，認爲也是語病。這雖近乎吹毛求疵，但如要照應周密，是應該這樣計較的。

歐陽修送徐無黨南歸序，第一段說：「草木、鳥獸之爲物，眾人之爲人，其爲生雖異，而爲死則同，一歸於腐壞澌盡泯滅而已。」第二段說自古以來立言之士，及所著之書，多至不可勝數，而能留存後世者，百不一、二。因此他感歎道：

予竊悲其人，文章麗矣，言語工矣，無異草木榮華之飄風，鳥獸好音之過耳也。方其用心與力之勞，亦何異眾人之汲汲營營，而忽然以死者，雖有遲有速，而卒與三者同歸於泯滅，夫言之不可恃也蓋如是。

前有「草木」，後有「草木榮華之飄風」；前有「鳥獸」，後有「鳥獸好音之過耳」；前有「眾人之爲人」，後有「眾人之汲汲營營」；前有「一歸於腐壞澌盡泯滅」，後有「同歸於泯滅」：前後照應，周密無罅隙。

韓愈進學解，一開始就以「業精於勤」、「行成於思」訓誨學生。哪知學生卻以業精行成的人，偏鬱鬱不得志來嘲笑他。學生的發言，一段說「先生之業，可謂勤矣」，是針對「業精於勤」而發的；二段說「先生之於儒，可謂有勞矣」，還是針對「業精於勤」而發的，因爲以言論衛道，由「業精」而來；三段說「先生之於文，可謂閎其中而肆其外矣」，還是針對「業精於勤」而發的，因爲文章滿家，也由「業精」而來；四段說「先生之於爲人，可謂成矣」，就完全對「行成於思」而發了：這些話反駁了先生的訓誨，四段話照應了八個字。而韓愈的答復是：「學雖勤而不繇其統，言雖多而不要其中，文雖奇而不濟於用，行雖修而不顯於眾。」四句話把學生說的四段話，又反駁了，一句話照應一段。韓愈解釋自己的遭遇時，有匠氏看木材的大小，派各種不同的用場而成屋，醫師依藥品的貴賤，作各種不同的調配而治病，來譬喻宰相用人，自有適當的校量。末了以反語作結：

若夫商財賄之有亡，計班資之崇庳，忘己量之所稱，指前人之瑕疵，是所謂詰匠氏之不以杙爲楹，而訾醫師以昌陽引年，欲進其豨苓也。

以「前人瑕疵」照應宰相用人，以「以杙爲楹」照應匠氏成屋，以「進其豨苓」照應醫師治病。細針密線，絲絲入扣。這種寫法，不是秦漢以前人所能及的。

4.層次分明　層次分明，是說語句組織，材料安排，有一個先後的次序。句子的構造，除了有必需而特意地變式倒裝以外，總以順言的常式句爲是；段落的排列，除了有必需而非逆敘不可以外，總以依次順述爲是。孟子盡心篇：

王曰：「無畏，寧爾也，非敵百姓也。」若崩厥角稽首。

「若崩厥角稽首」句，從趙岐到朱熹，到焦循，都不能解釋得很清楚。直到俞樾才指出這是倒裝句。順言的常式句，就是：「厥角稽首若崩。」（見古書疑義舉例卷一）商朝的百姓聽到武王說是來安寧他們，不是來攻擊他們的，立即同時跪下叩頭，那樣子就像山崩。因爲句子的組織不按順序，不但一般人不懂，連大儒們也解錯了。

又如曹植與楊德祖書：

昔田巴毀五帝，罪三王，呰五霸於稷下，一旦而服千人；魯連一說，使終身杜口。

文言文法，地點作副詞附加語，可以擺在述語動詞的前面，也可以擺在後面（白話只能擺在前面）。所以作者把「稷下」這一地名擺在「毀」、「罪」、「呰」三個動詞的後面。但因爲這句話有三個並列的述語，很容易誤認只有「呰五霸」在稷下，其餘「毀五帝」、「罪三王」又在別處。其實這三件事都發生在稷下。如果把「於稷下」三個字擺在前面「田巴」之下，「毀五帝」之上，順着讀下來，就更加明白了。

舊高中國文標準本，曾選黃侃的量守日記一則，記遊廬山五老峰情形，末段寫道：

> 獨上頭峰，……西望含鄱嶺，嶺上亭觀明晰可見，思尋魏源所稱三石梁者，無侶無導，悵然而止。此願他年必當達之。抵館已申酉間。登第二峰時，舁人蹠石下望絕壁，有摘蒼耳子者，呼予觀之，予未敢也。第四峰最高，與第五峰有小徑相連，下瞰絕壁三十尺，未往觀，可惜。夜作詩一首，錄稿別紙。

中間「抵館已申酉間」一句，一定在「可惜」之下，「夜作詩」之上。要不然，申酉間已暮色蒼茫，怎能抵館後又登第二峰呢？如移到「可惜」之下，在館中休息晚餐之後，正好「夜作詩」。寫的人信手雜書，沒定層次，讀的人就晨昏顛倒，摸不着頭緒了。

文天祥正氣歌，前半首詮釋正氣，從日星、河嶽到人，並列舉十二先賢先烈爲證；後半首自述遭遇國難，身在牢獄，惟有追隨前人，死而後已。結構分明。中間寫十二先賢先烈一段尤爲層次井然：

> 在齊太史簡，在晉董狐筆，在秦張良椎，在漢蘇武節；爲嚴將軍頭，爲嵇侍中血，爲張睢陽齒，爲顏常山舌；或爲遼東帽，清操厲冰雪；或爲出師表，鬼神泣壯烈；或爲渡江楫，慷慨吞胡羯；或爲擊賊笏，逆豎頭破裂。

本段分三個小節：第一小節四句，每句以一件東西（簡、筆、椎、節）代表正氣，時代爲春秋、秦、漢，依次而下；第二小節也是四句，每句以人身的一部分（頭、血、齒、舌）代表正氣，時代爲後漢、晉、唐，也是依次而下，第三小節改爲八句，每兩句以一件東西（帽、表、楫、笏）代表正氣，時代也是後漢、晉、唐，依次而下。人、物不混，時代不亂；句子的或單或雙，也截然分明。這是仔細斟酌、精密安排而成的。

但也有因爲描寫情景的需要而故意層次不按順序的。如木蘭詩：

旦辭爺孃去，暮宿黃河邊；不聞爺孃喚女聲，但聞黃河流水鳴濺濺。旦辭黃河去，暮宿黑山頭；不聞爺孃喚女聲，但聞燕山胡騎聲啾啾。

第一層次是「旦辭爺孃去」，「不聞爺孃喚女聲」，那麼第二層次應該是「旦辭黃河去」，「不聞黃河流水聲」了。爲什麼不說「不聞黃河流水聲」，而仍舊說「不聞爺孃喚女聲」呢？因爲爺孃有情，而黃河無知。如果按應有層次，寫作「不聞黃河流水聲」，反而毫無意義了。

措詞明確，用字淺顯，是求詞語的意義清楚；照應周密，層次分明，是求句、段以及篇的組織明晰。這些是文章能使別人看得懂的基本條件。一般稱爲消極修辭。但如果使用貼切，安排適當，有感人的作用，也未始不可說已進入積極修辭的領域了。

五、積極修辭—殫精竭慮，力求完美。

積極修辭，也就是所謂「藻繪縟采」。因爲它不但要叫人看得懂，而且要別人信服作者的說理，接受作者的抒情，嚮往作者描述的境界。換句話說，就是影響別人。要達到這個目標，必須在作品裏下很大的工夫。字句的斟酌，篇章的布置，都得精益求精，想出最好的方法。杜甫說：「語不驚人死不休。」袁枚說：「一詩千改始心安。」這說明千錘百鍊的工夫。法國大作家福羅貝爾告訴弟子莫泊桑說：「一種情景，只有一個最適當的詞語。」甚至像托爾斯泰的戰爭與和平，百萬字以上的長篇小說，也換稿幾次。這是追求完美，忠於藝術最認眞的態度。只是作家們事先再三推敲、數度易稿的辛苦過程，後世讀者已無法知道，呈現在讀者眼前的，是切磋琢磨後，晶瑩剔透的成品。不過，在一些文人逸事、詩話隨筆等雜記裏，還可看到一些作家們鍛字鍊句、修章改篇的情形。如果讀者自己有一點寫作經驗，肯仔細研判，也可以從那些精采的詞句中，推想出作家們當初錘鍊的苦工。也就是他們在修辭上所下的心血。因爲付出心血，他們的作品，就璀璨奪目，照耀千古了。

在自改文章的故事中，歐陽修留下不少資料。朱子語類論文就說：

> 歐公文字，亦多是修改到妙處。頃有人買得他醉翁亭記稿，初說滁州四面有山，凡數十字；末後改定，只曰「環滁皆山也」五字而已。

學文示例引呂氏家塾記，也說：

> 歐公每爲文既成，必自竄易，至有不留本初一字者。其爲文章，則書而傳之屋壁，出入觀省之；至於尺牘單簡，亦必立稿。其精密如此。每一篇出，士大夫皆傳寫諷誦。惟觀其渾然天成，莫究斧鑿之痕也。

樓昉過庭錄，說歐陽修替韓琦作晝錦堂記，開頭的兩句「仕宦而至將相，富貴而歸故鄉」，本來沒有「而」字，寫好送出，又派人把稿子追回來，加了兩個「而」字。梁章鉅退菴隨筆卷十九學文條，也談到這件事。這兩句加了連詞「而」字，就音節和緩，氣象雍容，當是再經吟詠而後決定的。秋聲賦：「其容清明，天高日晶。」「晶」字用法，新穎適切。它跟「明」字不重複，又跟「明」字協韻，必然是精挑細選而獲得的。醉翁亭記，首段寫出琅邪山、釀泉水之後，說：

醉翁之意不在酒，在乎山水之間也。

第二段說：

若夫日出而林霏開，雲歸而巖穴暝，晦明變化者，山間之朝暮也。野芳發而幽香，佳木秀而繁陰，風霜高潔，水落而石出者，山間之四時也。

第三段說：

臨溪而漁，溪深而魚肥；釀泉爲酒，泉香而酒洌；山肴野蔌，雜然而前陳者，太守宴也。

林西仲析評說：「篇首說山水之間，中段單表山間之景，豈可將水遺漏？細思補入，又無可安插處；此卻就太守宴內，趁勢將魚、酒二物補出溪泉來。雖有智巧，無以過矣！」有林西仲的犀利眼力，就可看出歐陽修的巧妙安排。這種天衣無縫的點染穿插，一定是仔細尋思，再三剪裁而得來的。

洪邁容齋續筆卷八詩詞改字條說：

王荆公絕句云：「京口瓜洲一水間，鍾山衹隔數重山。春風又綠江南岸，明月何時照我還？」吳中士人藏其草，初云「又到江南岸」，圈去「到」字，注曰「不好」，改爲「過」；復圈去而改爲「入」；旋改爲「滿」：凡如是十許字，始定爲「綠」。

要不是吳中士人家藏下這首詩的「草」，後人又怎能知道王安石修改十幾次，才定出這個「綠」字來呢？事實上，成名的作家，除了像王勃那樣「援筆成篇，不易一字」，極少數的天才以外，都有這一類「草」，只是沒人收藏，時間一過，就蕩然無存了。王安石所改的字，從修辭的觀點看，「到」、「過」、「入」、「滿」等，都是動詞，怎麼改換，也只代表一個動態；而「綠」字是形容詞，轉品爲動詞，就動態和形象兼而有之。可看出春風的彩筆一揮，立即大地生色，美景當前。這是選字的功力，修辭的效用。

謙虛的作家，除自己修改外，還拿稿子請別人改。當然，改好了，還是作者得名。正如曹植所說的：「（丁）敬禮謂僕：『卿何所疑難，文之佳惡，吾自得之，後世誰相知定吾文者邪！』吾常歎此達言，以爲美談。」（與楊德祖書）熱心的讀者，又喜歡改別人的作品。像李泰伯爲范仲淹的嚴先生祠堂記，改「德」字爲「風」字（見後統一格）；鄭谷爲齊己的早梅詩，改「數枝開」爲「一枝開」（見五代史補）等。也都是修辭上的推敲。胡仔苕溪漁隱叢話前集卷二十五，轉錄陳輔之詩話云：

蕭楚才知溧陽時，張乖崖作牧。一日，召食，見公几案上有一絕云：「獨恨太平無一事，江南閑殺老尚書。」蕭改「恨」作「幸」字。公出視稿，曰：「誰改吾詩？」左右以實對。蕭曰：「與公全身。公功高位重，姦人側目之秋，且天下一統，公獨恨太平何也？」公曰：「蕭，弟一字師也。」

改「恨」爲「幸」，在修辭上是諱飾作用。以下句的「閑殺」來說，「恨」字才配合；以「全身」來說，必須用「幸」字才能達到諱飾的效果。唐詩紀事卷六十七，王貞白御溝詩云：「此波涵帝澤，無處濯塵纓。」僧貫休替他改「波」字爲「中」字，也是諱飾。因爲「波」字有「風波未靜」的意思，觸犯皇帝的忌諱。

袁枚隨園詩話卷二說：

尹文端公論詩最細，有差半個字之說。如唐人「夜琴知欲雨，晚簟覺新秋」，「新秋」二字，現成語也；「欲雨」二字，以「欲」字起「雨」字，非現成語也。差半個字矣。以此類推，名流多犯此病。必云：「晚簟恰宜秋」，「宜」字方對「欲」字。

改「新」爲「宜」，在修辭上是對偶作用。「欲雨」是一動詞、一名詞，組成一個短語；「新秋」是一形容詞、一名詞，組合起來仍是一個名詞，不是短語；如果改爲「宜秋」，也是一動詞、一名詞，組成一個短語了。相差極微，所以說它「差半個字」。不過「恰宜秋」的「恰」字，不適合對上句的「知」字，恐怕仍以「覺」字爲正，而誤寫了。不然的話，就不只「差半個字」了。

王國維人間詞話談境界，有一段話說：

「紅杏枝頭春意鬧」，著一「鬧」字而境界全出；「雲破月來花弄影」，著一「弄」字而境界全出矣。

上例是宋祁玉樓春詞的一句，下例是張先天仙子詞的一句。王國維說的是境界，但無形中也說明了鍛字的重要。宋祁詞的「鬧」字，張先詞的「弄」字，能烘托出全詞的境界，必是苦心琢磨而成的。以修辭的觀點看，這兩個字正是詞眼。靠它們而使整個句子擬人化，忽然生動起來了。

孔稚圭北山移文，借山靈口氣，嘲笑周顒隱而又出仕。舉古代的高士作對照，說：

若其亭亭物表，皎皎霞外，芥千金而不盼，屣萬乘其如脫。……

「芥」、「屣」兩字，名詞轉爲動詞，是很好的轉品；同時又是視千金似草芥，棄萬乘如敝屣的隱喻。一個字有這麼豐富的涵義，豈能信手拈來，便如此精鍊？

韓愈的畫記，其中有一小段說：

牛大小十一頭；橐駝三頭；驢如橐駝之數而加其一焉。

夏丏尊說末句實際上是指驢四頭，但作者不說四頭，卻應用了算術上三加一等於四的計算方式，故意作着彎曲的說法，這明明是爲了求變化的緣故。這變化，在修辭上是錯綜格的伸縮文身和變化句式。末句的字數比前兩句的總和還多一個字，是伸縮文身；前兩句是直述單句，末句是差比的比較複句，是變化句式。這一句以大轉彎的方式求變化，有兩個目的：一是使句子多姿漂亮，一是使這一小段結束。如果直說「驢四頭」，和前兩句連讀，就平板無奇，也沒有結束的意味了。看似矯揉造作，卻是十分需要。作者落筆之時，衡量取捨，必定費過一番心思。

用得最多的修辭法是譬喻，幾乎無人不用，無文不有，因此常有雷同之處。因此作家們在這方面特別用心。袁宏道初至西湖記第一段：

午刻入昭慶寺，茶畢，即棹小舟入湖。山色如娥，花光如頰，溫風如酒，波紋如綾。纔一舉頭，已不覺目酣神醉。

「山色如娥……」四個譬喻，十分新鮮。「娥」是「娥眉」之意，「如娥」本可作「如眉」，當因東坡有句云：「山是眉峰聚。」作者不願蹈襲前人，所以改用「娥」字。以「面」譬花，以「縠」喻波，前人也都用過，作者改用「頰」字、「綾」字，是換字求新。至於以「酒」譬喻溫風，更是空前奇想了（張潮幽夢影：「春風如酒。」是學本句，見後排比格）。這四個譬喻，以「人」、物前後分類，也費一些心思。

朱自清的春，有一段描寫花的：

桃樹、杏樹、梨樹，你不讓我，我不讓你，都開滿了花趕趟兒。紅的像火，粉的像霞，白的像雪。花裏帶着甜味，閉了眼，樹上彷彿已經滿是桃兒、杏兒、梨兒！

其中「粉的像霞」一句是煞費苦心的。桃花紅色，所以說「紅的像火」；梨花白色，所以說「白的像雪」；杏花白中帶紅，該拿什麼來形容它的顏色？作者左思右想，想到一個「粉」字。這個「粉」字，可說是「粉紅」的縮寫（如用「粉紅」二字，跟上句重「紅」字，又多一字）；也可說是女人敷粉，白裏透紅的樣子。這是從來沒人用過的一個字，卻被作者找到了。又拿什麼來作譬喻？作者想到了「霞」，白雲變成紅霞，也是紅白兼備。於是創造了一個形容杏花的好句。前面的「桃樹、杏樹、梨樹」，後面的「桃兒、杏兒、梨兒」，也都配上了。熙熙攘攘，就像「趕趟兒」了。爲了難描摹，一般人可能會偷懶，省了杏花。那就不夠熱鬧，減了春的氣氛。負責的作家，總在難處下工夫。

王夢鷗曾以擬人修辭的手法，寫過一篇題名「喧囂」的散文。一個傍晚，某市平交道放下柵欄，許多車子等火車通過。車擠車時，發生了一陣喧擾。他寫道：

> 公路上，最先駛至攔路木面前的，是一輛從郊區別墅裏出來的雪佛蘭。她一身珠光寶氣，還帶着一團高興去趕一個愉快的約會。此時碰到攔路木毫無通融地在前作梗，便輕叫一聲倒楣；睁着美麗然而有點怨恨的眼睛，直瞅那個火車頭——他很吃力，拖着一長列黯淡無光的車皮，氣吁吁地在鐵軌上爬行。
>
> 「多笨哪，你這傢伙！」雪佛蘭心裏想。
>
> 「哼！」火車頭立刻昂起鼻子向她哼了一聲，彷彿看穿她的心事，故意大搖大擺地打她面前走過去。
>
> 她頗覺屈辱，很想上去摑他一記耳光，但被攔路木粗大的胳膊擋住了。於是，她只有煩躁地朝左右瞥了兩眼。

擬人法是把物寫成人。利用屬於人的名詞、動詞、形容詞、副詞（或短語、句子）等，給物以人的形貌、動作、感情等。這段話裏的「珠光寶氣」、「毫無通融」、「作梗」、「氣吁吁地」、「哼」、「昂起鼻子」、「大搖大擺地」、「粗大的胳膊」、「瞥了兩眼」等，都是擬人用詞（語、句）。但實際上作者又在描寫漂亮的小汽車、老舊的火車、平交道的攔路木。這些詞語都有人、物兩宜的雙關作用，並非童話式的純粹的擬人寫法。在選詞造句的時候，必是用不少心思去細細考量過的。其他寫卡車、垃圾車、小轎車等，也全用人、物兩關的詞語描寫。看來整篇文章，都是細琢慢磨，用過許多工夫的。

極少數作家，也許只憑靈感就可寫出驚人之文；大多數的作家，都是廢寢忘食，朝思暮想，經無數次的錘鍊與修改，才寫出好作品的。美麗的修辭之花，開在心血的壤土上。隨園詩話云：「史稱孟浩然苦吟，眉毫盡脫；王維構思，走入醋甕。可謂難矣。今讀其詩，從容和雅，如天衣之無縫，深入淺出，方臻此境。」吟詩如此，作文亦然；古人如此，今人又何獨不然。

六、修辭格的取捨、認定和本書的特點。

研究文法是一種追認的工作。很多的人，經過很長的時間，創造了許多句型，約定成俗地流行各地。有人把這些話語歸納出各種類型，說明各種規律，於是就有文法學的產生。研究修辭也是一種追認的工作。許多聰明的作家，絞盡腦汁，創造許多美妙的句子，寫下無數不朽的篇章。後世讀者，在看得目眩神迷之餘，想研究他們創造的方法，於是就有修辭學的產生。雖然懂得文法不一定就能說流利的話語，懂得修辭不一定就會寫漂亮的文章。但懂得文法，就知道不通的句子，毛病在哪裏；懂得修辭，就知道美妙的句子，好處在哪裏。懂得好處在哪裏，對那些傑作，更有歎爲觀止，擊節欣賞的樂處。這和懂得球技的人喜歡看高手賽球，懂得棋藝的人喜歡看名人下棋，是一樣的道理。會欣賞，就會參與。看棋的人，常常想替人出點子；看球的人，也恨不得下場露一手；瞭解名文佳作的好處，常有自己也來寫一篇的衝動。以前的人不研究修辭學而寫出許多好作品，那是因爲苦讀許多詩文，熟記在心，到時候自然而然就流露出來了。所謂知其然而不知其所以然。以後的人，如也能下苦工，熟讀好文章，又懂得修辭的原理和方法，知其然而又知其所以然，豈不是雙管齊下，更易見功嗎？因此，研究修辭學，對寫作是很有幫助的。

學文的人，都是先模仿，而後創作。後人學前人，有不及之處，也有超越之處。窮則變，變則通，繼繼繩繩，整部文學史，就這麼累積起來了。修辭也是後人學前人，但學到某一階段後，必然求新求變。有爲的作家，絕不願亦步亦趨，以求肖前人爲滿足。作家因文學史的加長而增多，修辭方法因作家的增多而越繁。在無數作家的盡思竭慮，爭奇鬥勝之下，許多修辭法像春臨大地而百花齊放，美不勝收了。研究修辭學的人，爲便於說明，便把許多美好的句子和篇章，分門別類，歸納出一些格目來。但創造者無窮，研究者有限，要把所有的美句佳篇都定個格目加以說明，事實上有所不能，也沒有必要。我們讀到一些奇文名詩，常心知其美，而口不能宣，就因爲沒有方法形容它。劉勰文心雕龍提到修辭方法的，不過寥寥數事；民初唐鉞，用西洋人的方法，替中文定修辭格目，是創始工作，惟格目不多；民國二十二年，楊樹達著中國修辭學，共分十八章；稍後，張文治著古書修辭例，分五類，每類各論得失，亦不過十八項；又稍後，陳望道著修辭學發凡，分四類三十八格；近年，傅隸樸先生著修辭學，分十四章，六十五目；徐芹庭先生著修辭學發微，分四類，一〇四項；黃慶萱先生著修辭學，分上下篇，三十章，每章三項。其他修辭書，分項或多或少，也不一致。我們讀這些專著，分類少的，並不覺得欠缺，自可觸類旁通；格目多的，也不覺得繁瑣，甚至還有一些例子無法歸屬。這就是因爲古今來許多才華洋溢的作家，他們只是爲創作而創作，不是爲修辭而創作。他們像豪邁的駿馬，絕塵而去；研究修辭的人，手提格目的繮勒，在後興歎。研究修辭，必須有格目，有格目才有軌轍可尋；但格目的多少，實在難定一個標準；格目的輕重，也因研究者的觀點不同而有差異。大致說來，幾個公認的主要方法，是必須具備和加以討論的。

辭格的取捨，固然難有一定的標準；就是某一例子該屬何種辭格，也可有不同的看法。事實上，有些句子，可以說屬於這種辭格，也可以說屬於那種辭格；它可能具備兩種或兩種以上的辭格。如詩經邶風柏舟：

　　我心匪石，不可轉也；我心匪席，不可卷也。

從形式來說，是排比；從意境來說，是譬喻。又如李白春夜宴桃李園序：

　　陽春召我以煙景，大塊假我以文章。

從意境來說，是擬人修辭法；從形式來說，是對偶修辭法。具備兩種辭格。又如李商隱無題詩：

　　賈氏窺簾韓掾少，宓妃留枕魏王才。

從形式來說，是對偶修辭法；從材料來說，是用典修辭法。據蘇雪林玉溪詩謎的研究，這首無題詩是因爲作者和一位宮女戀愛而寫的。那麼又可說是譬喻修辭法了。它具備三種辭格。又如洪昇長生殿彈詞：

翫嬋娟華清宮殿，賞芳菲花萼樓臺。

從整聯詞的形式來說，是對偶修辭法；從「嬋娟」、「芳菲」兩個詞的意義來說，是轉品格的形容詞轉變爲名詞，也是借代格的抽象代具體；從聲韻來說，又是聯綿格的疊韻和雙聲了。具備四種辭格。具備多種辭格的例子，作何種辭格的解釋，就看解釋者的方便了。

解釋修辭的意義，是爲了瞭解作家們寫作的技巧；瞭解作家們寫作的技巧，是爲了欣賞作家們的精心傑作，進而使自己的寫作能力獲得進益。這是修辭書讀者應有的態度，更是修辭書作者應有的目標。那麼，合於這個目標的例子，應該多舉；不太切合這個目標的例子，不妨從略。在辭格的取捨，辭例的別擇，難有一定的標準下，這個原則，應該可供參考。

陳望道修辭學發凡，在辭格分析方面，有不少新的見解，但也許是爲了求得衆格皆有，無例不備，其中有少數材料，似乎不甚必要。像節縮格的「縮合」，舉了「盍各言爾志」（論語公冶長）、「子張書諸紳」（論語衛靈公）以及「寶玉道：『果然好句，以後偺們別叫拔去了』」（紅樓夢第四十回）等例子。「盍」就是「何不」，「諸」就是「之於」，「別」就是「不要」，都是合聲合義，屬於字書裏的訓詁。析字格諧聲析字的「切脚」，舉了「伯棼射王，汰輈及鼓跗，著于丁寧」（左傳宣公四年）、「正憂坐客寒無席，遺我新蒲入突圞」（王廷珪：甯公端惠蒲團詩）等例子。「丁寧」就是「鉦」，「突圞」就是「團」，屬於字書裏的反切法。訓詁學、反切法，雖然也跟作文有關，但是跟眞正的修辭學是不同範疇的。

析字格衍義析字的「演化」，舉了太平廣記引啓顏錄的故事：隋初，有人姓出名六斤，來見楊素。帶了名紙到門下，請侯白代寫姓名。侯白寫了「六斤半」三字。楊素召見那人，問他：「你叫六斤半？」那人答道：「名叫出六斤；想是侯秀才寫錯了。」楊素問侯白，侯白說：「他說出六斤，那時我無處覓秤，當是六斤半了。」楊素大笑。這是一個可以「大笑」的笑話，但卻不是眞正的修辭。侯白啓顏錄還記着一個故事，把論語先進篇「冠者五六人，童子六七人」的句子，演化成七十二弟子（見後析字格）。和本例類似。演化論語句子的故事，在隋前就有了。因爲南粱皇侃爲論語作義疏，就收了這種說法，作爲「或云」的解釋。用笑話解論語，固然不經；以笑話作修辭，除非爲提高某種人物聲音笑貌的逼眞度，也以不用爲宜。

又有一些辭格和舉例，形同字謎，也不是修辭所必需的。像析字格化形析字的「離合」，所舉的「鉏麑觸槐，死作木邊之鬼；豫讓吞炭，終爲山下之灰」（唐人酒令），近似拆字遊戲。嚴格地說，像「黃絹幼婦，外孫齏臼」這樣奇妙的隱語，也只能說表示蔡邕的才思、楊修的捷悟的好故事，如引作修辭佳例，就不足爲訓了。藏詞格以「友于」代兄弟，以「貽厥」代孫等，也屬於字謎、隱語的一類，徒令讀者猜測而已。甚至還有猜而難知的，回文格附有神智體蘇東坡晚眺詩一首，詩句是：

長亭短景無人畫，老大橫拖瘦竹笻；回首斷雲斜日暮，曲江倒蘸側山峰。

東坡卻把它寫作：

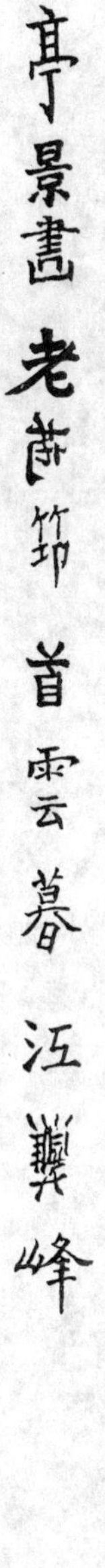

東坡這樣寫，是爲了要爲難一個北朝的使者。回文類聚卷三說，神宗熙寧間，北朝派來一個使者，常以能詩自誇。東坡對他說：「做詩，也是容易的事；讀詩卻比較困難。」就寫了這首晚眺詩給他看。使者慚愧得說不出話來，再也不敢談詩。後人就稱這種寫法爲神智體。有不少修辭書引用這個例子；甚至給高中學生閱讀的國學概論的修辭部分，也一度把它收作材料。其實這是一種難猜的謎語，連能詩的北朝使者都被嚇倒了，何況一般讀者呢？用它來爲難別人，倒是一法；用它作爲修辭的一格，就不恰當了。現在有一些新詩，想以形式表示意念：描寫山的，把字堆成山的形狀；描寫樹的，把字疊成一棵樹。當作一種修辭方法，來强化詩的內容。這只能說是一種嘗試，正像神智體一樣，要使讀者瞭解和接受，恐怕是很難的。

也許是筆者對修辭的看法比較「現實」，不重視奇異特殊的例子。所以本書所收的，都是平實的材料；所討論的，也只是修辭範圍以內的東西。不過還有一些見解，不敢自以爲是，請先進及讀者指教。

上篇　意境的寫實與理想

第一章　譬　喻

修辭裡最常用的方法是譬喻。因爲使用譬喻，能使未知的事物，顯出清晰的形象，使人明曉；能使抽象的理論，成爲具體的概念，教人接受；能使微妙的情緒，化作感人的力量，引人共鳴。所以無論記敘文、論說文、抒情文，都可使用譬喻，增加文字的力量。

一、譬喻的分類

宋人陳騤在文則一書裡，把喻譬分成十類：直喻、隱喻、類喻、詰喻、對喻、博喻、簡喻、詳喻、引喻、虛喻。詳細，但顯得瑣碎。民初唐鉞寫修辭書，把譬喻分成明比和暗比兩類。明比是句中有譬喻詞（如猶、似、若、好像、彷彿等）的譬喻，暗比是沒有譬喻詞的譬喻。分法明白，只是過簡。現在談修辭的，把譬喻分爲明喻、隱喻、略喻和借喻四類。例如：

1. 君子之交淡若水，小人之交甘若醴。（莊子山木篇）

這是明喻。它不但上面有正文「君子」、「小人」，下面有譬喻「水」、「醴」，而且中間有譬喻詞「若」，連結了正文和譬喻，一看便知是譬喻。所以稱它爲明喻。

隱喻，不是說它像什麼，而是說它是什麼。正文和譬喻之間有一個繫詞「乃」（是）字，使兩者緊密相連。不過文言裡的「乃」字往往是省略的。例如：

2.君子之德風，小人之德草，草上之風必偃。（論語顏淵篇）

「風」和「草」是譬喻，它和「德」緊密相連，中間少了一個「乃」字。這句話在孟子滕文公篇，作「君子之德，風也；小人之德，草也」，加了兩個「也」字，更可看出中間當有「乃」字。白話就必有「是」字，如下文五項第六例：「丈夫便是米呵……，奴家便是糠呵，……」

略喻，正文和譬喻之間，沒有譬喻詞，也沒有繫詞，但它確是譬喻。例如：

3.狡兔死，走狗烹；高鳥盡，良弓藏；敵國破，謀臣亡。（史記淮陰侯傳）

「狡兔」、「高鳥」譬喻「敵國」，「走狗」、「良弓」譬喻「謀臣」，十分清楚。這一類譬喻，往往以並列形式出現。如下文六項第三例。

更進一層的是借喻。借喻是正文沒有了，譬喻詞、繫詞當然也沒有了，只留下一個譬喻來代表一切。例如：

4.簞食壺漿以迎王師，豈有他哉？避水火也。（孟子梁惠王篇）

「水火」二字譬喻災難。意思是：「如水火之災難。」這裡正文「災難」省了，譬喻詞「如」也沒了，只剩下一個譬喻「水火」來代替。這叫做借喻。

譬喻分為明喻、隱喻、略喻、借喻，該是恰到好處。其實，譬喻該怎麼分類，並不十分重要；重要的是應該說明怎樣的譬喻才算好譬喻，讓有志寫作的人，有仿效的範例。關於這方面，筆者的看法如後。

二、譬喻應以已知喻未知

譬喻的功用，就是用已知的材料說明未知的事物，使聽者、讀者明曉。劉向說苑善說篇有一則故事：

1.客謂梁王曰：「惠子之言事也善譬，王使無譬，則不能言矣。」王曰：「諾。」明日見，謂惠子曰：「願先生言事則直言耳，無譬也。」惠子曰：「今有人於此，而不知彈者，曰：『彈之狀若何？』應曰：『彈之狀如彈。』則諭乎？」王曰：「未諭也。」「於是更應曰：『彈之狀如弓，而以竹為弦。』則知乎？」王曰：「可知矣。」惠子曰：「夫說者，固以其所知諭其所不知，而使人知之。今王曰『無譬』，則不可矣。」王曰：「善。」

彈弓的形狀像彈弓，是以未知喻未知，說了等於沒說。這是一個特例，事實上沒有人這樣作喻。但有時也有這種情形：

2.離婁之明，公輸子之巧，不以規矩，不能成方員；師曠之聰，不以六律，不能正五音；堯舜

之道，不以仁政，不能平治天下。（孟子離婁篇）

第一個譬喻，用圓規畫圓，矩尺畫方，大致能懂；第二個譬喻，用六律正五音，就很難懂了。別說現在的人不用六律，不稱五音，就是古代，也只有少數研究音樂的人能懂能用。所以它的可曉性，並不比仁政更大，也許比仁政更小。

左傳文公七年所說的一個譬喻，就是以已知喻未知：

3.酆舒問於賈季曰：「趙衰、趙盾孰賢？」對曰：「趙衰，冬日之日也；趙盾，夏日之日也。」

當時的人，也不知趙衰、趙盾是怎樣的人物，後世的人更無從知曉。但從這兩句譬喻，很容易知道趙衰是個溫和的人，趙盾是個嚴厲的人。因爲冬日之日，夏日之日，是人人所熟知的。

已知、未知，也受時代、環境的影響。在某一時代、某種環境，那事物是已知的；但換了時代和環境，那事物卻是未知的。例如：

4.光陰似箭，日月如梭。（成語）

這兩句譬喻，從前是人人能懂的好譬喻。似箭，表示一去不返；如梭，形容迅速往復。但是現在可不是了，尤其是「日月如梭」一句，更難明白。梭，這織布的用具，在從前男耕女織的農業社會，是大家熟悉的東西；現在布從工廠來，衣從商店來，誰曾見過梭的形狀，誰知道梭的運動？

尚書君牙篇說：

5.心之憂危，若蹈虎尾，涉于春冰。

踏到虎尾很危險，人人能懂；涉于春冰又有什麼可怕呢？原來北方人在冬天把黃河當大馬路行走。到了春天，冰面無異，冰底已薄，一不小心，就踏穿落河底了。所以曾子也引詩經說：「戰戰兢兢，如臨深淵，如履薄冰。」表示一生謹愼。這種譬喻，在南方人就無法瞭解。同樣的，北方人也不知道「粤犬吠雪」這句話是少見多怪的意思。環境不同，瞭解的程度就有差異。在創作譬喻時，這是應該考慮到的。

三、譬喻宜以具體喻抽象

使用譬喻，是爲了要使別人完全明曉，並產生一種共鳴同感的力量。抽象的理論和事物，最難使人明曉，所以要用具體的事物做譬喻。例如：

1.牛山之木嘗美矣，以其郊於大國也，斧斤伐之，可以爲美乎？是其日夜之所息，雨露之所潤，非無萌蘗之生焉；牛羊又從而牧之，是以若彼濯濯也。人見其濯濯也，以爲未嘗有材焉，此豈山之性也哉？（孟子告子篇）

這是孟子替性善論所作的譬喻之一。人有善良的本性，是很難說明的理論，孟子拿牛山本來有嘉樹作譬喻，就很明白。世間有惡人，他們的善性又到哪裡去了呢？這也是很難解說的。孟子又拿斧斤砍伐樹木，牛羊踐踏新芽來譬喻，說明人無善行，是由於後天再三摧殘而消失的。因爲作譬的事物非常具體，使得被喻的理論也明曉易知了。

從事教育的人，都知道要用愛作基礎，爲內容。但是「用愛心去從事教育」這句話，還是一種抽象的理論，一個抽象的口號。夏丏尊在愛的教育這本書的序文裡，卻有一個很具體的譬喻，說明教育必須以愛心作爲主要內容。他說：

> 2.學校教育到了現在，眞空虛極了。單從外形的制度上、方法上，走馬燈似地變更迎合。而於教育的生命的某物，從未聞有人培養顧及。好像掘池，有人說四方形好，有人又說圓形好，朝三暮四地改個不休，而於池之所以爲池的要素的水，反無人注意。教育上的水是甚麼？就是情，就是愛。教育沒有情愛，就成了無水的池。任你四方形也罷，圓形也罷，總逃不了一個空虛。

用沒有水的池塘，譬喻沒有愛的學校教育，具體警切，發人深省。

琴韻歌聲，不管它怎樣美妙動聽，都是抽象而難於描寫的。所以白居易描寫歌妓彈琵琶的聲音，除了用「嘈嘈」、「切切」等摹聲詞外，又用鶯鳴花底、珠落玉盤等譬喻來形容，使讀者有較具體的感受。但是形容得最具體的莫如劉鶚描寫王小玉說書（女高音獨唱）：

> 3.唱了十數句之後，漸漸的越唱越高。忽然拔了一個尖兒，像一線鋼絲，拋入天際，不禁暗暗叫絕。那知她於極高的地方，尚能迴環轉折；幾轉之後，又高一層，接連有三、四疊，節節高起。恍如由傲來峰西面攀登泰山的景象：初看傲來峰削壁千仞，以爲上與天通；及至翻到

傲來峰頂，纔見扇子崖更在傲來峰上；及至翻到扇子崖，又見南天門更在扇子崖上：愈翻愈險，愈險愈奇。那王小玉唱到極高的三、四疊後，陡然一落，又極力騁其千迴百折的精神，如一條飛蛇，在黃山三十六峰半中腰裡盤旋穿插，頃刻之間，周匝數徧。從此以後，愈唱愈低，愈低愈細，那聲音漸漸的就聽不見了。滿園子的人，都屏氣凝神，不敢少動。約有兩、三分鐘之久，彷彿有一點聲音，從地底下發出。這一出之後，忽又揚起，像放那東洋煙火，一個彈子上天，隨化作千百道五色火光，縱橫散亂。……（老殘遊記第二回）

鋼絲、泰山、飛蛇、東洋煙火，都是具體的東西。藉着這些東西的作譬，王小玉的女高音獨唱，就繞梁不絕，永遠留在讀者的耳中了。

用具體的東西來譬喻抽象的理論或事物，它的好處是：條理分明，印象深刻。那麼，凡是抽象的事物都不能作爲譬喻的材料嗎？那倒不見得。像前例用東洋煙火譬喻歌聲的縱橫散亂，已近乎以抽象譬喻抽象。東洋煙火是光，用眼睛看的；歌聲是聲，用耳朵聽的：同樣都不是有實體感的東西。不過一般認爲眼睛看到的，比耳朵聽到的具體一點。如果以聲來譬喻光，該是以抽象譬喻抽象了吧，甚至可以說以抽象譬喻具體了吧！像朱自清的荷塘月色，有這樣的句子：

4.塘中的月色，並不均勻；但光與影有着和諧的旋律，如梵婀玲上奏着的名曲。

這句話所形容的情景非常美。它是以抽象譬喻抽象的。荷塘月色還有用聲音譬喻香味，用聽覺譬喻嗅覺的句子，也是以抽象譬喻抽象：

5. 微風過處，送來縷縷清香，彷彿遠處高樓上渺茫的歌聲似的。

淡淡的荷香，若有若無，像遠處高樓傳來的歌聲，若斷若續。這譬喻是很輕靈美妙的。

還有用非常抽象的事物，來譬喻十分具體的東西的。秦觀浣溪沙詞：

6. 自在飛花輕似夢，無邊絲雨細如愁。

飛花、細雨是看得見，摸得着，十分具體的東西；而夢和愁是虛無縹緲，非常抽象的事物（說它「事物」實在太落實，應該說是「意念」）。用夢譬喻飛花，那飛花便輕盈得無聲無息，無痕無跡；用愁譬喻絲雨，那絲雨便細密得無窮無盡，無邊無際。這是許多好譬喻裡的一個。不過一般人容易感受的還是「問君能有幾多愁，恰似一江春水向東流」（李煜虞美人詞），那樣用具體的江水來譬喻抽象的愁的。

大致說來，用具體譬喻抽象，或用抽象譬喻具體，都無不可。不過闡發理論，說服對方，或報導事情，令人明曉，應該用具體譬喻抽象，因爲它有一種由外鑠我的力量；至於抒發情感，引人共鳴，描寫幽境，令人遐思，也不妨用抽象譬喻具體，因爲那是一種由內推展的聯想。其次，用具體譬喻抽象，容易見功，有中等文學秉賦的人，就可造出不太差的譬喻；而用抽象譬喻具體，那就要上等文學秉賦的人，才能造出可欣賞的譬喻，有時還要靠靈感的湧現，瞬間偶得之了。

四、譬喻應力求相似

討論修辭學的書，都說譬喻必須具備兩個要點：第一是譬喻和被譬喻這兩種事物，至少有一點極相類似；第二是這兩種事物，在本質上極不相同。這兩個要點缺少一個，就不能成爲譬喻。例如：「上排牙齒如同下排牙齒。」就不能稱做譬喻。因爲它們在本質上是一樣的，缺少第二個要點。倘若缺少第一個要點，譬喻和被譬喻這兩種事物，沒有一點相類似，也不能成爲譬喻，——至少不是好譬喻。古詩十九首冉冉孤生竹一首，有句云：

1.與君爲新婚，兔絲附女蘿。

那首詩是以妻子的口氣寫的。妻子自譬兔絲，把丈夫譬爲女蘿。妻子和丈夫結婚，好像兔絲附在女蘿上。人和植物，在本質上極不相同，合於第二個要點。兔絲是草本寄生植物，纏繞在其他植物上求生，象徵柔弱的妻子依附丈夫，這一點很類似，合於第一個要點。但是把丈夫譬作女蘿，就沒有一點相類似了。女蘿是地衣類植物，無幹自立，緣樹寄生，不能象徵男性，不應譬作丈夫。這就不是好譬喻，或者說根本不是譬喻。也許像詩經小雅頍弁所說的「蔦與女蘿，施於松柏」，會比較好些。因爲用直聳挺立的松柏譬喻男性，是恰當的。不過詩經說的女蘿延展在松柏上，譬喻兄弟互相依附，那麼其中的女蘿仍然是譬喻男性的，也不是貼切的好譬喻了。倒是杜光庭的虬髯客傳，寫紅拂女夜奔李靖，對李靖說：

2.妾侍楊司空久，閱天下之人多矣，無如公者。絲蘿非獨生，願託喬木，故來奔耳！

紅拂女自比絲蘿，以李靖比喬木，是非常恰當的譬喻了。

漢詩孔雀東南飛寫劉蘭芝和焦仲卿被迫別離時，說：

3.君當作磐石，妾當作蒲葦。蒲葦紉（韌）如絲，磐石無轉移。

以磐石象徵男性，以蒲葦象徵女性，表示愛情永不改變。雖不完全貼切，但大致可以。如果反過來說，以磐石比女性，以蒲葦比男性，那就不成話了。所以必須有一點極相類似，也就是譬喻要貼切。譬喻和被譬喻之間的貼切，不一定只有一點極相類似，有兩點或兩點以上極相類似也是很好的。孔雀東南飛形容劉蘭芝的美麗，說：

4.指如削葱根，口如含硃丹。

用削葱根譬喻纖指，有尖、白、嫩三點極相類似。也是形狀、顏色、性質都形容得很貼切。

老殘遊記寫王小玉的眼睛，有這樣的譬喻：

5.那雙眼睛，如秋水，如寒星，如寶珠，如白水銀裡頭養着兩丸黑水銀。

秋水形容清澈，寒星、寶珠形容晶瑩、圓溜，白水銀、黑水銀形容流轉活動。或一點相類，或兩點酷似，十分貼切。

筆者在學生的作文裡，看到過這樣的譬喻：

6.我的腦袋像鉛球，一條很簡單的數學題也想不出答案來。

這譬喻也可算天才的創作。腦袋像鉛球，主要是說明一竅不通；但兩種東西都是圓形，也很類似。如說腦袋像氣球，就不能說明一竅不通；如說腦袋像鐵餅，又不能說明圓形。所以有時候，譬喻也不能只顧一點的類似。

有些譬喻，是因爲讀者不懂，以爲它不貼切，不是好譬喻。像文天祥的正氣歌，其中有兩句：

7.鼎鑊甘如飴，求之不可得。

鼎鑊是大鍋子，飴是糖漿，鍋子怎麼甜得像糖漿呢？其實這句話的鼎鑊是指鼎鑊裡的開水或滾油。古時有一種酷刑，是用大鍋子燒滾了水或油，把犯人丟進去活活燙死。所以又稱「湯鑊」（如漢書蘇武傳：「雖蒙斧鉞湯鑊，誠甘樂之。」）。文天祥不過用借代的方法，說鼎鑊裡殺人的開水、滾油，在我看來，甜美得像糖漿。開水、滾油和糖漿，都是液體，那麼其中有類似點把它們連起來，是一個很好的譬喻。

譬喻總要貼切，才是好譬喻。

五、譬喻可就近取譬

拿眼前的事物來作譬，使聽者、讀者格外感到親切，語言、文字也就發揮更大的力量。這也是創作譬喻的方法之一。孟子對齊宣王說：

1.挾太山以超北海，語人曰：『我不能。』是誠不能也。（孟子梁惠王篇）

太山就是泰山，在齊國境內；北海就是渤海，在齊國的東邊和北邊。這都是齊宣王近旁的高山大海，舉來作譬，使齊宣王有親切感。

2.李白乘舟將欲行，忽聞岸上踏歌聲：桃花潭水深千尺，不及汪倫送我情。（李白：贈汪倫）

李白遊涇縣（今安徽涇縣）桃花潭，當地的朋友汪倫用美酒佳餚招待他，情誼殷切。離別時，李白寫這首詩送給汪倫。「桃花潭水深千尺」一句，拿眼前景物作譬，形容汪倫友情深摯。

3.歸來池苑皆依舊，太液芙蓉未央柳；芙蓉如面柳如眉，對此如何不淚垂！（白居易：長恨歌）

太液芙蓉未央柳，是唐玄宗眼前的景物；因這些景物憶起楊妃的臉容，在當時必然會有這種觸景生情的聯想。但也靠作者運用就近取譬的手法，更表現出唐玄宗對楊妃情有獨鍾。

洪昇長生殿聞鈴，唐玄宗避難進四川，過劍閣棧道時唱道：

4.閣道崚嶒，似我迴腸恨怎平？

不說迴腸似閣道，卻說閣道似迴腸，是譬喻的另一種寫法。但就近取譬卻是一樣的。

李煜清平樂詞云：

5.雁來音信無憑，路遙歸夢難成。離恨恰如春草，更行更遠還生。

李煜在宋太祖開寶九年初春被俘北上，離別江南故國，愁恨隨路增長，正像春來小草，不擇地而滋生。腳邊小草，喻心中離恨，在羈旅囚徒，這譬喻最爲切近而自然。秦少游也學着李煜的口氣說：「倚危亭恨如春草，萋萋剗盡還生。」（八六子詞）誰倚危亭？誰剗春草？沒法完全瞭解作者爲何要作這首詞的情景之下，總覺得不及李煜詞的眞切感人。

高明琵琶記寫趙五娘因丈夫蔡邕入贅牛太師府而不歸，家中貧困，公婆無人奉養，羅穀舂米，以米作食奉公婆，自食糠麩。糟糠自厭一齣，趙五娘唱：

6.糠和米本是相依倚，卻遭簸揚作兩處飛。一賤與一貴，好似奴家與夫婿，終無見期。丈夫便是米呵，米在他鄉沒處尋；奴家便是糠呵，怎地把糠來救得人飢餒？好似兒夫出去，怎地叫奴供養得公婆甘旨？

思量我生無益，死又值甚的！倒不如忍飢死了爲怨鬼。只是公婆老年紀，靠奴共依倚，只得苟活片時。片時苟活雖容易，到底日久也難相聚。漫把糠來比，這糠尚有人吃，奴的骨頭知他埋在何處？

這也是拿眼前事物來作比，使兩件事物的關係格外密切，給讀者的印象格外深刻。

王漁洋秦淮雜詩云：

7.年來愁與春潮滿，不信湖名尚莫愁。

他站在莫愁湖濱作此詩，就是就近取譬的好譬喻。

隨園詩話補遺，記金陵人鄭德基與友人黃鶴樓分袂詩云：

8.我如黃鶴去，君似白雲留。

這固然是蹈襲崔顥黃鶴樓詩：「黃鶴一去不復返，白雲千載空悠悠。」但因爲是在黃鶴樓別友，就親切有味了。

就近取譬的好處是，作爲譬喻的事物就在眼前，讀者感到格外親切有味而加深印象。

六、譬喻應力求創新

黃山谷有句云：「文章最忌隨人後。」譬喻也是一樣。拾人牙慧，學別人老調，就不會有好譬喻。一個肯用心思的作家，絕不隨便使用別人用過的譬喻，他一定自己另創新的譬喻。

列子用歧路亡羊作譬喻，說明異說太多，不容易把握眞義；莊子用井蛙不可語海、夏蟲不可語冰作譬喻，嘲笑見聞狹小的人，不知大道；孟子用「登東山而小魯，登泰山而小天下」作譬喻，說明不遊聖人之門，所見不大；韓愈用坐井觀天而言天小作譬喻，說明異家不知儒家的廣大；蘇軾用瞎子聽到鐘聲以爲是太陽，摸到笛子以爲是太陽作譬喻，說明妄人輾轉訛傳，不知聖道至理的眞諦。同樣要說明聞道不易，但是他們各自創造了新的譬喻來作比。

晏子把楚國人在城門邊開的小門，比作狗洞，楚國比作狗國；又用橘子移到淮北就變枳子作喻，說明齊國的良民到了楚國就變成盜賊：大大地搶白了楚國一頓。這些新鮮的譬喻，到現在讀來仍舊十分有趣。

荀子也是很會自創新譬的，例如：

1. 流丸止于甌臾，流言止於智者。（大略篇）

他的勸學篇，從「青，取之於藍，而青於藍」，到「小人之學也，以爲禽犢」，幾乎通篇都是自己新創的譬喻。

韓非子顯學篇說：

2.善毛嗇（嫱）、西施之美，無益吾面；用脂澤粉黛，則倍其初。言先王之仁義，無益於治；明吾法度，必吾賞罰者，亦國之脂澤粉黛也。故明主急其助而緩其頌，故不道仁義。

韓非子薄古厚今，輕仁義而重功利，他的學說是否正確，暫且不論；但本例所說的譬喻，十分新穎。

呂氏春秋愼大覽察今篇說：

3.有道之士，貴以近知遠，以今知古，以所見知所不見。故審堂下之陰，而知日月之行，陰陽之變也；見瓶水之冰，而知天下之寒，魚鼈之藏也；嘗一臠肉，而知一鑊之味，一鼎之調也。

目的在說明治國者應見微知著，早定治國之法。

先秦諸子的著書立說，都自出心裁，獨創新譬。

曹操短歌行：「老驥伏櫪，志在千里。烈士暮年，壯心不已。」用老驥譬喻自已老而不認輸，是好譬喻，前人不曾用。關漢卿的不伏老南呂一枝，卻說：

4.我卻是蒸不爛，煮不熟，搥不扁，炒不爆，響噹噹一粒銅豌豆。

拿銅豌豆譬喻自已年老硬朗，永不屈服，十分新鮮有味。如果他也學一句「老驥伏櫪」，就是陳腔濫調了。

柳宗元拿郭槖駝種樹，任樹木自然生長，就能繁茂，說明做官的人不要擾民，不要「促爾耕，勗爾植」，讓人民安居樂業，天下自然太平。這是一個很好的寓言式譬喻。但是清人陳莀山行詩卻說：

5.自笑微官如布穀，年年三月勸春耕。

布穀鳥的叫聲是「布穀布穀」，又說是「割麥插禾」，是勸人種田的。官吏勸耕，是不是擾民，且不說它；陳莀的官如布穀卻是郭槖駝種樹的翻案，尖新可喜。

一般人都說眉如山峰，所謂「眉峰」；眼如水波，所謂「眼波」。但是蘇軾卻反過來說：

6.水是眼波橫，山是眉峰聚；欲問行人去那邊？眉眼盈盈處。（卜算子。一說，本詞爲王通叟送鮑浩然之湘東之作。）

這樣換個方式作譬，就很有新意。

朱自清描寫春天的可愛是：

7.春天，像剛落地的娃娃，從頭到腳都是新的，它生長着。（春）

徐志摩描寫河畔楊柳的美麗是：

8.那河畔的金柳，是夕陽中的新娘。（再別康橋）

朱自清着重春天的新，徐志摩着重夕陽斜照下楊柳的光豔照人。他們都用人物來譬喻自然的景色，但都各自設喻，誰也不抄襲誰。

黃慶萱先生的修辭學裡，說烟酒公賣局曾刊過這麼一則廣告：

9.烟酒之於人生，猶如標點之於文字。

黃先生稱贊這是「神來之筆」的好譬喻。這句話確實是好譬喻，因爲它完全是創新的。但是還有缺點，那就是一般人對標點並無多大認識，尤其是街頭巷尾的烟民酒徒們，可能根本不知道標點是什麼東西，更別說它在文字裡的作用了。這句譬喻如果用在文人小品文裡就非常好，作爲一般性的廣告並不好。筆者在六十四年四月一日的中央日報副刊上看到一個好句子，也是用標點作譬喻的。題目是最後一課。作者寫一位獲准退休的李教授，在上最後一堂課的時候，學生要求他臨別贈言，不要講課。但是李教授不肯。作者寫道：

10.他（李教授）不想在二十多年教書生活的最後一堂課，留下一個空心的句點。

這個譬喻非常新穎。而且凡是能讀這篇文章的人，都知道句點是怎樣的東西。它是空心的，它放在一個句子末了的地方，代表終止。筆者認爲這才是眞正創新的好譬喻。

以上論述譬喻，雖沒剖別譬喻的性質，也沒詳論譬喻的分類，但也說明了幾個創作譬喻的原則：要已知喻未知，要具體喻抽象，要意義貼切，可就近取譬，必須不斷創新。古今中外許多文學書裡的有名譬喻，大都脫不了這些原則。

第二章 映襯

用兩種相反的事物，擺在一起，作對照的形容，以加强印象。這種修辭法，叫做映襯。例如：

親賢臣，遠小人，此先漢所以興隆也；親小人，遠賢臣，此後漢所以傾頹也。（諸葛亮：出師表）

「親賢臣，遠小人」，「親小人，遠賢臣」，這是兩件截然不同的事；這兩件事造成兩種截然不同的結果：「興隆」和「傾頹」。兩者擺在一起，顯出極明白的優劣成敗，即使愚闇如劉禪，也懂得何去何從。這就是映襯修辭法的好處。

單獨說一件事物，固然也能造成印象；但總不如兩件相反的事物，互相對照，更加深刻而明顯。譬如一朵紅花揷在花瓶裏，固然好看，但總不如開在綠葉叢中，更加鮮艷。一位忠臣，正立朝廷，固然令人欽敬，但總不如有奸臣和他抗爭，更能顯出他的偉大。所謂「紅花須有綠葉扶」，所謂「疾風知勁草，板蕩識忠臣」。修辭裏的映襯，就是根據這種情形而產生的。

一、反襯

映襯，一般修辭書，把它分爲「反襯」和「對襯」兩類。反襯是用和這種事物相反的形容詞或副詞來形容這種事物。例如：

1.舉秀才，不知書；舉孝廉，父別居；寒素清白濁如泥；高第良將怯如黽。（後漢書逸文）秀才應該有學問，卻不知書；孝廉應該孝順，父母竟別居他處；以「濁如泥」形容「清白」，以「怯如黽」形容「良將」，都是反襯。沈德潛古詩源說它是桓靈時童謠，並說「泥」音涅，「黽」音滅。（黽是蛙類動物。）

2.蕭金鉉道：「今日對名花，聚良朋，不可無詩，我們分韻如何？」杜愼卿道：「先生，這是而今詩社裏的故套。小弟看來，覺得雅的這樣俗，還是清談爲妙。」（儒林外史第二十九回）「雅」和「俗」是兩種相反的現象，這裏用「這樣俗」來形容「雅」，以說明文人們的無聊，這就是反襯。

3.寶玉道：「我呢？你們也替我想一個。」寶釵笑道：「你的號早有了，『無事忙』三字恰當得很。」（紅樓夢第三十七回）用「無事」形容「忙」，以說明寶玉的可笑，也是反襯。

4.好聰明的糊塗法子！你們兩個之間還用得著這種過節嗎？（費德利克小姐第一幕）

以「好聽明」形容「糊塗法子」，也是反襯。

5.當這位倒楣的主人回家時，發現他的親切的雜亂，已被改爲荒謬的條理了。（林海音：書桌）

用「親切」形容「雜亂」，「荒謬」形容「條理」，都是反襯。

用疊句的形式，以反襯法來形容一個人，說得淋漓盡致的，要算洪昇長生殿窺浴裏的一段話：

6.我做宮娥第一，標致無人能及：腮邊花粉糊塗，嘴上胭脂狼藉。秋波俏似銅鈴，弓眉彎得筆直。春纖十個雷槌，玉體渾身糙漆。柳腰松段十圍，蓮瓣灘船半隻。

以「銅鈴」形容「秋波」，以「筆直」形容「弓眉」，以「雷槌」形容纖纖十指，以「糙漆」形容「玉體」，以「松段」形容「柳腰」，以「灘船」形容三寸金蓮：都是反襯。而這樣的醜女，偏說是「標致無人能及」，又是一種反襯。

兩種相反的意思，放在同一個句子甚至同一個短語裏，就構成一種奇特的形象。所以反襯在修辭裡，雖也有少數例子是莊嚴的；但大多數是滑稽可笑的。

二、對襯

對襯是用兩種相反的事物，構成兩個或兩個以上的句子，作對比的說明，因而產生極鮮明的形象，給人極強烈的感受。有時雖也有諷刺的味道，但大部分都有莊嚴的意義。它是映襯格的主要部分。例如：

1.昔我往矣，楊柳依依；今我來思，雨雪霏霏。（詩經小雅采薇）

這是以春去冬來作對襯，說明行役之苦。

2.政之所興，在順民心；政之所廢，在逆民心。（管子牧民篇）

這是以興廢、順逆作對襯，說明爲政之理。

3.是故財聚則民散，財散則民聚。是故言悖而出者，亦悖而入；貨悖而入者，亦悖而出。（禮記大學篇）

這是以聚散、出入作對襯，說明治國平天下，必須以德爲本、以財爲末的道理。

4.臣門如市，臣心如水。（漢書鄭崇傳）

以喧鬧如市、靜止如水作對襯，說明求謁者雖多，而爲官仍甚清廉。

5.以五千之眾，對十萬之軍；策疲乏之兵，當新羈之馬。然猶斬將搴旗，追亡逐北，滅跡掃塵。（李陵：答蘇武書）

這是以強弱懸殊作對襯，說明他兵敗被擒，不得不歸匈奴的理由。力盡降胡，老母受戮，這在李陵是一件非常屈辱的事。所以他又以「子歸受榮，我留受辱」作對襯，說明內心的痛苦；而後又以「漢厚誅陵以不死，薄賞子以守節」作對襯，說明漢家天子的刻薄寡恩，表示他的悲憤。

6.守一城捍天下，以千百就盡之卒，戰百萬日滋之師。蔽遮江淮，阻遏其勢，天下之不亡，其誰之功也？（韓愈：張中丞傳後敘）

以數字的多少作對襯，說明張巡獨守睢陽，爲國作殊死戰的偉大。

7.勸君莫話封侯事，一將功成萬骨枯。（曹松：己亥歲二首）

也是以數字的多少作對襯，說明戰爭的殘酷，人命的卑微。

8.嗚呼！小說之陷溺人群，乃至如是，乃至如是！大聖鴻哲，數萬言諄誨之而不足者，華士坊賈，一二書敗壞之而有餘。（梁啓超：論小說與群治之關係）

除以「大聖鴻哲」和「華士坊賈」作對襯，「不足」和「有餘」作對襯以外，也用數字作對襯，以說明小說力量的可驚。

9.夫婿輕薄兒，新人美如玉。合昏尚知時，鴛鴦不獨宿。但見新人笑，那聞舊人哭！（杜甫：佳人）

以新舊、哭笑作對襯，寫出輕薄夫婿的喜新厭舊，善變薄情。

10.襲人笑道：「可是你只許州官放火，不許百姓點燈。我們偶說一句妨礙的話，你就說不吉利；你如今好好的咒他，就該了。」（紅樓夢第七十七回）

以「放火」、「點燈」作對襯，形容某些人可以肆無忌憚，爲所欲爲，某些人只能循規蹈矩，不可有絲毫差錯。（這句諺語，發源於陸游老學庵筆記卷五：「田登作郡，自諱其名，觸者必怒，吏卒多被榜笞。於是舉州皆謂『燈』爲『火』。上元放燈，許人入州治遊觀。吏人遂書榜揭於市曰：『本州依例放火三日。』」）

11.全家白骨成灰土，一代紅妝照汗青。（吳偉業：圓圓曲）

第一句寫吳三桂全家三十八口被屠殺，第二句寫陳圓圓以一弱女子而名留青史。這故事有很突出的戲劇性。「白骨」、「紅妝」，用顏色作對襯，十分鮮明。清人易順鼎詩云：「記取僧樓聽雪夜，萬山如墨一燈紅。」末句以數字及顏色作對襯，意境極美，令人神往。

12.柳如是問錢牧齋說：「你爲什麼愛我？」牧齋說：「愛你的頭髮黑如漆，臉白如雪。」牧齋也問她：「那麼你爲什麼愛我呢？」柳如是說：「愛你的頭髮白如雪，臉黑如漆。」（周法高：論柳如是。他說是根據王應奎的柳南隨筆和鈕琇的觚賸改寫的。）

「髮黑如漆」、「臉白如雪」，用顏色作對襯，形容美人的面貌；再來一個「髮白如雪」、「臉黑如漆」，形容醜老頭的面貌：作兩個形象的對照，就成爲笑話而十分有趣了。

13.二月賣新絲，五月糶新穀；醫得眼前瘡，剜卻心頭肉。（唐聶夷中詩。鄭燮濰縣署中與舍弟墨第三書抄附。）

這是以「眼前瘡」、「心頭肉」作對襯，形容窮人寅吃卯糧的痛苦。

14.霍：殿下，我是來參加您的父王的葬禮的。

漢：請你不要取笑，我的同學！我想你是來參加我的母后的婚禮的。

霍：眞的，殿下，這兩件事情相去得太近了。

漢：這是一舉兩得的辦法，霍拉旭！葬禮中剩下來的殘羹冷炙，正好宴請婚筵上的賓客。（

朱生豪譯）

這是莎士比亞的戲劇漢姆萊脫裏的一段對白。漢姆萊脫的父親是丹麥國王，他的叔父謀殺了他的父親，奪了王位，又向他的母親求婚，他的母親就嫁給了他的叔父。這些故事，都發生在短短的四個月之內。「葬禮中剩下來的殘羹冷炙，正好宴請婚筵上的賓客」，這一句尖刻的對襯，强烈地說明他叔父的惡毒和他母親的無恥。可說極盡映襯的能事了。

15.在普通女人的生命中，結婚雖不必一定是戀愛的墳墓，却沒有不成爲學問或事業的墳墓的；但在居里夫人的生命中，結婚竟是她事業與學問的開始。（陳衡哲：居里夫人小傳）

這也是用映襯的修辭法，說明居里夫人和一般女人迥然不同，所以在科學上有超人的成就。

16.肯亞巨人肯亞達說：「外國傳教士來的時候，非洲人有土地，傳教士有聖經。他們叫我們閉着眼睛禱告，等到我們張開眼睛的時候，變成他們有土地，我們有聖經了。」

這句話尖銳得像一支利劍，它替非洲民族主義運動增添不少力量。映襯修辭法的功效是不可輕視的。

三、整段、整篇的映襯

以上是一句、兩句或數句互相映襯的修辭法，也有整段、整篇映襯到底的。詩經小雅北山，爲行役大夫感到勞逸不均而作此詩。看它怎樣寫勞逸不均：

1.或燕燕居息，或盡瘁事國。
或息偃在牀，或不已于行。
或不知叫號，或慘慘劬勞。
或棲遲偃仰，或王事鞅掌。
或湛樂飲酒，或慘慘畏咎。
或出入風議，或靡事不爲。

這是北山詩四、五、六章，描述有些大夫安居在牀，不被召喚，只飲酒作樂，說些風涼話，所謂「逸」；而有些大夫，忙碌國事，奔波不息，又怕獲罪，所謂「勞」。勞逸對照著寫，也就是後半篇全是映襯。

荀子天論，有一段寫君子小人之分，是因爲君子盡己，小人貪天，也是映襯法：

2.君子苟（音ㄐ一ˊ，急務在我之責任）其在己者，而不慕其在天者；小人錯（同措）其在己者，而慕其在天者。君子苟其在己者，而不慕其在天者，是以日進也；小人錯其在己者，而慕其在天者，是以日退也。故君子之所以日進，與小人之所以日退，一也。君子小人之所以相縣者，在此耳。

韓非子難勢篇，全用映襯法。他首先引用慎子的話說：

3.飛龍乘雲，騰蛇遊霧，雲罷霧霽，而龍蛇與蚓蟻同矣，則失其所乘也。賢人而屈於不肖者，則權輕位卑也，不肖而能服賢者，則權重位尊也。堯爲匹夫，不能治三人；而桀爲天子，能亂天下。吾以此知勢位之足恃，而賢智之不足慕也。……

接著他反駁愼子的話說：

4.飛龍乘雲，騰蛇遊霧，吾不以龍蛇爲不託於雲霧之勢也。雖然，夫捨賢而專任勢，足以爲治乎？則吾未得見也。夫有雲霧之勢，而能乘遊之者，龍蛇之材美也；夫有盛雲濃霧之勢，而不能乘遊之者，蚓蟻之材薄也。……夫良馬固車，使臧獲御之，則爲人笑；王良御之，而日取千里。車馬非異也，或至乎千里，或爲人笑，則巧拙相去遠矣。今以國位爲車，以勢爲馬，以號令爲轡，以刑罰爲鞭策，使堯舜御之，則天下治；桀紂御之，則天下亂。則賢不肖相去遠矣。……

愼到是法家的重勢派，認爲權勢高於一切；韓非是法家的大成派，認爲權勢不過條件之一。他們各以映襯法說明自己的見解。且不管誰是誰非，各人的意思卻是十分顯豁的。

通篇都用映襯法，還有屈原的卜居。從「吾寧悃悃款款，朴以忠乎？將送往勞來，斯無窮乎」，到「蟬翼爲重，千均爲輕；黃鐘毀棄，瓦釜雷鳴；讒人高張，賢士無名」，差不多都是映襯。

四、句數多寡不等的映襯

以上都是用偶句來映襯，正反兩面的字數大致相等。還有一些映襯是句數多寡不定，從形式上看，邊重邊輕，並不相襯；但從意義上看，卻是正反互襯的。例如：

1.秦帝按劍，諸侯西馳，削平天下，同文共規，華山爲城，紫淵爲池，雄圖既溢，武力未畢，方架黿鼉以爲梁，巡海右以送日；一旦魂斷，宮車晚出。（江淹：恨賦）

江淹恨賦寫歷史名人，多齎恨以死。第一位寫秦始皇在功業如日中天時，忽然得病死了（他死在出巡途中）。前半段十句，寫始皇的豐功偉績，煊赫驚人；後半段兩句，寫始皇倏然而逝。句數多寡懸殊，卻正前後映襯，造成急轉直下的氣勢，給人奄忽無常的感慨：人生原是多恨哪！（「宮車晚出」爲帝王去世的諱飾辭，見後諱飾格一項第四例。）

2.越王句踐破吳歸，義士還家盡錦衣，宮女如花滿春殿；只今惟有鷓鴣飛。（李白：越中覽古）

這首詩不按照一般起、承、轉、合的規律，而以第一句起，二、三句都是承，第四句連轉帶合，在分配上並不均勻。前三句花團錦簇，寫得極熱鬧；後一句荒烟野鳥，寫得極冷淡。在熱鬧和冷淡的對襯下，歷史的流逝，人世的變幻，就完全表露出來了，達到「覽古」的目的。雖然句數不等，但一樣具有良好的映襯作用。

3.俺曾見金陵玉殿鶯啼曉，秦淮水榭花開早；誰知道容易冰消。眼看他起朱樓，眼看他宴賓客，眼看他樓塌了。這青苔碧瓦堆，俺曾睡風流覺。（孔尚任：桃花扇哀江南）

這段歌曲可分爲三個小節：第一小節，正面兩句，反面一句，正反對襯；第二小節也是正面兩句，反面一句，正反對襯；第三小節兩句，沒對襯。在正反的對襯裏，秦淮金粉，南朝歌舞，忽然就銷歇了。國家的興亡，江山的改易，也都表現出來了。這些映襯，大都頭大腳細，不成比例，但它有一個好處，給讀者陡然直落的感覺，容易產生「頓悟」的共鳴。

五、帶有關連的映襯

映襯又常常帶著關連的性質出現，因此往往更有效果，這也是它的好處。例如：

1.惟將終夜長開眼，報答平生未展眉。（元稹：遣悲懷之三）

這是元稹三首悼亡詩裏的兩句。以整夜失眠的「長開眼」，回報亡妻貧賤生活的「未展眉」。長開眼和未展眉是對襯，但它們又都安置在眉眼上，有關連統一的作用，更加有味。

2.少年聽雨歌樓上，紅燭昏羅帳；壯年聽雨客舟中，江闊雲低，斷雁叫西風；而今聽雨僧廬下，鬢已星星也：悲歡離合總無情，一任階前點滴到天明。（蔣捷：調寄虞美人）

這是以少年、壯年、老年三個時期作映襯，寫盡世間的悲歡離合。從燈紅酒綠的歌樓到黃卷青檠的僧廬，由絢爛歸於寂靜，人生就是如此。使人讀來，起無限感觸。而其中用「聽雨」關連到底，又有一線貫串，中無阻隔的妙用。

3.屧廊移得苧蘿春，沈醉君王夜宴頻；臺畔臥薪臺上舞，可憐同是不眠人。（龐鳴：吳宮詞）

儘管史記越王句踐世家，只說句踐嘗膽，沒說臥薪，但臥薪嘗膽的成語故事早就傳開了。這首詩說吳王夫差在臺上和西施共舞，越王句踐在臺下臥薪，兩個都是不眠的人。這是一種尖銳的對襯，襯出一個昏君和一位英主，和兩國興亡的根源來。但它又借一個「臺」作爲關連的材料，使兩幅極端相反的畫面緊密地連接在一起，也可說匠心獨運了。

4.人生一死談何易，看得分明是丈夫。猶記息姬歸楚日，下樓還要侍兒扶。（袁枚：詠綠珠）

綠珠是石崇的寵妾。八王亂起，孫秀仗着司馬倫的威勢，向石崇强取綠珠，綠珠墜樓自殺。息夫人故事見後引用格談用典部分。袁枚以息夫人的屈從楚王，對襯綠珠的守節。其中用「下樓」作爲關連墜樓的橋樑。息夫人由侍兒扶持下樓歸楚，純係作者想像之辭。傅庚生說袁枚如此描寫，尖刻漓薄之至（見中國文學欣賞舉隅）。但以修辭技巧言，却是尖巧新穎的。

5.百里驪山一炬焦，劫灰何處認前朝？詩書焚後今猶在，到底阿房不耐燒。（丁堯臣：阿房宮）

秦皇燒書，燒了又出來；項羽燒阿房宮，一燒就灰飛烟滅，永遠不見。儒生手中，竹簡木片做的書，燒起來很方便，它偏燒不完；皇帝治下，高墻大柱的宮殿，看似不易燃燒，它卻一焚無踪。這說明虐政易覆，仁義永存。作者用一炬焦、劫灰、焚、燒等同義詞關連成一條直線，一端安上詩書，一端安上阿房宮，遙遙相對，襯托出一位暴君殘酷而又愚蠢的嘴臉來。映襯而運用到如此地步，可說是出神入化，極盡能事了。

至於小說、戲劇裏，人物的忠奸對峙，故事的悲喜交替，可說是更廣泛的映襯了。琵琶記第十八段寫蔡伯喈在牛相府結婚，歡聲鼎沸，喜洋洋十分熱鬧；第二十段寫蔡伯喈原配夫人趙五娘在老家吃糠，一個弱女子侍奉公婆，家貧人飢，困苦欲絕。前後映襯，蔡伯喈的不義（相傳作者高明，是爲了諷刺朋友王四遺棄原妻，入贅相府，託名蔡伯喈而作此劇），趙五娘的堅貞，表露無遺，使讀者的情緒達到高潮。又如紅樓夢第九十七回，林黛玉焚稿斷癡情，薛寶釵出閣成大禮。一面寫林黛玉在瀟湘館悲悲泣泣，魂歸離恨天；一面寫薛寶釵在榮國府歡歡喜喜，跟賈寶玉結婚。兩相對襯，更覺得世態炎涼，令人寒心了。

老子說：「有無相生，難易相成，長短相形，高下相傾，音聲相和，前後相隨。」（老子第二章）說明天下萬事萬物的相對原理。只有有，沒有無，就不知有的可貴；只有易，沒有難，就不知什麼叫做易；只有長，沒有短，就不知長是怎樣的意思。善惡、美醜、是非、黑白……，全由比較而來。映襯，就是用完全相反的形象，讓它對立在一起，使讀者在比較之下，產生強烈的反應，達到修辭的效果。

第三章 摹狀

文學作品的描寫，固然以心所思的情爲主，但是耳所聞的聲，目所見的色，鼻所嗅的氣，舌所嘗的味，手所觸的體，也都有描寫。陳望道的修辭學發凡只舉聲、色兩項，也就是聽覺的描寫，視覺的描寫，稱它爲「摹狀」。黃慶萱先生的修辭學，加上氣、味、體三項，也就是再添嗅覺的描寫，味覺的描寫，觸覺的描寫，而稱它爲「摹寫」。筆者以爲這些感官所接觸的描寫，雖可分爲五項，但主要的還是聽覺和視覺兩項，稱爲「摹狀」，已可概括。所以仍用舊名。

一、聽覺的摹寫

摹寫聽覺的稱爲摹聲詞。自然萬物，各有「天籟」；而人又喜歡模仿各種聲音而作「人籟」。所以摹聲詞早與文學同存了。翻開我國最早的文學作品詩經：

1. 關關雎鳩，在河之洲。（周南關雎）

「關關」摹寫雎鳩的鳴叫。

2.風雨瀟瀟，雞鳴膠膠。（鄭風風雨）

「瀟瀟」摹寫風雨的聲音，「膠膠」摹寫雞鳴的聲音。

3.呦呦鹿鳴，食野之苹。（小雅鹿鳴）

「呦呦」摹寫鹿鳴的聲音。

4.菀彼柳斯，鳴蜩嘒嘒。（小雅小弁）

「嘒嘒」摹寫蟬鳴的聲音。

5.螽斯羽，詵詵兮。（周南螽斯）

「詵詵」摹寫螽斯以翅膀擦股的聲音。

6.鱣鮪發發，葭菼揭揭。（衛風碩人）

「發發」（音撥撥）摹寫許多網中魚跳躍的聲音。

7.肅肅兔罝，椓之丁丁。（周南兔罝）

「丁丁」摹寫擊木的聲音。

8.有車鄰鄰，有馬白顛。（秦風車鄰）

「鄰鄰」摹寫車子行走的聲音。

9.擊鼓其鏜，踊躍用兵。（邶風擊鼓）

「其鏜」摹寫擊鼓的聲音。

10.盧令令，其人美且仁。（齊風盧令）

「令令」摹寫盧犬頸下的鈴鐺聲。

以上約舉十例，以見詩經摹聲詞的普遍。

11.蛇謂風曰：「予動吾脊脅而行，則有似也。今子蓬蓬然起於北海，蓬蓬然入於南海，而似無有，何也？」（莊子秋水篇）

「蓬蓬然」摹寫風吹的聲音；又疊寫兩句，十分有趣。

12.風蕭蕭兮易水寒，壯士一去兮不復還。（史記荊軻傳）

「蕭蕭」摹寫寒風吹的聲音。有此二字，情景更見悲壯。

13.纖纖擢素手，札札弄機杼。（古詩十九首之十）

「札札」摹寫織布的聲音。木蘭詩以「唧唧」摹寫織布聲，蔣士銓鳴機夜課圖記以「軋軋」摹寫織布聲。都是摹聲辭。

14.昨夜風兼雨，簾幃颯颯秋聲。（李煜·烏夜啼）

「颯颯」摹寫風雨聲。有此二字，情景便見凄涼。

15.車轔轔，馬蕭蕭，行人弓箭各在腰。爺娘妻子走相送，塵埃不見咸陽橋。（杜甫·兵車行）

「轔轔」摹寫車子走動的聲音，從前述第八例詩經「車鄰鄰」來；「蕭蕭」摹寫馬鳴的聲音，從詩經小雅車攻「蕭蕭馬鳴」來。

16.轆轆遠聽，杳不知其所之也。（杜牧：阿房宮賦）

「轆轆」摹寫宮車輾過的聲音，它含有逐漸遠去，杳杳而逝的意思。

17.大絃嘈嘈如急雨，小絃切切如私語；嘈嘈切切錯雜彈，大珠小珠落玉盤。（白居易：琵琶行）

「嘈嘈」、「切切」摹寫琵琶聲。摹寫樂器的聲音較難，但卻不少。又如：

18.客有吹洞簫者，其聲嗚嗚然。如怨如慕，如泣如訴，餘音嫋嫋，不絕如縷。（蘇軾：赤壁賦）

「嗚嗚然」摹寫洞簫的聲音，恰到好處；嫋嫋餘音，也適合前後情景。

19.那彈弦子的，便取了弦子，錚錚鏦鏦彈起。這姑娘便立起身來，左手取了梨花簡，夾在指頭縫裏，便丁丁當當的敲，與那弦子聲音相應。（老殘遊記第二回）

這是劉鶚在寫王小玉女高音獨唱之前，一位伴奏的琴師和一位藝名黑妞的出來作前奏曲的情形。「錚錚鏦鏦」摹寫三弦的聲音，「丁丁當當」摹寫梨花簡的聲音。

聊齋志異裏有一位很會發笑的女孩嬰寧。作者描寫嬰寧的笑聲，運用不少摹聲辭：

20.良久，聞戶外隱有笑聲。媼曰：「嬰寧！汝姨兄在此。」戶外嗤嗤笑不已，婢推之以入，猶掩其口，笑不可遏。媼瞋目曰：「有客在，咤咤叱叱，是何景象？」女忍笑而立，生揖之。……彼此參疑，但聞室中吃吃，皆嬰寧笑聲。……母疑其爲鬼，入告吳言，女略無駭意

；又弔其無家，亦殊無悲意，孜孜憨笑而已。（聊齋志異嬰寧）

嬰寧是狐女，但她的憨相十分可愛，尤其是她的笑態，在聊齋志異裏也算是一種突出的描寫。光是她的笑聲，作者就運用了「嗤嗤」、「咤咤叱叱」、「吃吃」、「孜孜」等多種摹聲辭，可說極盡形容了。

二、視覺的摹寫

摹寫視覺的，大都是形容事物的形象、顏色、光影等。例如：

1.彼黍離離，彼稷之苗。（詩經王風黍離）

「離離」是黍結實下垂的樣子。白居易賦得原上草詩：「離離原上草。」是茂盛的樣子。

2.蒹葭蒼蒼，白露爲霜。……

蒹葭淒淒，白露未晞。……

蒹葭采采，白露未已。……（詩經秦風蒹葭）

「蒼蒼」是蒹葭到了秋天，變爲深青色了；「淒淒」、「采采」是蒹葭繁密茂盛的樣子。

3.新臺有泚，河水瀰瀰。（詩經邶風新臺）

「瀰瀰」是河水滿溢的樣子。

4.女曰雞鳴，士曰昧旦。子興視夜，明星有爛。（詩經鄭風女曰雞鳴）

「有爛」就是「爛然」，說啓明星光明燦爛，天快亮了。

5.曖曖遠人村，依依墟里烟。（陶潛：歸園田居）

「曖曖」是模糊不明的樣子，「依依」是裊裊而升的樣子，摹寫遠人村和墟里烟，像一幅圖畫。

6.無邊落木蕭蕭下，不盡長江滾滾來。（杜甫：登高）

「滾滾」摹寫長江後浪推前浪，滔滔而去的樣子。

7.遲遲鐘鼓初長夜，耿耿星河欲曙天。（白居易：長恨歌）

「耿耿」是光亮明淨的樣子。

8.自別後遙山隱隱，更那堪綠水粼粼，見楊柳飛綿滾滾，對桃花醉臉醺醺，透內閣香風陣陣，掩重門暮雨紛紛。（王德信：十二月帶堯民歌）

「隱隱」、「粼粼」、「滾滾」、「醺醺」、「紛紛」，都是視覺的摹寫。

9.同舍生皆被綺繡，戴珠纓寶飾之帽，腰白玉之環，左佩刀，右備容臭，燁然若神人。（宋濂：送東陽馬生序）

「燁然」二字摹寫富家子的珠光寶氣，金玉其外，敗絮其中的樣子。

10.從簾的上端向右斜伸而下，是一支交纏的海棠花，花葉扶疏，上下錯落着，共有五叢，或聚或散，都玲瓏有致。葉嫩綠色，彷彿掐得出水似的，在月光中掩映着，微微有深淺之別。花正盛開，紅艷欲流。黃色的雄蕊，歷歷的，閃閃的，襯托在叢綠之中，格外覺得嬌媚了

。（朱自清：一張小小的橫幅）

這段話描寫畫裏的海棠花。先花葉合寫，再分寫葉和花，都是視覺的摹寫。但其中以「歷歷的，閃閃的」最爲顯眼。

以上，有的形容形象，有的形容顏色，有的形容光影。都是視覺的摹寫。而且大部分是疊字。

三、嗅覺、味覺、觸覺的摹寫

摹寫嗅覺的，如：

1.地道車，轟而開，轟而止。車一停，大家蜂擁而入，蜂擁而出。人浮於座位，於是齊立。你靠着我，我靠着你，前爲傖夫之背，後爲小姐之胸。小姐香水，隱隱可聞；大漢臭汗，撲鼻欲嘔。當此之時，汽笛如雷，車馳電掣，你跟着東搖西擺，栽前撲後，眞眞難逃乎天地之間。（林語堂：說紐約的飲食起居）

「隱隱可聞」、「撲鼻欲嘔」，都是摹寫嗅覺的感受。

2.「桑條索漠楝花繁，風斂餘香暗度垣。」「小雨輕風落楝花，細紅如雪點平沙。」當年讀王荊公的詩，苦於不知道這種香艷撩人的楝花是什麼？……這些知識使我對於窗前窗後，綠蔭扶疏，濃香四溢的三棵無名樹，煥然改觀，肅然起敬；眞是踏破鐵鞋無覓處，得來全不費工夫。（梁容若：苦楝）

「餘香暗度垣」、「香艷撩人」、「濃香四溢」，都是苦楝花給人嗅覺上的感受。

3.花生米酥脆噴兒香，用個長脖兒瓶子裝。瓶子口兒很小，鷺鷥吃，正好。狐狸看着饞得慌，哈拉子流得一尺長。（王玉川：兒童故事詩）

「噴兒香」也是嗅覺的摹寫。

摹寫味覺的，如：

4.皮肉苦且澀，歷口復棄遺；良久有回味，始覺甘如飴。（王禹偁：詠橄欖）

「苦」和「澀」都是味覺的摹寫。

5.北平尋常提到江蘇菜，總想着是甜甜的，膩膩的。（朱自清：說揚州）

「甜甜的」、「膩膩的」，完全是味覺的摹寫。食譜書裏有更多這一類描寫。

摹寫觸覺的，如：

6.淺碧粼粼露遠洲，羇人無力冷颼颼。（高明：商調二郎神曲）

「冷颼颼」是摹寫皮膚對寒冷的感受。

7.迭更斯的「大衛高柏菲爾」裏的馬利亞，他的手也是不能忘的，永遠是濕津津的，冷冰冰的，握上去像是五條鱔魚。（梁實秋：握手）

「濕津津的」、「冷冰冰的」，是觸覺的摹寫。

關於嗅覺、味覺、觸覺的摹寫，約舉數例如上。

四、摹狀辭的精華在摹寫聽覺與視覺

摹狀雖有摹聽覺的、摹視覺的、摹嗅覺的、摹味覺的、摹觸覺的等五項，但總以摹聽覺的、摹視覺的兩項爲最多，也最精彩。文心雕龍物色篇，是討論摹狀修辭的文字。它說：

1.是以詩人感物，聯類不窮，流連萬象之際，沈吟視聽之區。寫氣圖貌，既隨物以宛轉；屬采附聲，亦與心而徘徊。故灼灼狀桃花之鮮，依依盡楊柳之貌，杲杲爲日出之容，瀌瀌擬雨雪之狀，喈喈逐黃鳥之聲，喓喓學草蟲之韻。皎日、嘒星，一言盡理；參差、沃若，兩字窮形。並以少總多，情貌無遺矣。

「沈吟視聽之區」，指的就是視覺和聽覺。所以這段話舉了詩經裏的十個例子，都是摹聽覺和摹視覺的。

摹聽覺的摹聲辭，大都只取聲音，並無意義。像「關關」摹寫鳥叫，「丁丁當當」摹寫梨花簡響等。也有人想到，發聲大都由口，摹聲辭就加上口字吧。像摹寫蟲鳴就用「喓喓」，摹寫琵琶彈奏就用「嘈嘈」等。但還是沒什麼意義。又有一些摹聲辭，卻可聽出它的聲音，也可看出它的意義的。如：

2.篁階淅瀝響，露葉參差光。（李紳：寄樂天）

「淅瀝」摹寫下雨的聲音，很逼眞；而「淅瀝」兩字從水部，在意義上就拉上關係了。詩經摹寫車聲用「鄰鄰」，杜甫摹寫車聲用「轔轔」，「轔轔」比「鄰鄰」好，因爲「轔轔」在意義上跟車子有關。（轔爲後出字，說文無。）

3.不多一刻，都已齁齁睡着。一覺醒來，已是午牌時候。（老殘遊記第十六回）

「齁齁」摹寫打鼾的聲音，齁字本是鼻子呼氣的意思。這裏就音義兼而有之了。

4.忽然禮拜堂的鐘聲敲了十二響，遠遠地聽得喇叭聲，普魯士的兵操演回來，踏踏踏踏地走過我們的學堂。（胡適譯·最後一課）

「踏踏踏踏」摹寫士兵們走路的聲音，但踏字本是落步的意思，所以音義都有。這是譯者故意選擇的字。

還有一些聲音，用有意義的語句去摹寫。雖然那聲音本身並非如此，但我們以擬人的方式去解釋，也是十分可愛的。譬如杜鵑的叫聲摹擬成「不如歸去」，因此詩人就有「等是有家歸未得，杜鵑休向耳邊啼」（唐無名氏：雜詩）的詩句；鷓鴣的叫聲摹擬成「行不得也哥哥」，因此詞人就有「江晚正愁予，山深聞鷓鴣」（辛棄疾：菩薩蠻）的慨歎。春鳥的啼叫，民間常替牠解作有意義的語句，而富詩意。沉櫻（陳鍈）在「春的聲音」一文裏，寫布穀鳥的鳴聲說：

5.聽了牠的鳴聲而不動心的人，恐怕是沒有的。難怪農人聽了，覺得牠是在提醒着：「播穀！播穀！」而受折磨的兒媳婦聽了，說牠是大聲疾呼着：「姑惡！姑惡！」對於小孩子，雖然聽不出什麼意義，却也覺得趣味無窮；不知是誰把牠似通非通地諧作「光棍托鋤」，並把這做牠的名字。每逢這鳥一叫，我們便仰望着那聲所從來的遠方，模仿着牠的調子做一種唱和。因爲牠是叫一聲停一下的，在牠停的時候，剛好由我們來唱。我們對唱的開場是聽牠自報姓名似地先叫一聲：「光棍托鋤！」我們便緊跟着問：「你在哪住？」剛問完，牠又叫第二聲，像是回答：「我在山後。」又問：「你吃什麼？」「我吃石頭。」「你喝什麼？」「我喝香油。」大概小孩子簡單的頭腦再也想不出別的可問的了，便就此爲止。只反復地問一遍又一遍，牠也總不厭其煩地照樣回答了又回答。這種虛擬的問答，聽去是那麼眞實，在幼稚的心中，引起了無窮的幻想。……

天籟、人籟合而爲一，這眞是最有趣的摹聲辭了。

摹聲辭雖只一二個字，有時卻能爲整句甚至整段文辭生色。木蘭詩：

6.爺孃聞女來，出郭相扶將；阿姊聞妹來，當窗理紅妝；小弟聞姊來，磨刀霍霍向豬羊。

末句「霍霍」二字，摹寫磨刀的聲音。以上下文大都是五言句來看，這兩個字本可不要，只作「磨刀向豬羊」，也平穩可讀。但如果沒有這兩個字，分別十二年，小弟內心興奮之情，就表現不出來。當年，「阿爺無大兒」，小弟不能當兵；今天，小弟已長大成人，得知代父從軍的姊姊要回來了，他內心是多麼感激與興奮哪！這種心情，就借磨刀的霍霍聲表達出來。所謂：「傳神寫照，正在阿堵中。」這「霍霍」二字正是「阿堵」。

柳宗元漁翁詩：

7.漁翁夜傍西巖宿，曉汲清湘燃楚竹。烟銷日出不見人，欸乃一聲山水綠。迴看天際下中流，巖上無心雲相逐。

這是一首清逸出塵的山水詩。詩評家認爲中間兩句最好，筆者認爲其中「欸乃」二字尤好。在山環水抱，杳無人跡的幽境，忽然欸乃一聲，溜出一條漁船來。上下天光，展出一片無窮的綠。這搖櫓的欸乃聲，似乎打破山水間的寧靜，其實正像「伐木丁丁山更幽」（杜甫：題張氏隱居）一樣，以動襯靜，更覺靜得可愛了。

摹寫聲音，有字音和字義兼備的；摹寫形象，也有字形和字義兼備的。如：

8.采三秀兮於山間，石磊磊兮葛蔓蔓。（楚辭九歌山鬼）

「磊磊」是石頭眾多的樣子，磊字本身就是石頭堆疊起來的，形義兼而有之。不過石字並非象形字。至於：

9.淼淼望湖水，青青蘆葉齊。（李白：奔亡道中）

水字本是象形字，淼字更是大水瀰漫的樣子。看小篆作淼，形象就十分顯豁。形義兩兼，也更加明著。不過這還是從文字原有的意義上選用的，不算太別致；最有趣的是：

10.江南可採蓮，蓮葉何田田。（古詩江南）

這「田田」二字，注家只說它「鮮碧貌」；其實作者選用田字，是因爲田字的形狀像荷葉。「田田」就是一張一張的荷葉浮在水面。所以謝朓的江上曲也說：「蓮葉尚田田，淇水不可渡。」朱自清的荷塘月色也說：「彌望的是田田的葉子。」「田田」不能形容其他植物的葉子，因爲它的字形，只適合摹寫荷葉。

視覺的摹寫，也有助於意境的烘托。例如：

11.敕勒川，陰山下，天似穹廬，籠蓋四野。天蒼蒼，野茫茫，風吹草低見牛羊。（北齊敕勒歌）

「天蒼蒼，野茫茫」，只這六個字，北國遼遠的草原，闊大的氣象，就立即無邊無際地展延在眼前了。如果不用摹狀辭，即使加倍用字，恐怕也寫不出這樣的意境來。韓愈祭十二郎文說：「吾年未四十，而視茫茫，而髮蒼蒼，而齒牙動搖。」也藉着這「茫茫」、「蒼蒼」的摹狀辭，很生動地寫出老態的龍鍾和心境的頹唐。和敕勒歌雖境界大小不同，但摹狀辭的功用卻是一樣的。

12.漠漠水田飛白鷺，陰陰夏木囀黃鸝。（王維：積雨輞川莊作）

這聯詩從文法上分析，是所謂「副詞附加語在句首」的變式句。正常的句式是：白鷺在水田上飛，黃鸝在夏木裏囀。作者把作爲副詞附加語用的名詞「水田」、「夏木」擺在句首，是爲讓讀者先看見「水田」和「夏木」這樣的背景，然後在這背景中出現白鷺飛、黃鸝囀的動態，印象就突出。但只有「水田」和「夏木」還不夠，再加上摹狀的形容詞「漠漠」和「陰陰」，水田寬闊，夏木幽深，背景就更加優美。在這優美的背景中，有白鷺在飛，有黃鸝在囀，整聯詩就是一幅大自然的名畫。「漠漠」、「陰陰」這兩個摹寫視覺的摹狀辭，彷彿一支彩毫，對這幅名畫，加上極爲重要的一筆。

摹狀辭，在修辭裏是很有用的一格；而摹聽覺、摹視覺的，尤爲其中的主幹。

第四章 示 現

文學所以感人，是它能把人領到另一種境界，所謂「引人入勝」。而示現修辭法，是把一種境界移到你的面前，讓你立即感受到它的存在。這種修辭法是把見不到、聽不到的事物，寫得可見、可聽，活生生地出現在眼前。它的種類，可分時間的和空間的。時間的，有把過去的情景拉回來，呈現在面前；或是把未來的情景，預先架設在目前。空間的，是把遠方的事物，遷徙過來，擺在讀者跟前。彷彿變時有方，縮地有術，泯滅了時空的界限，所寫的就親切有味了。它可分為「追述的示現」、「預言的示現」、「懸想的示現」三項來說。

一、追述的示現

把過去的情景，拉回現在來寫的，叫做「追述的示現」。例如：

1. 風動荷花水殿香，姑蘇臺上見吳王：西施醉舞嬌無力，笑倚東窗白玉床。（李白：口號吳王美人半醉）

這首詩全是追述的示現。第一句寫當年姑蘇臺的環境，第二句寫西施見吳王，第三句寫西施的舞姿，第四句寫西施倚床賣俏的撒嬌神態。千餘年前的故事，寫來如在目前。

2.昔有佳人公孫氏，一舞劍器動四方，觀者如山色沮喪，天地爲之久低昂。㸌如羿射九日落，矯如群帝驂龍翔，來如雷霆收震怒，罷如江海凝清光。絳脣珠袖兩寂寞，晚有弟子傳芬芳。（杜甫：觀公孫大娘弟子舞劍器行）

這是杜甫看到公孫大娘的弟子李十二娘舞劍，因而回憶五十年前他童年時看到公孫大娘舞劍的情景。從觀者如山，寫到劍光閃耀，變化莫測，再寫到舞罷劍收，江海凝清。一切如在眉睫間。這也是追述示現的寫法。

3.六王畢，四海一；蜀山兀，阿房出。覆壓三百餘里，隔離天日。驪山北構而西折，直走咸陽；二川溶溶，流入宮牆。五步一樓，十步一閣；廊腰縵迴，簷牙高啄；各抱地勢，鉤心鬥角。盤盤焉，囷囷焉，蜂房水渦，矗不知其幾千萬落。長橋臥波，未雲何龍？複道行空，不霽何虹？高低冥迷，不知西東。歌臺響暖，春光融融；舞殿冷袖，風雨淒淒。一日之內，一宮之間，而氣候不齊。（杜牧：阿房宮賦）

阿房宮早在項羽進函谷關時，已一把火燒掉了。但在杜牧筆下寫來，卻是無比的高大華麗，始皇帝的奴役天下，窮極奢侈的氣燄，炙手可熱，張眼可見，一切如在面前。

4.遙望中原，荒煙外許多城郭。想當年，花遮柳護，鳳樓龍閣。萬歲山前珠翠繞，蓬壺殿裡笙

歌作。到而今，鐵騎滿郊畿，風塵惡。（岳飛：滿江紅之二）

「想當年」以下五句，是岳飛憶想北宋太平年代，京都開封城裏，一片國安民樂，歌舞昇平的景象。

5.君不見，館娃初起鴛鴦宿，越女如花看不足。香徑塵生烏自啼，屧廊人去苔空綠。換羽移宮萬里愁，珠歌翠舞古梁州。（吳偉業：圓圓曲）

「君不見」以下三句，是吳偉業追想吳王夫差初得西施的時候，那種迷戀如醉的情景。

6.那娘娘生得來仙姿逸貌，說不盡幽閒窈窕。眞個是花輸雙頰柳輸腰。比昭君增妍麗，較西子倍風標，似觀音來海嶠，恍嫦娥偷離碧霄。更春情韻饒，春酣態嬌，春眠夢悄。縱有好丹青，那百樣娉婷難畫描。（洪昇：長生殿彈詞）

梨園樂工李龜年，天寶亂後，流落江南，抱著琵琶賣唱，唱出當年在長安的歡樂生活。這一段描述楊貴妃的美麗，是追述的示現。聽曲的山西客聽了他的形容，說：「聽這老翁說的楊娘娘標致，恁般活現，倒像是親眼見的，敢則謊也。」說得「恁般活現」，就是成功的示現。

7.他想不明白，秦王何以用那樣的眼光看督亢？亞歷山大何以要虎視印度？獨腳的海盜何以要那樣打量金銀島的羊皮紙地圖？（余光中：地圖）

這幾句追述示現的寫法，把秦王、亞歷山大甚至獨腳海盜，那種鷹瞵虎視，吞噬世界的氣概，活生生地表現出來。

二、預言的示現

把未來的情景，預先架設來寫，叫做「預言的示現」。譬如：

1.我徂東山，慆慆不歸。我來自東，零雨其濛。我東曰歸，我心西悲。制彼裳衣，勿士行枚。
蜎蜎者蠋，烝在桑野。敦彼獨宿，亦在車下。
我徂東山，慆慆不歸，我來自東，零雨其濛。果臝之實，亦施于宇。伊威在室，蠨蛸在戶。
町畽鹿場，熠燿宵行。亦可畏也，伊可懷也。
我徂東山，慆慆不歸，我來自東，零雨其濛。鸛鳴于垤，婦歎于室。洒埽穹室，我征聿至。
有敦瓜苦，烝在栗薪。自我不見，于今三年。
我徂東山，慆慆不歸。我來自東，零雨其濛。倉庚于飛，熠燿其羽。之子于歸，皇駁其馬。
親結其縭，九十其儀。其新孔嘉，其舊如之何？（詩經豳風東山）

在詩經裡，這算是一首長詩。寫一個青年跟隨周公東征，經過三年，戰事結束，征人解甲還鄉。第一章寫征人辭別軍隊，往回家的路上走，在細雨濛濛的天氣裡，蜷曲著身體，獨宿在荒野的車下。

第二章以下，有不同的解釋。一種解釋爲實際的寫法：第二章是征人回到了家，看到荒涼的家園，發生感歎；第三章是他的妻子在清掃屋子，等待征人歸來；第四章是征人回家見到妻子，驚喜交集，說些玩笑話取樂。另一種解釋爲示現的寫法，征人對分別三年的故鄉、家園、妻子，作種種預測，越接近家鄉，這種預測越强烈，情緒也更起伏不平。所謂「近鄉情更怯，不敢問來人」，他只在心裡預言各種情景，完全是心理上的示現描寫。筆者以爲後一種解釋較有「詩意」。試分析如下：

第一章「我東曰歸，我心西悲」，已說明這位征人知道可以從東方回家，立即悲喜交織，湧起西向懷鄉的思緒。接著他就開始幻想：

結了果實的藤蔓，已延伸到屋簷下了吧；喜愛陰溼的伊威蟲在屋子裡爬行；長腳的蜘蛛在門口結網；屋邊的空地，成了野鹿的遊戲場；螢火蟲一閃一閃地到處飛行。因爲家裡沒有男人，必然會變得如此荒涼。雖然有些可怕，但還是令人懷想，因爲它是我的家園。我想妻子已知道我快要回家了。當鸛鳥在土丘上鳴叫的時候，雨總是下個不停；妻子在想，將歸的丈夫遇雨了。她一邊歎息，一邊打掃屋子的每一個角落，她要收拾得乾乾淨淨，歡迎我回家。地近鄉關自有情，一草一木都那麼熟悉，暌違三年的苦瓜，我又看見它團團掛在栗薪上了。

我和妻結婚的時候，那場面眞是熱鬧。漂亮雄壯的馬，成隊地向女家出發。她的母親替她結上佩巾，有各式各樣的儀式。我們新婚的時候，一切都非常美好；如今久別重逢，又該是怎樣的情景？也許比新婚更甜美哩！

他想到這裡，不禁加快腳步，也不管頭上的細雨下個不停，箭也似地衝向家門。

這預言的示現，寫來：景，十分逼眞；情，十分動人。讀來滋味無窮。如果說它是實際的敘述，不但「亦可畏也，伊可懷也」、「婦歎於室」、「我征聿至」、「其新孔嘉，其舊如之何」等句，無法作妥善的說明，就是詩的情味也減了一半。

第三章的「婦歎於室，洒掃穹窒」，是征人替妻子設想；第四章回憶當年的婚禮，是預言的示現裡夾用追述的示現。都富有技巧，非常有味。

2.子胥曰：「今王棄忠信之言，以順敵人之欲，臣必見越之破吳，豸鹿遊於姑胥之臺，荆棘蔓於宮闕。」（吳越春秋）

這是伍子胥預言越國必將滅吳。「豸鹿遊於姑胥之臺，荆棘蔓於宮闕。」是說吳國殘破之後，必將產生的景象。是預言的示現。晉人索靖見天下將亂，指洛陽宮門外的銅駝，歎道：「會見汝在荆棘中耳！」也是預言國家將亡，城闕將毀，不過不及伍子胥說得明顯。

3.君問歸期未有期，巴山夜雨漲秋池。何當共翦西窗燭，卻話巴山夜雨時。（李商隱：夜雨寄北）

這是作者在四川，當夜雨瀟瀟時，思念在北方的妻子而作此詩，用以代信。一、二句說，你問我幾時回家，我還沒有歸期，今晚巴山正下著雨呢。這是眼前的情況。三、四兩句忽然把時間提到未來：那一天我已回到家鄉，和你坐在西窗下，也是秋雨迷濛的夜晚，一同剪著燭芯，我就回憶說：「從前這個時候，我一個人正在巴山下聽夜雨敲窗呢！」從現在的聽雨，預想到將來憶說聽雨。十四個字，把時間拉向前，又倒向後。而「後」就是「今」。就在這玩時間的魔術中，思家之情，已洋溢在字裡行間了。

4.兒年九歲時，阿爺報登科：劍兒大父旁，一語三摩挲：「此兒生屬猴，聰明較猴多。雞雞比老雞，異時知如何？我病又老耄，情知不堅牢。風吹兒不長，那見兒扶搖？待兒勝冠時，看兒能奪標！他年上我墓，相攜著宮袍。前行張羅繖，後行鳴鼓簫；豬雞與花果，一一分肩挑；爆竹響墓背，墓前紙錢燒；手捧紫泥封，云是夫人誥。子孫共羅拜，焚香向神告：『兒今幸勝貴，頗如母所料。』世言鬼無知，我定開口笑。……」（黃遵憲：拜曾祖母李太夫人墓）

這是作者九歲的時候，曾祖母所作的預言。她把聰明的曾孫，將來中舉、作官、還鄉、掃墓、贈封的熱鬧場面，說得如在眼前。連曾孫告神的祝辭都預想好了。預言中還有預言，示現裡又有示現，真虧老人想得到，作者寫得出，讀來趣味盎然。

5.綠葉叢中紫羅蘭的囁嚅，芳草裡鈴蘭的耳語，流泉邊迎春花的低笑，你聽不見麼？我是聽得很清楚的：她們打扮整齊了，只等春之女神揭起繡幕，便要一個個出場演奏。現在她們有點浮動，有點不耐煩，春是準備的，等待的。（蘇雪林：青春）

這是用擬人的手法，寫春臨大地時，百花待機而動，她們即將出場的景象，卻是預言的示現。

三、懸想的示現

把遠方的事物遷徙過來，寫得眞像就在跟前，叫做「懸想的示現」。例如：

1.君獨不見長城下，死人骸骨相撐拄？（陳琳：飲馬長城窟行）

凡說「君不見」的，就是遠方的事物，搬到眼前來，說得舉目可見。唐詩裡不少這樣的寫法，例如：

2.君不見，黃河之水天上來，奔流到海不復回？（李白：將進酒）

遠處黃河水，似乎就在眼前滾滾東流了。

3.君不聞，漢家山東二百州，千村萬落生荆杞？……君不見，青海頭，古來白骨無人收？新鬼煩厭舊鬼哭，天陰雨溼聲啾啾！（杜甫：兵車行）

城邑殘破，白骨滿地，看不見的如在眼前；哀鴻號寒，鬼哭啾啾，聽不見的如在耳邊。是上乘的懸想示現。

4.今夜鄜州月，閨中只獨看。遙憐小兒女，未解憶長安。香霧雲鬟溼，清輝玉臂寒。何時倚虛幌，雙照淚痕乾。（杜甫：月夜）

這是天寶十五年，杜甫陷困長安，遙憶留在鄜州的家人所寫的詩。他懸想在鄜州的妻子，正在望月懷人，深夜獨坐，月光照在臂膀上。他又轉一層，想到兒女年幼，還不會憶念在長安的父親呢。這都是懸想的示現。杜詩鏡銓引王右仲的話說：「公本思家，反想家人思己，已進一層；至念及兒女不能思，又進一層。」設身處地，是懸想示現的原因之一。

5.獨在異鄉爲異客，每逢佳節倍思親；遙知兄弟登高處，遍插茱萸少一人。（王維：九月九日憶山東兄弟）

這是王維在外地，遙想故鄉兄弟，在重陽節惦念他的情景。轉折的手法，和前一例異曲同工。

6.閒夢遠，南國正芳春：船上管絃江面綠，滿城飛絮混輕塵，忙殺看花人。（李煜：望江南）

7.閒夢遠，南國正清秋：千里江山寒色暮，蘆花深處泊孤舟，笛在月明樓。（同右）

這兩闋詞都是李煜被俘北行之後，對南方故國的懸念之作。一闋是春天的時候，想到故國正是萬人空巷，看花尋樂的季節；一闋是秋天的時候，想到故國正是西風白蘆，月下聞笛的情景。所謂「故國不堪回首月明中」，他無時不在懸念他的故國。浪淘沙有句云：「晚涼天淨月華開，想得玉樓瑤殿影，空照秦淮。」也是懸想的示現。

8.李天王……出師來鬥，大聖也公然不懼。……於洞門外列成陣勢。你看，這場混戰，好驚人也。寒風颯颯，鬼霧陰陰。那壁廂旌旗飛彩，這壁廂戈戟生輝。滾滾盔明，層層甲亮。滾滾盔明映太陽，如撞天的銀磬；層層甲亮砌巖崖，似壓地的冰山。大捍刀，飛雲掣電；楮白槍，度霧穿雲。……大聖一條如意棒，翻來覆去戰天神。殺得那空中無鳥過，山內虎狼奔；揚砂走石乾坤黑，播土飛塵宇宙昏。（西遊記第五回）

這段描寫，仗著「你看」這一聲提示，把天兵天將大戰孫悟空的轟烈場面，搬到讀者的面前，像煞眞有其事。這也是懸想的示現。

9.康橋的靈性全在一條河上。康河，我敢說，是全世界最秀麗的一條河水。河身多的是曲折，上游是有名的拜倫潭，當年拜倫常在那裡玩的。有一個老村子叫格蘭騫斯德，有一個果子園，你可以躺在纍纍的桃李樹蔭下吃茶，花果會弔（掉）入你的茶杯，小雀子會到你桌上來啄食，那眞是別有一番天地。這是上游。下游是從騫斯德頓下去，河面展開，那是春夏間競舟的場所。上下河分界處有一個壩築，水流急得很。在星光下聽水聲，聽近村晚鐘聲，聽河畔倦牛芻草聲，是我康橋經驗中最神秘的一種。大自然的優美寧靜，調諧在這星光與波光的默契中，不期然的淹入了我的性靈。（徐志摩：我所知道的康橋）

這段描寫，也是借「你」字的運用，把讀者引到康河去遊歷；也借「我」字的運用，讓讀者傾聽他的敘述。於是，桃李樹下吃茶，花果掉入茶杯，小鳥爭來桌上啄食的景象，都出現眼前了；流水的聲音，晚鐘的聲音，倦牛反芻的聲音，也都到了耳邊了；你就神遊於全世界最秀麗、最有靈性的康河了。這是懸想示現的魅力。

人類的想像力雖然發根於現實，但又最不願被現實所束縛。所以人都喜歡聽故事，因爲在故事中可以馳騁他的想像力；人都嚮往理想，因爲理想的境界符合他的想像。示現修辭，用現實的材料抒寫，卻又脫離了現實。作者運用想像力抒寫，讀者運用想像力欣賞，雙方都忘我在沒有時空限制的境界中。

莊周用示現的手法寫寓言，逍遙遊、齊物論，我們看到了鵬飛萬里，我們聽到了天籟齊鳴；司馬遷用示現的手法寫故事，鴻門宴、垓下圍，我們看到了劉邦的窘態，我們聽到了項羽的悲歌；陶淵明用示現的手法寫詩文，桃花源、歸園田，我們看到了世外烏托邦，我們聽到了雞鳴桑樹顛。詞曲、戲劇，也都可用示現的手法寫出想寫的情景。它的好處是：能打破時空的限制，使不見不聞的事物，全成爲可見可聞。符合人們的需求，給予讀者以滿足。

第五章　呼　告

當說者、作者感情濃烈的時候，會先呼受話者（人或物）的名字，再告訴他（它）一些話。這樣的修辭法，叫做「呼告」。有的情見乎辭，有的怒形於色，有的寄託遙深；因此有耳提面命的呼告，有假想聽者在前的呼告，有萬物皆解我情的呼告。歸納這些情形，呼告修辭可分爲普通呼告、示現呼告、擬人呼告三種。這些呼告，有一開始就直呼人或物的名的，有在敘事中途插呼人或物的名的。

呼告修辭被呼的人或物的名，在黎錦熙的國語文法裡，叫做「實體詞在呼位」；何容先生的文法書裡，稱爲「獨立的成分」。何書的「獨立的成分」，除了名詞、代名詞外，還包括歎詞；黎書在討論歎詞時，也說歎詞是獨立句外的一種表情的聲音。所以，從文法的構造來說，呼告格的名詞、代名詞，和感歎格的歎詞，都擺在句子的外面，稱它爲「獨立的成分」，兩者實有相同的意義。同時，呼告格名詞、代名詞的後面，常常帶有歎詞；感歎格的歎詞前面，有時也冠著名詞、代名詞，也表示它們的不可分處。爲什麼如此呢？大概是兩者的修辭法，都爲了要表現强烈的感情的緣故吧！

一、普通呼告

普通呼告是聽者在前，爲引起他的注意或有所感歎而呼告的。如：

1.王曰：「嗚呼！小子胡，汝往哉！無荒棄朕命！」（尙書蔡仲之命）

周初，蔡叔叛亂被放，其子仲，名胡，賢，周公命胡前往蔡國，接替父職，重整國政。這時成王年幼，周公假成王的誥命，對即將赴任的胡訓話。先以「嗚呼」的感歎開始，再呼「小子胡」的名字告誡他。叫他「無荒棄朕命」。

2.（傅）說曰：「王！人求多聞，時惟建事，學于古訓，乃有獲。……」（尙書說命篇下）

這是傅說對殷高宗說話。先稱呼「王」，然後告訴他學古治事，才能成功。本句沒歎詞。

3.子貢欲去告朔之餼羊，子曰：「賜也！爾愛其羊，我愛其禮。」（論語八佾篇）

這是孔子呼子貢的名字而告訴他禮的重要。「也」是表感歎的助詞。

4.孟子見梁惠王。王曰：「叟！不遠千里而來，亦將有以利吾國乎？」（孟子梁惠王篇）

梁惠王呼孟子爲「叟」，並說他「不遠千里而來」，實在有嘲笑之意。這是呼告辭常有的現象。

又如：

5.將執戎子駒支，范宣子親數諸朝，曰：「來！姜戎氏！昔秦人追逐乃祖吾離于瓜州，乃祖吾離被苫蓋，蒙荆棘，以來歸我先君。我先君惠公有不腆之田，與女剖分而食之。今諸侯之事我寡君，不如昔者，蓋言語漏洩，則職女之由。詰朝之事，爾無與焉！與將執女。」（左傳襄公十四年）

諸侯不親晉國，晉國認爲是駒支言語不當，洩漏私隱。范宣子當衆斥責駒支。「來！姜戎氏！」這一呼告是指著鼻子罵人。駒支是戎族領袖，姜姓。

6.百里奚！五羊皮。憶別時，烹伏雌，炊户扊，今日富貴忘我爲！（琴歌）

照風俗通所說的，百里奚做秦國的宰相，堂上奏樂，有一個洗衣婦唱了這首歌，原來她是百里奚的故妻。這也是指名呼告。

7.力拔山兮氣蓋世，時不利兮騅不逝！騅不逝兮可奈何？虞兮虞兮奈若何！（史記項羽本紀）

這是項羽被圍垓下，英雄末路，對著虞姬所唱的悲歌。「虞兮虞兮奈若何」，一腔眞情，藉呼告與感歎，噴薄而出。梁啓超認爲我國詩歌，含蓄的多，奔放的少，本歌卻是奔放型代表作之一。

8.岑夫子，丹丘生，將進酒，君莫停。與君歌一曲，請君爲我傾耳聽。鐘鼓饌玉不足貴，但願長醉不願醒。古來聖賢皆寂寞，惟有飲者留其名。……（李白：將進酒）

這也是奔放豪邁的呼告，不過不是悲歌，而是歡唱。

9.須臾，次至雙鬟發聲，則曰：「黃河遠上白雲間，一片孤城萬仞山；羌笛何須怨楊柳，春風不度玉門關。」之渙即揶揄二子曰：「田舍奴！我豈妄哉！」因大諧笑。（薛用弱：集異記）

這是有名的詩人佳話「旗亭歌詩」的故事。前面已有兩位歌妓唱過王昌齡、高適的詩，最後也是最好的歌妓終於唱出王之渙的「出塞」，他那一句「田舍奴！我豈妄哉」的呼告，表示他無限的得意。

10.屠岸賈云：「咄！你這匹夫！你怎瞞的過我？你和公孫杵臼往日無仇，近日無冤，你因何告他藏著趙氏孤兒？你敢是知情麼？說的是，萬事全休；說的不是，令人！磨的劍快，先殺了這個匹夫者！」（紀君祥：趙氏孤兒大報仇第三折）

程嬰從宮內攜出趙氏孤兒，藏在自己家裡，把自己的幼兒，送到公孫杵臼那邊，向屠岸賈告密，說趙氏孤兒在公孫杵臼家。屠岸賈怕程嬰說謊，就用呼告辭大聲呵斥，又叫令人準備殺他。呼告前有歎詞「咄」。

11.（林沖）用腳踏住胸脯，身邊取出那口刀來，便去陸謙臉上擱著，喝道：「潑賊！我自來又和你無甚麼冤仇？你如何這等害我？正是殺人可恕，情理難容。」陸虞侯告道：「不干小人事，太尉差遣，不敢不來。」林沖罵道：「奸賊！我與你自幼相交，今日倒來害我，怎不干你事？且吃我一刀！」（水滸傳第九回）

這兩句「潑賊」、「奸賊」的呼告，具有無比的力量，叫人心驚膽顫。但呼告辭也有輕鬆的一面，如：

12.賈母這邊說聲「請」，劉老老便站起身來，高聲說道：「老劉！老劉！食量大如牛，喫個老母豬不抬頭！」說完，卻鼓著腮幫子，兩眼直視，一聲不語，眾人先還發怔，後來一想，上上下下都一齊哈哈大笑起來。（紅樓夢第四十回）

自己向自己呼告，這是很少見的例子。加上可笑的言詞和模樣，大家都逗樂了。從文法結構看，

「老劉，老劉」是不在句子組織內的獨立成分。實體詞在呼位，只有呼告辭才如此。

以上都是說者、聽者都在場，當面相告。稱爲「普通呼告」。

二、示現呼告

示現呼告，是聽者並不在場，而對聽者說話。聽者不在場，是聽者在遠方，或已死去。例如：

1. 子桑户、孟子反、子琴張三人相與友。曰：「孰能相與於無相與，相爲於無相爲？孰能登天遊霧，撓挑無極，相忘以生，無所終窮？」三人相視而笑，莫逆於心，遂相與友。莫然有閒，而子桑户死。未葬，孔子聞之，使子貢往待事焉。或編曲，或鼓琴，相和而歌曰：「嗟來，桑户乎！嗟來，桑户乎！而已反其眞，而我猶爲人猗！」子貢趨而進，曰：「敢問臨尸而歌，禮乎？」二人相視而笑，曰：「是惡知禮意？」（莊子大宗師篇）

這是莊子滅生死界限的議論之一，用故事來說明。子桑戶已死，而孟子反、子琴張二人，編曲鼓琴，對著尸體唱歌。「嗟來，桑戶乎！嗟來，桑戶乎！」是對死者的呼告。有歎詞「嗟來」（錢穆先生莊子纂箋引王引之說，「嗟來」同「嗟乎」）。「而已」的「而」是「你」的意思，稱呼子桑戶。這是示現呼告的一例。

莊子認爲「死生爲晝夜」，是必然的事，不足憂懼。至樂篇，有一段以示現呼告的方式，也是對死者說話：

2.莊子之楚，見空髑髏，髐然有形。撽以馬捶，因而問之曰：「夫子貪生失理而爲此乎？將子有亡國之事，斧鉞之誅，而爲此乎？將子有不善之行，愧遺父母妻子之醜，而爲此乎？將子有凍餒之患，而爲此乎？將子之春秋，故及此乎？」於是語卒，援髑髏而臥。……

這是對髑髏說話：你是爲什麼死的？後半段寫莊子枕著髑髏睡覺，髑髏向他現夢，說明生不如死的意見。這是莊子哲學的幽默。

3.夫子何爲者？栖栖一代中。地猶鄹氏邑，宅即魯王宮。歎鳳嗟身否，傷麟怨道窮。今看兩楹奠，當與夢時同。（唐玄宗：經鄒魯祭孔子而歎之）

這首詩，整首都是呼告修辭。是唐玄宗對孔子說話。首聯，問孔子一生中栖栖遑遑，是幹什麼的？有挖苦的意味；中間兩聯表示同情；末聯略有尊敬之意。

4.（正末玄宗唱）〔倘秀才〕妃子呵！常記得千秋節華清宮宴樂，七夕會長生殿乞巧。誓願學連理枝、比翼鳥，誰想你乘綵鳳，返丹霄，命夭！（白樸：梧桐雨第四折）

這是梧桐雨雜劇裡，玄宗還都後，退居西宮，對著楊妃畫像哭訴衷情的一段唱辭。以呼告的方式表現，十分動人。呼告後有歎詞「呵」。

5.婆子們趕上寶玉說：「二爺快回去吧，天已晚了。別處我們還敢走走，這裡的路隱僻，又聽見人說，這裡打林姑娘死後，常聽見有哭聲，所以人都不敢走了。」寶玉、襲人聽說，都吃了一驚。寶玉道：「可不是？」說著便滴下淚來，說：「林妹妹！林妹妹！好好兒的，

是我害了你了！你別怨這，只是父母作主，並不是我負心。」愈說愈痛，便大哭起來。（紅樓夢第一〇八回）

這是賈寶玉對死去的林黛玉的呼告。無限癡情，在呼告中洋溢出來。現在讀它，彷彿還聽見哭聲哩。

6.至是，老者仰天長歎曰：「噫！少年之時光乎，再來！再來！噫！父乎！父乎！當父以兩途之說語我也，我實處兩途之歧點。今則深墜於幽洞之極底，雖欲返至歧點而另入善途，不可得矣。」（劉復譯：流星）

一個少年在白天受到父親善惡兩歧途的訓誨，晚上夢見自己已是老人，且墜落惡途中，深感懺悔，因而發出「父乎！父乎！」的呼告。夢中父親，已經去世。呼告前有歎詞「噫」，後有歎詞「乎」。

以上是對死者的呼告。聽者不在眼前的呼告，也是常見的。例如：

7.夜不能寐，側耳遠聽，胡笳互動，牧馬悲鳴，吟嘯成群，邊聲四起。晨坐聽之，不覺淚下。嗟乎子卿！陵獨何心，能不悲哉！（李陵：答蘇武書）

李陵答蘇武書是否僞作，暫且不論；辭采的壯麗，是世所公認的；如本句的呼告，也極懇摯動人。文末又有「嗟乎子卿，夫復何言！相去萬里，人絕路殊。生爲別世之人，死爲異域之鬼，長與足下辭矣」的呼告。李陵和蘇武「相去萬里」，是聽者在遠方的示現呼告。呼告前都有歎詞「嗟乎」。

8.知客引了智深，直到方丈，解開包裹，取出書來，拿在手裡。……清長老讀罷來書……喚集兩班許多職事僧人，盡到方丈，乃云：「汝等眾僧在此，你看我師兄智眞禪師好沒分曉！這個來的僧人，原來是經略府軍官，原爲打死了人，落髮爲僧。二次在彼鬧了僧堂，因此難安他。你那裡安他不得，卻來推與我！待要不收留他，師兄如此千萬囑付，不可推故；待要著他在這裡，倘或亂了清規，如何使得？」（水滸傳第五回）

智眞禪師不在眼前，卻說「你那裡安他不得」，是示現呼告。

9.國民！國民！究成何心？不能乎？不行乎？不知乎！吾知其非不能也，不行也；亦非不行也，不知也。（孫文：心理建設自序）

「國民」雖然遠近都有，但到底不是面對面的呼告，應該稱它爲示現呼告。

10.吾黨乎！吾黨乎！當知古今天下，無有無阻力之事。苟其畏阻力也，則勿如勿辦，竟放棄其責任，以與齊民伍。（梁啓超：論毅力）

「吾黨」同「國民」一樣，也遠近都有，但也不是當面呼告，而是示現呼告。呼告後面有歎詞「乎」。

三、擬人呼告

擬人呼告，把物當作人，向它呼告，跟它說話。這也是因爲作者情有所指，意有所託，借物作人，以發洩心意。例如：

1. 碩鼠！碩鼠！無食我黍。三歲貫女，莫我肯顧。逝將去女，適彼樂土，樂土樂土，爰得我所。

碩鼠！碩鼠！無食我麥。三歲貫女，莫我肯德。逝將去女，適彼樂國，樂國樂國，爰得我直。

碩鼠！碩鼠！無食我苗。三歲貫女，莫我肯勞。逝將去女，適彼樂郊。樂郊樂郊，誰之永號。（詩經魏風碩鼠）

這是被壓搾的百姓對橫征暴斂的國君，所作的呼告。碩是大，大鼠就是暴君。借大鼠擬人，以表示怨怒之情。

2. 唐虞世兮麟鳳遊，今非其時來何求？麟兮麟兮我心憂。（孔叢子獲麟歌）

這是孔子見鉏商獲麟，而歎「吾道窮矣」之後所唱的歌。他藉著「麟兮麟兮」的呼告，寄託他生不逢時的感慨。呼告後面有歎詞「兮」。

3. 長鑱長鑱白木柄，我生託子以爲命。黃獨無苗山雪盛，短衣數挽不掩脛。此時與子空歸來，男呻女吟四壁靜。嗚呼二歌兮歌始放，鄰里爲我色惆悵。（杜甫：乾元中寓居同谷縣作歌七首之二）

這是杜甫苦於家計之艱，對長鑱作擬人的呼告。

4.盃！汝前來！老子今朝，點檢形骸：甚長年抱渴，咽如焦釜；於今喜眩，氣似奔雷？汝說，劉伶，古今達者，醉後何妨死便埋。渾如許，歎汝於知己，眞少恩哉！更憑歌舞爲媒，算合作人間鴆毒猜。況怨無大小，生於所愛；物無美惡，過則爲災。與汝成言：勿留，亟退！吾力猶能肆汝盃！盃再拜道：麾之即去，招亦須來。（辛棄疾：沁園春。將止酒，戒酒盃使勿近。）

自己因病戒酒，卻叫酒杯不要前來。這是詩人諉過於「人」。但是把酒杯當作人來寫，卻很有童話的趣味。前後片各有呼告語。

5.月兒！你團圓，我卻如何？（方壺：居庸關中秋對月）

這是離人思家，對月亮呼告。西廂記琴心，因崔夫人賴婚，鶯鶯在月下燒香時也有這樣的呼告：「月兒！你團圓呵，咱卻怎生？」

6.（末上云）月兒！你於我分上，不能早些出來呵？……（做理琴科）琴呵！小生與足下湖海相隨，今日大功，都只在你身上。天那！你於我分上，怎生借得一陣輕風，將小生這琴聲，送到我那小姐的玉琢成、粉捏就、知音俊俏的耳朵裡去。（西廂記琴心）

紅娘替張生安排，月亮出來時，她帶鶯鶯出來燒香，教張生在屋裡彈琴，隔窗唱和。因此張生呼告月兒早些出來，呼告琴大顯精神，又呼告天吹風送音。天、月、琴，都是他求助的人。眞是一片癡狂。呼告後面有歎詞「呵」、「那」。

7.糠那！你遭礱被舂杵，篩你，簸揚你，吃盡控持，好似奴家身狼狽，千辛萬苦皆經歷。……

（琵琶記糟糠自厭）

趙五娘借對糠的擬人呼告，傾吐丈夫不歸、歷盡艱辛的苦衷。呼告後面有歎詞「那」。

8.寶玉掄着釣竿，等了半天，那釣絲兒動也不動。剛有一個魚兒在水邊吐沫，寶玉把竿子一晃，又嚇走了。急得寶玉道：「我最是個性兒急的人，他偏性兒慢，這可怎麼樣呢？好魚兒！好魚兒！快來罷！你也成全成全我呢！」說得探春、岫烟、李紋、李綺四人都笑了。（紅樓夢第八十一回）

憑着「好魚兒！好魚兒」的擬人呼告，寫出寶玉的天眞爛漫，引人發笑。

9.秋，聽說你已來到！

算日子，你也該到了！我已感到你清涼的呼吸，溫慰的撫摩；汗珠兒收了，芭蕉扇藏了，夏布衫換上了夾衫，精神上解脫了蒸熱的窒息。

……

呀！秋，你是生命的象徵，你是成功的凱旋。我要向你膜拜，致我的虔誠。

可是，你在那裡？

……

呀！秋，你是色彩的洋溢，你是自然的巧匠。我要向你膜拜，致我的虔誠。

可是，你在那裡？

……

呀！秋，我願學你，我願跟從你。

可是，你在那裡？

（曾虛白：秋—聽說你已來到）

這篇散文詩，整篇都用擬人呼告的手法來寫。這裡所舉的是各段有代表性的句子。作者認爲秋是莊嚴、充實、多采多姿的，值得人們去膜拜、歌頌。因爲寫法的特殊，讀者可感覺到一位可敬的秋之偉人已悄悄地來到人間。呼告前有歎詞「呀」。

呼告修辭，純粹是抒情的。喜、怒、哀、樂都有。以程度來說，固然也有淡淡的、含蓄的一類，但大部分是濃烈的、奔放的、激情的。因爲呼告本來就含有呼天搶地的意思。在前面的舉例中可以看出來。

呼告雖分爲普通、示現、擬人三種，但有時候也混合使用。例如前舉水滸傳的一例，「汝等眾僧在此，你看我師兄……」一句，是普通呼告；而「你那裡安他不得，卻來推與我」一句，就是示現呼告了。流星的一例，「少年之時光乎，再來！再來」一句是擬人呼告；而「父乎！父乎！當父以兩途之說語我也」一句，就是示現呼告了。即此可見一斑。

呼告因爲是感情强烈地迸發出來的，所以大都帶有感歎詞，如「嗚呼」、「嗟乎」、「兮」、「噫」、「呵」、「唉」、「呀」、「哪」等。一般修辭書，都立有感歎格，而感歎格所討論的，以如何利用感歎詞表達感情爲主。這裡已附帶述及感歎詞，所以本書不再另論感歎格。而且以文法的觀點來看，呼告和感歎，大都是句外的「獨立的成分」，本有類似的地方。本章首段已說過了。

第六章　設　問

作者想要表達的意思，不作普通的敘述，而用詢問的口氣顯示，使文章激起波瀾，讓讀者格外注意，這樣的修辭法叫做「設問」。顧名思義，「問」既是「設」，就跟普通的「問」不同。普通的問，是心裡確有疑問，並非出於假設，像論語子路篇：

子貢問曰：「鄉人皆好之，何如？」子曰：「未可也。」「鄉人皆惡之，何如？」子曰：「未可也。不如鄉人之善者好之，其不善者惡之也。」

又如孟子梁惠王篇：

（齊宣王）曰：「德何如，則可以王矣？」曰：「保民而王，莫之能禦也。」

這是子貢的心裡確有疑問，所以向孔子請教；齊宣王的心裡確有疑問，所以向孟子詢問。又如平常學生向老師請求解惑，行人向警察問路等，爲決實際問題而提出的詢問，都是眞問，而不是設問。

但是子罕篇，孔子自己說：

吾有知乎哉？無知也！

公孫丑篇，孟子說：

> 夫天未欲平治天下也；如欲平治天下，當今之世，舍我其誰也？

孔子的話，自己已作了答案；孟子的話沒答案，但反面有答案：除我之外無別人。這樣故意借一句或幾句問話，說出心中的意思，就是設問了。

一、設問而自問自答的，稱爲「提問」

這一類設問，像屈原離騷所說的：

1. 何昔日之芳草兮，今直爲此蕭艾也！豈其有他故兮？莫好脩之害也！

屈原爲了要說明以前的君子（芳草），爲什麼變成今天的小人（蕭艾），就先提出一句問話：「豈其有他故兮？」好讓下面出現一個答案：「莫好脩之害也！」答案就是他要說的本旨。這就是「提問」。

又如春秋經原文第一句是：「元年春王正月。」公羊傳的解釋是：

2. 「元年」者何？君之始年也。「春」者何？歲之始也。「王」者孰謂？謂文王也。曷爲先言「王」而後言「正月」？王正月也。何言乎「王正月」？大一統也。……

同年夏五月，春秋經原文有一句：「鄭伯克段於鄢。」穀梁傳的解釋是：

3. 「克」者何？能也。何能也？能殺也。何以不言殺？見段之有徒眾也。段，鄭伯弟也。何以知其爲弟也？殺世子母弟目君；以其目君，知其爲弟也。段，弟也，而弗謂弟；公子也，而弗謂公子：貶之也。段失子弟之道矣，賤段而甚鄭伯也。何甚乎鄭伯？甚鄭伯之處心積慮，成於殺也。

春秋三傳，左傳稱記事之傳，公羊、穀梁稱訓詁之傳。公、穀的訓詁又不同於一般的解釋，它大部分是用一問一答的提問方式來解釋的。整篇讀來，有些枯燥；但對於春秋經文的一字寓褒貶，可說完全交代清楚了。

蔡邕的飲馬長城窟行第二首：

4.客從遠方來，遺我雙鯉魚。呼兒烹鯉魚，中有尺素書。長跪讀素書，書中竟何如？上言加餐食，下言長相憶！

這也是自問自答的提問。有些提問是故設疑問，使讀者特別注意下面的答案而加深印象。像水滸傳第十五回：

5.我且問你，這七人端的是誰？不是別人，原來正是晁蓋、吳用、公孫勝、劉唐、三阮（阮小二、阮小五、阮小七）這七個。

又譬如：

6.嘗聽見中國一句古話道：「開卷有益。」這話是對的嗎？大大的不見得。開到不好的卷，反而有非常的害處。錯誤的、不正確的知識，比毒藥還要厲害。……（羅家倫：讀標準的書，寫

負責的文字）

這種自問自答式的設問，如果再以複疊的句型出現，就能增强語言的氣勢，會逼得人無路可走，只好完全接受。論語陽貨篇：

7.陽貨欲見孔子，孔子不見。歸孔子豚。孔子時其亡也，而往拜之。遇諸塗。謂孔子曰：「來，予與爾言。」曰：「懷其寶而迷其邦，可謂仁乎？曰，不可。好從事而亟失時，可謂知乎？曰，不可。」孔子曰：「諾，吾將仕矣！」

陽貨的兩次複疊的自問自答，逼得孔子只好說：「諾，吾將仕矣！」雖然孔子還是沒應陽貨的推薦而去做官，但在當時確實被問得無話可答，而只好接受了。

不過這章書的解釋，漢儒、宋儒傳統的意見，都說兩句「曰不可」是孔子的答話，不是陽貨自問自答。到清儒毛奇齡，才說這兩句「曰不可」是陽貨自答，直到最後再標出「孔子曰」三字，才眞正是孔子的答話。（見毛著論語稽求篇）這解釋很有道理。但是毛奇齡又是根據明儒郝京山的意見來的。郝京山認爲這兩句「曰不可」是陽貨自答，就像史記留侯世家，張良阻止劉邦立六國後，說了七個「曰未能也」是一樣的。史記留侯世家，說劉邦採取酈食其的意見，要分封六國諸侯的後裔，來共同牽制項羽。張良聽到這個計畫，大爲反對。面對正在吃飯的劉邦，毫不客氣地指出他的錯誤：

8.「昔者湯伐桀而封其後於杞者，度能制桀之死命也。今陛下能制項籍之死命乎？曰，未能也。其不可一也。武王伐紂封其後於宋者，度能得紂之頭也。今陛下能得項籍之頭乎？曰，未能也。其不可二也。武王入殷，表商容之閭，釋箕子之拘，封比干之墓。今陛下能封聖人之墓，表賢者之閭，式智者之門乎？曰，未能也。其不可三也。發鉅橋之粟，散鹿臺之錢，以賜貧窮。今陛下能散府庫以賜貧窮乎？曰未能也。其不可四矣。殷事已畢，偃革爲軒，倒置干戈，覆以虎皮，以示天下不復用兵。今陛下能偃武行文，不復用兵乎？曰，未能也。其不可五矣。休馬華山之陽，示以無所爲。今陛下能休馬無所用乎？曰，未能也。其不可六矣。放牛桃林之陰，以示不復輸積。今陛下能放牛不復輸積乎？曰，未能也。其不可七矣。且天下游士，離其親戚，棄墳墓，去故舊，從陛下游者，徒欲日夜望咫尺之地。今復六國，立韓、魏、燕、趙、齊、楚之後，天下游士各歸事其主，從其親戚，反其故舊墳墓，陛下與誰取天下乎？其不可八矣。且夫楚唯無彊，六國立者復橈而從之，陛下焉得而臣之？誠用客之謀，陛下事去矣！」漢王輟食吐哺，罵曰：「豎儒，幾敗而公事！」

一般解史記的人，以爲「曰未能也」，是劉邦答的。而郝京山認爲是張良自答。到「漢王輟食吐哺」而「罵曰」，才是劉邦的話。毛奇齡贊美郝京山對於這兩段話的解釋，是「千年夢夢，一旦喚醒」，十分痛快。如果說「曰未能也」是劉邦答的，就顯得軟弱；是張良自問自答，就層層深入，咄咄逼人，終於氣得劉邦輟食吐哺而破口大罵。這是很精彩的設問。

梁啓超的論進取冒險，有幾句話：

9.試觀一部十七史之列傳，求所謂如哥倫布、立溫斯敦者有之乎？曰，無有也。求所謂如馬丁路得、林肯者有之乎？曰，無有也。求所謂如克林威爾、華盛頓者有之乎？曰，無有也。藉有一二，則將爲一世之所戮辱而非笑者也。不曰「好大喜功」，則曰「亡身及親」也。

這段話很像留侯世家的口氣，所說的是強調我國歷史上沒有進取冒險的人。

這種形式的設問，在白話裡也有很好的例子，像胡適的「國語的文學，文學的國語」裡有一段話說：

10.我們爲什麼愛讀木蘭辭和孔雀東南飛呢？因爲這兩首詩是用白話做的。爲什麼愛讀陶淵明的詩和李後主的詞呢？因爲他們的詩詞是用白話做的。爲什麼愛杜甫的石壕吏、兵車行諸詩呢？因爲他們都是用白話做的。爲什麼不愛韓愈的南山呢？因爲他用的是死字死話。……何以水滸傳、西遊記、儒林外史、紅樓夢可以稱爲活文學呢？因爲他們都是用一種活文字做的。……

這樣疊連地自問自答，提出一個問題，隨即答覆一個問題，有很大的說服力。胡適先生這段話，使你不得不信服白話的好處。

二、設問而答案在反面的，稱爲「激問」

除了提出問題，又立即說出答案的「提問」以外，還有一種設問是，有問題而無答案。但仔細一想，它有答案在反面，而且相當明顯。這一類型的設問，稱它為「激問」。譬如莊子胠篋篇：

1.故嘗試論之：世俗所謂知者，有不為大盜積者乎？所謂聖者，有不為大盜守者乎？

這兩句話的答案沒立即出現，但下文有「聖人不死，大盜不止」的話，就是它反面的答案。又如子夜歌之一：

2.誰能思不歌？誰能飢不食？日冥當戶倚，惆悵底不憶？

反面的答案是：不管誰，思念就會唱歌，飢餓就要吃飯，惆悵就會憶念。又如王翰涼州詞：

3.葡萄美酒夜光杯，欲飲琵琶馬上催。醉臥沙場君莫笑，古來征戰幾人回？

末句的答案是：很少有人回來。

屈原的卜居，通篇都用設問的修辭法寫成。每一個問題都沒答案，其實每一個問題都有答案。他向太卜鄭詹尹請教說：

4.吾寧悃悃款款，朴以忠乎？將送往勞來，斯無窮乎？寧誅鋤草茆，以力耕乎？將遊大人以成名乎？寧正言不諱，以危身乎？將從俗富貴，以媮生乎？寧超然高舉，以保眞乎？將哫訾栗斯，喔咿儒兒，以事婦人乎？寧廉潔正直，以自清乎？將突梯滑稽，如脂如韋，以絜楹乎？

這說明他應該做一個正直清廉不怕死的忠臣呢？還是做一個狡猾諂佞貪富貴的奸吏呢？接着他又說出一堆譬喻：

5.寧昂昂若千里之駒乎？將氾氾若水中之鳧，與波上下，媮以全吾軀乎？寧與騏驥亢軛乎？將隨駑馬之迹乎？寧與黃鵠比翼乎？將與雞鶩爭食乎？此孰吉孰凶？何去何從？

看來都是沒答案的兩歧語，其實都是有答案的肯定語。換句話說，他心底裡是只要「寧」，不要「將」。他提出許多設問，只是借卜卦之名，說明他攀慕賢士，惡斥讒人。鄭詹尹也看得很清楚，聽完他的訴說之後，立即放下龜策，辭謝說：「夫尺有所短，寸有所長；物有所不足，智有所不明；數有所不逮，神有所不通。用君之心，行君之意。龜策誠不能知此事。」明白告訴他：照着你既定的心意去做，我的龜策不管這檔子事兒。其實整個故事都是假設的寓言。「君」就是「我」，用我的心，做我的事，即使神明龜策也影響不了我。屈原的本意，十分堅定明白。他用設問口氣的目的，是要生出層層波瀾，讓讀者在探原竟委中，瞭解他眞正的意旨。激問的好處是：讓讀者自己想出答案，比較切實；又因從反面襯出正面，更加肯定。

三、設問而懸疑難明的，稱爲「懸問」

還有一種設問是，既沒有答案，又不容易想出答案，只覺弦外有隱約餘音，畫後有朦朧遠景，讓讀者去尋思，去咀嚼，去揣摩領略。這種設問，似乎更富文學意味。筆者想稱它爲「懸問」。譬如孟浩然春曉詩：

1.春眠不覺曉，處處聞啼鳥。夜來風雨聲，花落知多少？

「花落知多少」，事實上不知多少。因爲詩人爲窗外啼鳥喚醒，春眠未起，只是對院中落花寄以懸想而已。

「全唐詩話」說，開元時宮女縫製軍衣，送前方將士。一位宮女寫了一首詩，夾在軍衣裡，詩句是：

2.沙場征戍客，寒苦若爲眠。戰袍經手作，知落阿誰邊？蓄意多添線，含情更著綿。今生已過也，重結後生緣。

分到軍衣的戰士，把這首詩呈給將軍，將軍又轉呈玄宗。玄宗查出作詩的宮女，把她嫁給那位戰士，說：「吾與汝結今生緣。」故事曲折綺麗。詩中「知落阿誰邊」這一句懸想的設問辭，十分有味。深宮幽怨，託衣傳情之心，都藉此道出了。

李白憶東山詩：

3.不向東山久，薔薇幾度花？白雲還自散，明月落誰家？

這首五絕小詩，有兩句設問，都沒有答案，也找不到答案。薔薇花開幾度？詩人不記得，又有誰記得？明月本不落誰家，誰能使它落誰家？詩人異想，何來答案？但是意境之美，卻不是塵世間人所能想像了。

唐詩紀事卷三十九，白居易晚年，得風疾，遣歸歌妓樊素。劉夢得（禹錫）作詩云：

4.春盡絮飛留不得，隨風好去落誰家？

因爲用了「誰家」這個疑問詞，使整聯詩增加無限韻味。如果改用肯定落實的詞語，便覺意味索然。

朱灣尋隱者韋九山人詩頸聯云：

5. 四面雲山誰作主？數家烟火自爲鄰。

雲山誰作主？沒答案。應該說是無主。有主，就著了痕跡；無主，才顯得蒼蒼茫茫，物我不分，眞是隱者世界。

設問的好處是：不用正面命令的口氣，强迫讀者接受；而用側面商量的方式，提供意見，讓讀者選擇；有時連意見都不提，只說出一個疑問，叫讀者去推尋。因爲讀者有思考的餘地，更會接納作者的看法。所以，同樣的意思，用設問的方法表現，特別顯得委宛動人，容易引起讀者的思維而發生共鳴。如白居易的問劉十九詩：

綠螘新醅酒，紅泥小火爐。晚來天欲雪，能飲一杯無？

這首詩的情致，本來就夠動人；再加「能飲一杯無」，這麼輕輕地一問，哪有不怦然心動，欣然而往的！又如朱慶餘的近試上張水部七絕詩：

洞房昨夜停紅燭，待曉堂前拜舅姑。妝罷低聲問夫婿，畫眉深淺入時無？

我們且不管朱慶餘是請張藉吹噓揄揚以求登科而作此詩，那樣全首詩只是一個譬喻。就詩論詩，末二句描寫新嫁娘含羞帶怯而又深情無限的神態，確實入木三分，令人歎賞。婉約微妙，借一句設問，款款地傳達出來。

邀友喝酒，問夫畫眉，似乎是普通的詢問，其實不然。它不是爲解決實際問題而問，而是爲表達情意而問。不是敘事的詢問，而是抒情的設問。在這設問中表露無限的友情與愛情。

清朝初年，金聖歎因反對貪官污吏而哭廟，被判死罪，相傳臨刑時作了一首詩：

御鼓丁冬急，西山日又斜，黃泉無客舍，今夜宿誰家？

這首黃泉詩，據梁容若先生的考證，明朝孫蕡已作過，五代江爲也作過。前三句文字有小異，末句都一樣。孫賁因藍玉的案子，株連被殺，臨刑時寫了這首詩。又說明太祖看到這首詩，說：「有此好詩而不奏，何也？」還殺了監刑官。倜儻不羈的金聖歎改寫孫蕡的詩，很有可能；孫蕡改寫江爲的詩，也有可能。這首詩膾炙人口，主要在三、四兩句；而末句的設問，尤令人一唱三歎，低徊不已。受冤絕命之際，沒有憤懣，沒有怒罵，也沒有激昂慷慨的陳辭，只以輕輕的幽默，說出淡淡的哀愁。竟使雄猜狠鷙，殺人不眨眼的明太祖也受了感動，而且誅了監刑官，可見這首詩的力量有多大了。一般讀者，哪有不深受感染，久久難以釋懷的！而整首詩的畫龍點睛處，就是末句的設問。

第七章 夸飾

夸飾又稱鋪張。這種修辭法，是說話、作文時過分地鋪排張揚，夸大修飾，離開客觀的事實很遠。但聽者、讀者卻又不會懷疑它的眞實性，而認爲「理所當然」。文心雕龍夸飾篇說：

雖詩書雅言，風格訓世，事必宜廣，文亦過焉。是以言峻則「嵩高極天」，論狹則「河不容舠」；說多則「子孫千億」，稱少則「靡有孑遺」；襄陵擧「滔天」之目，倒戈立「漂杵」之論。辭雖已甚，其義無害也。

嵩山高到天頂，黃河狹得容不下小船；子孫多達千億，人民餓死一個也不剩：這都是作者過分夸飾，「辭已甚」；但讀者卻心領神會沒差錯，「義無害」。不但「義無害」，而且收到刺激讀者，引起共鳴的效果。這是就夸飾修辭法的作用。

可是王充論衡藝增篇，卻說古書上有許多話，言過其實，讀者應該明辨。他擧了尙書堯典篇的「協和萬邦」，說周時諸侯，大大小小，不滿三千，怎麼可說「萬邦」；又擧了詩經小雅鶴鳴的「鶴鳴九皋，聲聞於天」，說人在地上，聽到鶴鳴，人不在天上，怎麼知道鶴鳴能傳到天上？他論說的目的，是教人辨認古書的眞義，立意固然不錯，但以修辭的尺度看，他卻以辭害意，解得太呆了。其中「血流漂杵」一句，解得更爲可笑。他說：

> 武成言「血流漂杵」，亦太過矣。死者血流，安能浮杵？案武王伐紂於牧之野，河北地高，壤靡不乾燥，兵頓血流，輒燥入土，安得杵浮？且周、殷士卒，皆齎盛糧，無杵臼之事，安得杵而浮之？……

如果這樣考證，那麼苻堅說的：「以吾之眾，投鞭於江，足斷其流。」竹籐馬鞭，投水就漂走，哪能斷流？而李白作詩說：「投鞭可塡江，一掃不足論！」豈不被苻堅所騙，眞信投鞭可以斷流了嗎？苻堅、李白豈不是傻子說傻話了嗎？王充到底是一位理論家，劉勰才是眞正的文學家。

汪中也瞭解夸飾的意義，他稱爲「形容」。述學內篇說：

> 禮器雜記：「晏平仲祀其先人，豚肩不揜豆。」豚實於俎，不實於豆；豆徑尺，併豚兩肩，無容不揜。此言乎其儉也。樂記：「武王克商，未及下車，而封黃帝、堯、舜之後。」大封必於廟，因祭策命，不可於車上行之。此言乎以是爲先務也。此辭之形容者也。辭不過意則不鬯，是以有形容焉。

他不但瞭解夸飾的意義，而且認爲非夸飾不可。「辭不過意則不鬯」，這句話確實說對夸飾的眞諦了。

一、夸飾遠離事實

夸飾修辭法就是遠離事實，讀者才信以爲「眞」，而感到痛快。如果接近事實，讀者反而不喜，認爲平淡無味。譬如把「血流漂杵」這句話改成「血流漂箸」，也許比較接近事實，但讀者一定覺得可笑。在這方面，讀者可說是「願意上當」，卻不是傻子。他們倒覺得作者設辭巧妙，滿足了他的好奇心。

文心雕龍夸飾篇又舉詩經的鋪張辭說：「且夫鴞音之醜，豈有泮林而變好；荼味之苦，寧以周原而成飴？」這是說詩經魯頌泮水，說鴞鳥吃了泮林的桑葚，鳴聲就變得好聽了；大雅緜篇，說周地原野肥美，苦荼也成爲糖漿了。這些都是誇張說法，事實上是不可能的。書經益稷篇，樂官夔形容音樂的功效說：

1. 笙鏞以間，鳥獸蹌蹌；簫韶九成，鳳凰來儀。……擊石拊石，百獸率舞。

這也是誇張的說法，哪有鳥獸聽到笙音，就能蹌蹌起舞？鳳凰聽到簫聲，就飛下庭階，擺出美姿？甚至百獸和著磬擊而狂舞不止的？只不過是借此說明音樂能鼓舞情操，化民致治，功效很大罷了。

2. 齊之臨淄三百閭，張袂成陰，揮汗成雨，比肩繼踵而在，何爲無人？（晏子春秋內篇）

這是晏子替齊國誇張，叫楚王不要小看齊國。讀了這些句子，只覺得齊國人民衆多，不會推究張袂（袖）能否眞地成陰，揮汗能否眞地成雨？戰國策齊策，蘇秦遊說齊宣王，也有「臨淄之塗，車轂擊，人肩摩，連衽作帷，舉袂成幕，揮汗成雨」的話，爲齊國誇張。

3.明星熒熒，開妝鏡也；綠雲擾擾，梳曉鬟也；渭流漲膩，棄脂水也；烟斜霧橫，焚椒蘭也；雷霆乍驚，宮車過也。轆轆遠聽，杳不知其所之也。（杜牧：阿房宮賦）

讀了這些句子，只驚歎阿房宮裏宮女的衆多，生活的豪華；沒懷疑棄脂水哪會漲渭流？焚椒蘭哪能成烟霧？

4.爭地以戰，殺人盈地；爭城以戰，殺人盈城：此所謂率土地而食人肉，罪不容於死。（孟子離婁篇）

這些誇大之辭，在說明善戰者應該服上刑。

5.兵盡矢窮，人無尺鐵，猶復徒手奮呼，爭爲先登。當此時也，天地爲陵震怒，戰士爲陵飲血。（李陵：答蘇武書）

這話誇張戰爭的激烈。

6.屍塡巨港之岸，血滿長城之窟。（李華：弔古戰場文）

這話形容戰爭的殘酷可怕，比「血流漂杵」尤有過之。

7.南連百越，北盡三河，鐵騎成群，玉軸相接。海陵紅粟，倉儲之積靡窮；江浦黃旗，匡復之功何遠！班聲動而北風起，劍氣衝而南斗平。喑嗚則山岳崩頹，叱咤則風雲變色。以此制敵

，何敵不摧；以此圖功，何功不克？（駱賓王：爲徐敬業以武后臨朝移諸郡檄）

徐敬業起兵討武后，事實上只有揚州一隅，卻說「南連百越，北盡三河」；士兵只有烏合之眾十餘萬，卻說「鐵騎成群，玉軸相接」：這都是誇張的宣傳辭令。至於班聲起北風，劍氣平南斗，喑嗚山岳，叱吒風雲，更遠離事實，極盡夸飾的能事了。

8.浮沙羹，寬片粉，添些雜糝。酸黃虀，爛豆腐，休調啖。萬餘斤黑麵從教暗，我將這五千人做一頓饅頭餡。（西廂記寺警）

孫飛虎率兵五千，包圍普救寺，要強娶鶯鶯。張生寫信請杜將軍來解圍，問小和尙惠明敢不敢突圍送信。惠明自誇勇猛，就唱了這幾句夸飾辭。

9.武松再篩第二杯，對那婦人說道：「嫂嫂是個精細的人，不必武松多說。我哥哥爲人質朴，全靠嫂嫂做主看待他。常言道：『表壯不如裏壯。』嫂嫂把得家定，我哥哥煩惱做甚麼。豈不聞古人道：『籬牢犬不入。』」那婦人被武松說了這一篇，一點紅從耳朵邊起，紫漲了面皮，指著武大便罵道：「你這個腌臢混沌，有甚麼言語在外人處說來，欺負老娘！我是個不戴頭巾男子漢，叮叮噹噹響的婆娘！拳頭上立得人，胳膊上走得馬，人面上行得人！不是那等搠不出的鼈老婆！自從嫁了武大，眞個螻蟻也不敢入屋裏來。有甚麼籬笆不牢，犬兒鑽得入來？你胡言亂語，一句句都要下落，丟下磚頭瓦兒，一個個要著地！」（水滸傳第二十三回）

後來，西門慶入屋裏來，婆娘毒死了武大，武松替哥哥報仇，抓了婆娘按在地上，尖刀抵著她的胸膛，婆娘直討饒，一切都不能叮叮噹噹響。但是這番話卻活畫出一個潑辣的婦人。她的膽大妄為，從這些誇張的大話裏就可看出。

10.北方有佳人，絕世而獨立。一顧傾人城，再顧傾人國。寧不知傾國與傾城，佳人難再得。（漢書外戚傳）

李延年為了介紹妹妹給漢武帝，唱出這首歌。他十分大膽，居然對皇帝說「傾城傾國」。本來，夸飾就是大膽修辭法。

11.城中好高髻，四方高一尺；城中好廣眉，四方且半額；城中好大袖，四方全匹帛。（後漢書城中謠）

「上有好之者，下必有甚焉。」這是人情之常。不過髮髻高一尺，畫眉佔半額，衣袖用整匹布製成，也未免形容過分了。但必須如此，才能形容出一窩蜂的群眾心理。

12.鄰居內一個人道：「胡老爺方才這個嘴巴打得親切，少頃范老爺洗臉，還要洗下半盆豬油來。」（儒林外史第三回）

這是形容殺豬賣肉的胡屠戶在范進臉上打了一巴掌。富有嘲諷的意味。

13.等在大門口的三個直歎氣，說他是：「老虎追來了，還得回頭看看是公的還是母的。」眞沉得住氣。（琦君：我的另一半）

「老虎追來」一句，當然不是事實，但對於一個慢性子的人，卻形容盡致。

14.據說庸醫的藥方可以辟鬼，比鍾馗的像還靈。膽小的夜行人，舉著一張藥方，就可以通行無阻。因爲鬼中有不少在生前吃過那樣藥方的虧的，死後還是望而生畏。（梁實秋：醫生）

這自然是無稽之談，但以夸飾的標準來看，卻是上乘之作。

二、情緒的夸飾

描寫人們喜怒哀樂的情緒，也常用夸飾法。譬如古人喜歡用「髮上指冠」形容一個人的發怒。讀者也沒懷疑頭髮不可能像豪豬的毛，會豎起來頂掉帽子，只相信那是極怒的形容語。例如：

1.盜跖乃方休卒徒大山之陽，膾人肝而餔之。孔子下車而前，見謁者曰：「魯人孔丘，聞將軍高義，敬再拜謁者。」謁者入通，盜跖聞之，大怒，目如明星，髮上指冠。（莊子盜跖篇）

2.（荆軻）又前而爲歌曰：「風蕭蕭兮易水寒，壯士一去兮不復還。」復爲忼慨羽聲，士皆瞋目，髮盡上指冠。

戰國策燕策的作者，也說：

3.樊噲瞋目視項王，頭髮上指，目眥盡裂。

司馬遷寫項羽本紀，形容樊噲的發怒，也說：

因此，岳飛滿江紅詞也寫道：

4.怒髮衝冠，憑欄處，瀟瀟雨歇。

最有趣的是莎士比亞也用這樣的修辭法。他在漢姆萊脫一劇中，父王鬼魂對王子說：

5.我可以告訴你一個故事，它最輕微的一句話，都可以使你魂飛魄散，使你年青的血液凝凍成冰，使你的雙眼像脫了軌道的星球一樣向前突出，使你的糾結的鬈髮根根分開，像憤怒的豪豬身上的刺毛一樣，森然聳立。（朱生豪譯）

我們讀了這些句子，不禁血脈僨張，也跟著憤怒起來。可見這種言過其實的修辭法，有很大的力量。

6.師次淮上，凶問遂來，地坼天崩，山枯海泣。（史可法：復多爾袞書）

「地坼天崩」形容崇禎皇帝殉國，「山枯海泣」形容全國臣民悲慟，都是夸飾辭。

7.啼著曙，淚落枕將浮，身沈被流去。相送勞勞渚，長江不應滿，是儂淚成許。（樂府詩集華山畿）

眼淚使長江滿溢，這口氣比「渭流漲膩」更大。

8.淚添九曲黃河溢，恨壓三峰華嶽低。（西廂記哭宴）

這句話的夸飾，不遜前例。隨園詩話，說高要縣縣令楊蘭坡送別袁枚時，作詩云：「送公自此止，思公何時已？有淚不輕彈，恐溢端江水。」詩人們在這方面的夸飾，好像彼此唱和似的。

9.當斯之時，願舉太山以爲肉，傾東海以爲酒，伐雲夢之竹以爲笛，斬泗濱之梓以爲箏，食若

塤巨壑，飲若灌漏巵：其樂固難量。（曹植：與吳季重書）

如此形容狂歡，也只是夸飾而已。

三、數字的夸飾

夸飾很容易用上數字。用很大的數字以表示眾多。而這些數字都不是眞實的。注重數字統計的人，將會大吃一驚。如前面說過的「子孫千億」、「協和萬邦」。又如：

1.霜皮溜雨四十圍，黛色參天二千尺。（杜甫：古柏行）

也只是形容古柏的高大蒼茂。如果以數字來核算，眞像沈括所說的：「四十圍乃是徑七尺，無乃太細長乎？」（夢溪筆談卷二十三。沈氏又說：古稱防風氏身廣九畝，長三丈。如此，防風氏之身乃一餅耳。這是信神話爲眞事，也是一誤。沈氏爲科學家，精於算學，致有此言，亦未可知。）

2.白髮三千丈，離愁似個長：不知明鏡裏，何處得秋霜。（李白：秋浦歌）

白髮哪有三千丈的，怕只三尺也不到。他只形容老來愁多髮蓬鬆，如說「白髮三尺」，反而不合情景了。（民國六十八年三月十九日中央日報副刊，「勸君無事少談詩」一文，說「白髮三千丈」，是將白髮一根一根接起來的長度，言其多而非言其長。這又是拘泥數字了。辛棄疾賀新郎詞：「甚矣吾衰矣，悵平生交遊零落，只今餘幾？白髮空垂三千丈，一笑人間萬事。」襲用李句，也只是形容老境寂寞，並非眞說白髮多或長。）

3.千山鳥飛絕，萬徑人蹤滅。孤舟簑笠翁，獨釣寒江雪。（柳宗元：江雪）

爲了烘托孤絕的境界，從千山不見鳥，萬徑沒有人寫起，也是一種誇張的寫法，不必計較江邊哪有「萬徑」？

4.三萬里河東入海，五千仞嶽上摩天。遺民淚盡胡塵裏，南望王師又一年。（陸游：秋夜將曉出籬門迎涼有感）

「三萬里」只是形容河的長，「五千仞」只是形容嶽的高，並非確指。

5.睡不著，如翻掌。少呵，有一萬聲長吁短歎，五千遍搗枕搥床。（西廂記借廂）

這「一萬」、「五千」也是誇張，只不過形容張生想鶯鶯，有「寤寐思服，輾轉反側」的情狀而已。

6.低頭向暗壁，千喚不一回。（李白：長干行）

這和白居易琵琶行「千呼萬喚始出來，猶抱琵琶半遮面」一樣，意在形容女人的嬌羞。

7.一個錢打二十四結。（台灣諺語）

本諺語形容吝嗇。舊時用繩子穿一百枚銅錢，兩頭各打一結，稱爲一貫。一個銅錢打二十四個結，實爲誇大之詞，然吝嗇之情，已形容無遺。本省民間有搖籃曲：「嬰仔睏，一暝大一寸；嬰仔惜，一暝大一尺。」事實上也絕不可能；假如可能，那是很可怕的事。但是父母期待嬰兒快長大的心願，卻生動可見。

成語和俗諺，頗多夸飾，像「一日九遷」、「垂涎三尺」、「水泄不通」、「瞎子見錢眼也開」、「煮熟的鴨子飛了」等，實際也絕不可能。平常聽了，只覺得形容盡致，並沒懷疑它是否是事實。

四、快慢大小的夸飾

夸飾修辭法，幾乎無所不能。快慢、大小、靜躁……都能形容到極點。如：

1.君不見，高堂明鏡悲白髮，朝如青絲暮如雪。（李白：將進酒）

這是說時間過得極快。

2.一日不見，如三秋兮。（詩經王風采葛）

這是說時間過得極慢。

3.力拔山兮氣蓋世。（史記項羽本紀）

這是誇張力氣大到無窮。

4.那韓信手無縛雞之力，只淮陰市上兩個少年要他在胯下鑽過去，他便鑽過去了。（元曲賺蒯通）

這是形容力氣小到極點。

5.餘者丫頭們看的傷心，不覺也哭了，竟無人勸，滿屋中哭聲驚天動地。（紅樓夢第一〇六回）榮國府末期，災禍接踵而來，大家哭做一團，如此悽厲。

6.滿園子的人，鴉雀無聲，連一根針跌在地上也聽得見響。（老殘遊記第二回）王小玉出來唱歌以前，聽眾們企盼她，是如此安靜。子敏在小太陽一書裏寫道：「我聽見螞蟻走路。」也是這手法。

五、譬喻與夸飾

夸飾和譬喻，也常結合在一起，成爲一種特別的修辭法。例如：

1.婆惜道：「好呀！我只道弔桶落在井裏，原來也有井落在弔桶裏。」（水滸傳第二十回）閻婆惜以爲只有她和張文遠私通的證據落在宋江的手裏，哪知道竟有宋江和梁山强盜私通的證據落在她的手裏。在喜不自勝之下，說出這句「井落在弔桶裏」夸飾的絕妙譬喻。

2.那劉老老……喜的眉眼笑道：「我們也知道艱難的；但只俗語說的：『瘦死的駱駝，比馬還大呢。』憑他怎樣，你老拔一根寒毛，比我們的腰還壯哩！」（紅樓夢第六回）這是劉老老進賈府，向王熙鳳借錢，所說的一句誇大的譬喻。

3.有些男人，西裝褲儘管挺直，他的耳後脖根，土壤肥沃，常常宜於種麥。（梁實秋：男人。）

這句話笑盡男人的髒相。它也是夸飾兼譬喻。

文學不是科學。科學講求實事求是，文學講求絢麗動人。科學，一就是一，二就是二，不能增減；文學，一、二代表少數，千、萬代表多數，並無實際意義。因此，鋪張夸飾，也是文學的一種寫作手段。作者才華橫溢，妙筆生花，就會誇大其辭，以抒發他濃烈的感情。而讀者也因此被刺激而感動，而共鳴，而隨著作者的喜怒哀樂而喜怒哀樂。文學影響人，這是原因之一。我們明白文學和科學的不同，明白夸飾修辭的特性，就不會因文害辭，因辭害意。孟子說得好：「說詩者，不以文害辭，不以辭害志；以意逆志，是為得之。如以辭而已矣，雲漢之詩曰：『周餘黎民，靡有孑遺。』信斯言也，是周無遺民也。」（萬章篇）用我們的意思去推度作者的本心，不被文辭所拘限，那就不會錯了。

第八章 擬 化

描寫一個人，把人擬做東西，叫做擬物；描寫一件東西，把東西擬做人，叫做擬人。這樣的修辭法，叫做擬化。又稱爲比擬，或轉化。例如：

雄兔腳撲朔，雌兔眼迷離；兩兔傍地走，安能辨我是雄雌？（木蘭詩）

你不妨搖曳著一頭的蓬草，不妨縱容你滿臉的苔蘚。（徐志摩：翡冷翠山居閒話）

木蘭把自己擬做兔子，徐志摩把頭髮擬做蓬草，鬍子擬做苔蘚；一個擬做動物，一個擬做植物；一個是整個人的擬化，一個是身上某部分的擬化：但都是擬物。另一種寫法，如：

春蠶到死絲方盡，蠟炬成灰淚始乾。（李商隱：無題詩）

盼望著，盼望著，東風來了，春天的腳步近了。一切都像剛睡醒的樣子，欣欣然張開了眼。山朗潤起來了，水漲起來了，太陽的臉紅起來了。小草偷偷地從土裏鑽出來，嫩嫩的，綠綠的。園子裏，田野裏，瞧去，一大片，一大片，滿是的。（朱自清：春）

這就是擬人。李商隱把蠟燭擬做人，朱自清把春天、太陽、小草擬做人。蠟燭擬做人，是因爲它流淚；春天擬做人，是因爲它的腳步近了；太陽擬做人，是因爲它的臉紅起來了；小草擬做人，是因爲它偷偷地從土裏鑽出來。它們有人的器官，有人的動作，有人的感情，就像一個人，所以說是擬人。

一、以人擬物

把人擬做物，人就有物性。詩經豳風鴟鴞：

1.鴟鴞，鴟鴞！既取我子，無毀我室！恩斯勤斯，鬻子之閔斯。

迨天之未陰雨，徹彼桑土，綢繆牖户。今女下民，或敢侮予。

予手拮据，予所捋荼。予所蓄租，予口卒瘏。曰予未有室家。

予羽譙譙，予尾翛翛。予室翹翹，風雨所漂搖。予維音嘵嘵。

朱熹詩集傳，認爲本詩是周公寫給成王看的。第一章「鴟鴞」擬武庚，「我子」擬周朝子弟，「我室」擬周朝王室，「鬻子」擬成王。周公把自己擬做鳥，以鳥的口吻說話，有關的人也擬做鳥。是擬物的寫法。第二章：「徹彼桑土，綢繆牖戶。」也以鳥的口氣說銜取桑根，纏結巢的出入口，以預防陰雨。第三章：「予所捋荼」、「予所蓄租」，也是鳥在說話：「我取了荻穗來藉巢，我的手、口都病了，積聚工作很辛苦。」第四章：「予羽譙譙，予尾翛翛。……」更是鳥自言羽落尾禿，而巢在風雨漂搖中，勞瘁莫可言宣。通篇都是以人作鳥，擬物的寫法。

史記留侯世家，漢高祖想換太子，改立戚夫人子如意。張良設計聘請商山四皓輔佐太子，高祖看見了，對戚夫人說：「我欲易之，彼四人輔之，羽翼已成，難動矣。……爲我楚舞，吾爲若楚歌。」歌辭是：

2.鴻鵠高飛，一舉千里。羽翮已就，橫絕四海，當可奈何！雖有矰繳，尚安所施。

以太子（孝惠帝，名盈）擬鴻鵠，以四皓擬羽翮，整首歌都是擬物法。

世說新語容止篇：

3.有人詣王太尉，遇諸賢在座。還語人曰：「今日之行，觸目見琳琅珠玉。」

以諸賢爲珠玉，是擬物法。容止篇又有毛曾與夏侯玄共坐，時人謂：「蒹葭倚玉樹。」也是擬物法。

白居易長恨歌：

4.在天願爲比翼鳥，在地願爲連理枝。

這很顯然是以人擬物。李商隱無題詩：「身無彩鳳雙飛翼，心有靈犀一點通。」也是擬物修辭。

朱熹「觀書有感」詩：

5.半畝方塘一鑑開，天光雲影共徘徊；問渠那得清如許，爲有源頭活水來。

這是一首擬物詩。朱熹之學，以「道問學」爲主。他認爲讀書致知，才是入聖的階梯。本性雖善，也須修持勿失。所以他把自已的心田看做一口池塘，天理、物慾像天光、雲影一樣都可能同時在心田出現。只要不斷吸取聖經賢傳的源頭活水，就能使心田永遠清澈如鏡。如果照詩直解，也可說是一首寫景詩；但是拿題目「觀書有感」合看，證之以朱熹平時爲學的主張，就不能不說這是一首擬物詩了。

國父「祭蔣母王太夫人文」有幾句是：

6. 慈愛異常母，督責如嚴師，裁其跅弛，以全其昂昂千里之資。

也是擬物寫法。

擬物，近似譬喻裏的借喻。但借喻重在事，擬物重在人，中間還是有差別的。如說：「一團亂麻，塡塞我胸中。」這是借喻。亂麻借喻煩人的事。倘說：「我可在你的臉上讀出你心中的憂鬱。」這是擬物。靠一個讀字把臉擬作一本書。所以擬化裏有擬物這一類。不過有些時候，二者的差別實在微小，分辨也就不易。因此，擬物的佳例不多，討論也較少。

二、以物擬人

而擬人的材料就很豐富，這是擬化格的主要部分。討論得也很詳細，如黃慶萱先生的修辭學，把擬人分爲名詞法、代名詞法、動詞法、形容詞法、副詞法、綜合法等六種，十分細密。現在各舉一例如下：

1. 名詞法：柳絲也垂垂地披下長髮了。（陳慧劍：弘一大師傳）

因「長髮」這個名詞，柳樹擬人化了。

2.代名詞法：我大清早起，站在人家屋角上，呀呀地啼。（胡適：老鴉）

因「我」這個代名詞，老鴉擬人化了。

3.動詞法：桃花聽得入神，禁不住落了幾點粉淚，一片片凝在地上。（許地山：春的林野）

因「聽得」這個動詞，桃花擬人化了。

4.形容詞法：這一列清貧的火車，穿過山洞，經過綠野，在一片秋光裏慢慢停下來。（陳之藩：劍河倒影）

因「清貧」這個形容詞，火車擬人化了。

5.副詞法：石碑立在山坡上，無限哀怨地凝視著路過的行人。（蔣夢麟：西潮）

因「無限哀怨地」這個副詞，石碑擬人化了。

6.綜合法：爬在榆幹上的薜荔，也大爲喜悅，上面沒有遮蔽，可以酣飲風霜，他臉兒醉得楓葉般紅，陶然自足，不管垂老破家的榆樹在他頭上欷歔地悲歎。（蘇雪林：禿的梧桐）

因爲有「大爲喜悅」、「酣飲」、「他」、「臉兒」、「醉得」、「陶然自足」、「不管」、「垂老破家」、「頭上」、「欷歔地」、「悲歎」等名詞、代名詞、動詞、形容詞、副詞的綜合應用，使得薜荔和榆樹都擬人化了。

用文法詞性來區分擬人的方法，十分細密；不過讀者只覺得這些文字很生動可愛，卻少注意文法詞性的分類。

擬人，是把萬物擬化爲人。使萬物有人的形貌，人的生命，人的個性，人的感情，甚至人的故事。物我完全平等。兒童文學裏的童話，幾乎全是這種寫法。童心不泯，萬物就很容易人性化。如果詩人、文士能保有一顆赤子之心，他的作品裏的事物，就常會人性化。唐人盧仝詩云：

7. 昨夜醉酒歸，仆倒竟三五。摩挲青莓苔，莫嗔驚著汝。

辛棄疾模仿他的作法，有詞云：

8. 昨夜松邊醉倒，問松：「我醉何如？」只疑松動要來扶，以手推松曰：「去！」

怕驚著石上青苔，疑松樹要來扶醉，不只是設想奇異，也是推己及物的赤子之心的展延。所以筆者認爲修辭裏有擬人這一種寫法，是作者的移情作用。天雲日月本無情，山水草木也無情，家具什物更加無情；動物雖有情，也不是人類的情。作者把自己的情移到它們身上，使它們有了人類的情，看起來就像人了。所以那些事物所表現的情，事實上就是作者的情。這就是王國維所說的「有我之境」。他說：「有我之境，以我觀物，故物皆著我之色彩。」物皆著我之色彩，就是我的情移到物上。他所舉的例子是馮延巳的鵲踏枝：「淚眼問花花不語，亂紅飛過秋千去。」和秦觀的踏莎行：「可堪孤館閉春寒，杜鵑聲裏斜陽暮。」（人間詞話）花不語，是因爲馮延巳有淚眼，覺得連花都不理他，這青春實在難留。孤館春寒，杜鵑哀啼，是因爲秦觀謫居郴州，覺得客館寂寞，杜鵑在聲聲催他歸去。

科學探究眞，文學追求美。探究眞，物理和人性是兩回事；追求美，物理和人性就合而爲一了。

科學說杜鵑吃死蛇腐鼠，偷巢擠蛋，是鳥中的流氓；文學說杜鵑啼血催人，不如歸去，最有人性，最富怨情。我們固不能說科學冷酷無情，但也不能笑文學無端地給萬物以生命人情。

草木花卉，各自生長，本不為人類而生存。但人們利用它們，以禾稼為食物，以花草作賞玩；詩人文士，又一廂情願地替它們加上人類的性格和感情。周敦頤說牡丹是富貴中人，因為唐人愛牡丹；菊是隱逸之士，因為陶潛愛菊；他自己愛蓮，就說蓮是君子：這是道學家的看法。香草是君子，蕭艾是小人，這是忠君愛國、憤世嫉俗的屈原的看法。崔護倜儻，說「桃花依舊笑春風」；杜甫嚴峻，說「輕薄桃花逐水流」。漢人灞橋折柳贈別，劉禹錫就說：「長安陌上無窮樹，惟有垂楊管別離。」韋莊感時懷古，就說：「無情最是臺城柳，依舊烟籠十里堤。」桃花、楊柳，有何知覺，但詩人把它們化為艷姐兒、輕薄女、多情種子和冷眼旁觀者，有血肉人情了。

三、擬化由於移情

作者移情，使萬物有了人性；讀者從萬物的人性，領略了作者的情。「美國的月亮比中國的月亮圓。」這是時下嘲諷崇洋拜美的人的一句話。因為五洲四海同一個月亮，哪有美國的月亮特別圓的呢？但是，杜甫的詩句說：

1. 露從今夜白，月是故鄉明。（月夜憶舍弟）

我們這就不能不承認它的真摯感人了。在老家的簷宇底下，在親人的閒談聲中，看天空月亮，便格外明美可愛。因爲它含有鄉情，彷彿是家人之一了。

朱敦儒臨江仙詞云：

2.月解重圓星解聚，如何不見人歸？

朱敦儒當北宋淪亡，高宗南渡之時，妻離子散，音信睽隔，所以感慨地說：月亮還懂得重圓，星星也知道再聚，爲什麼人卻不見歸來。自身的離情別緒，拿星月的圓聚作比，彷彿星月也都是知情解意的人。讀者也感染了作者的惆悵與無奈。

吳文英浣溪沙詞：

3.落絮無聲春墮淚，行雲有影月含羞，東風臨夜冷於秋。

這詞表現了春夜的寂寞，也許是文人的無病呻吟，但無可否認，作者有豐富的想像力。李清照婚後，丈夫趙明誠仍往太學求學，臨別時，李作詞相贈，有句云：

4.惟有樓前流水，應念我，終日凝眸。（鳳凰臺上憶吹簫）

終日凝視著流水，流水也被感動：「這新婦如此癡情。」流水就成爲同情她的人。讀者也起了共鳴。

周邦彥蘇幕遮詞：

5.鳥雀呼晴，侵曉窺簷語。

這是宿雨初晴的夏天早晨，鳥雀歡欣的歌聲和動作，彷彿活潑的兒童，給人們帶來了喜悅。

文人們對花鳥的感覺特別靈敏，這方面的擬人修辭也比較多。韓愈晚春詩云：

6.草木知春不久歸，百般紅紫鬥芳菲；楊花榆莢無才思，惟解漫天作雪飛。

且不論這首詩寓意何在，看起來就像一幅社會眾生相。不管有才無才，都想及時表現一番。妍媸巧拙，一齊登場，十分熱鬧可愛哩。

天寶之亂，杜甫在長安，作春望詩，說：

7.感時花濺淚，恨別鳥驚心。

這也是擬人寫法：帶雨春花，看去似在流淚；離枝飛鳥，也心有驚恐吧！因杜甫身陷魔掌，國破家亡，看上去連花都在悲哭，連鳥都在驚怖了。

王維也在天寶亂時，身困長安，被禁菩提寺。因凝碧詩心繫故國，爲肅宗特赦，且任太子中允，心中歡喜，乃作詩云：

8.花迎喜氣皆知笑，鳥識歡心亦解歌。

和杜甫看到的花鳥正相反了。

同樣的景物，作者心境不同，看到的情景就不同，也無非是移情作用。崔應階嫌揚州侈靡庸俗，作詩云：

9.青山也厭揚州俗，多少峰巒不過江。（見隨園詩話）

但是鄭板橋在儀眞縣（屬揚州府）江村茶社裏寄給他弟弟的信裏說：

10.嬌鳥喚人，微風疊浪，吳楚諸山，青蔥明秀，幾欲渡江而來。

江南青峰，沒有夸娥氏之子去背負，自然不到江北。但是一個說揚州太俗，不肯過江；一個說儀眞可愛，想過江來。都只是拿自己的觀點去人化青山罷了。

擬人與夸飾，有時會同時出現在一個句子裏。如岳飛滿江紅詞的「怒髮衝冠」，「怒髮」是擬人，「衝冠」是夸飾。又如桃花扇餘韻，正義藝人柳敬亭，高聲悲歌：

11.六代興亡，幾點清談千古慨；半生湖海，一聲高唱萬山驚。

這也是擬人、夸飾兼而有之。大抵感情濃烈時，就同時兼有兩種現象。呼天搶地也由於感情濃烈。事到無可奈何，但又不肯罷休的，就會乞求天地萬物幫忙，那天地萬物就擬化爲人。朱敦儒又有一首相見歡詞，末句云：

12.中原亂，簪纓散，幾時收？試倩悲風吹淚過揚州。

西廂記哭宴，鶯鶯不願日落時張生離去，唱道：

13.倩疏林，你與我掛住斜暉！

請悲風吹送眼淚，請疏林掛住斜暉，都是無可奈何時向大自然求救。嘴裏瘋瘋顛顛，是因爲心裏感情濃烈。

科學要眞，文學要癡。科學眞，求的固是眞理；文學癡，表的卻是眞情。擬人修辭，是眞情的流露，癡情的轉移。

第九章　音　節

音節是修辭方法之一，但是修辭書大都不討論音節。這可能是因爲它比較抽象的緣故。音包含聲、韻、調，節是節奏。這在韻文裏是非常重要的部分；即使是散文，也有它不可缺少的功用。

一、聲的功用

唐詩紀事卷四十，說賈島到京城考試，騎驢賦詩，得到「僧推月下門」的句子（隋唐嘉話說是「鳥宿池邊樹，僧敲月下門」。），想改「推」字爲「敲」字，就舉手作推敲的姿勢，不覺衝撞了京兆尹韓愈的坐騎。韓愈問他爲什麼這樣冒失，賈島說明鍊字的意思。韓愈考慮了一下，說：「『敲』字佳矣！」兩人就成爲詩友。有人說，賈島看見和尚在月下推門就用推字，在月下敲門就用敲字，照實寫就好，何必「推」「敲」不定？又有人說，韓愈爲什麼替賈島決定敲字？敲字比推字好在哪裏？筆者認爲：賈島所想的，不是事實的紀錄，而是形象的表現，看他舉手作推敲的姿勢就可知道；韓愈想到的是聲音的問題，敲字的聲音比較好。推字是舌尖音，舌尖音沉濁；敲字是舌面音，在唐代是舌根音，舌根音清脆。敲字跟上面的僧字組合更加好聽。

隨園詩話補遺卷一說：「同一著述，文曰作，詩曰吟，可見音節之不可不講。然音節一事，難以言傳。少陵『群山萬壑赴荊門』，使改『群』字爲『千』字，便不入調；王昌齡『不斬樓蘭更不還』，使改『更』字爲『終』字，又不入調。字義一也，而差之毫釐，失以千里。」筆者以爲「群」、「千」的差別，只在撮口呼與齊齒呼，相去不多；「更」、「終」的差別是舌根音和舌尖後音的不同，前者比較慷慨清越。

胡適先生有一首題名小詩的詩：

1.也想不相思，可免相思苦。
幾次細思量，情願相思苦。

他在嘗試集的再版自序裡說這首詩的原稿，第三句本是「幾度細思量」，後來把「度」字改爲「次」字。爲什麼呢？他說：

因爲「幾、細、思」三字都是齊齒音，故加一個齊齒的「次」字，使四個字都成爲齊齒音；況且這四個字之中，下三字的聲母又都是齒頭一類：故「幾次細思量」一句，讀起來使人不能不發生一種咬緊牙齒忍痛的感覺。這是一種音節上的嘗試。

「幾、次、細、思」四個字的聲母，是舌尖前音ㄗㄘㄙ（ㄐㄑㄒ和它有相合處），發音時舌尖和齒齦摩擦，尖細碎裂，參差不齊，所以讀起來有咬緊牙齒忍痛的感覺。這種感覺是很適合「相思苦」的情景的。

胡先生的靈感，是從讀舊詩詞來的。他接著說：

2.姜白石的詞有：「暝入西山，漸喚我一葉夷猶乘興。」「一葉夷猶」四字使人不能不發生在平湖上蕩船，「畫橈不點清鏡」的感覺，也是用這個法子。

他所引的是姜夔湘月詞裡的兩句。「一葉夷猶」四個雙聲字，一面寫一艘小船在湖面滑行，一面又形容搖櫓的聲音。是以聲（字的聲母）象聲（搖櫓聲），和他自已寫的以聲象情（相思情），有異曲同工之妙。

胡先生對這方面很敏感，也很有興趣。他在談新詩一文中，又舉了一例：

3.新體詩中也有用舊體詩詞的音節方法來做的。最有功效的例是沈尹默君的三絃：

中午時候，火一樣的太陽，沒法去遮攔，讓他直曬長街上。靜悄悄少人行路；祇有悠悠風來，吹動路旁楊樹。　誰家破大門裡，半院子綠茸茸細草，都浮着閃閃的金光。旁邊有一段低低的土牆，擋住了個彈三絃的人，卻不能隔斷那三絃鼓盪的聲浪。門外坐着一個穿破衣裳的老年人，雙手抱着頭，他不聲不響。

這首詩從見解意境上和音節上看來，都可算是新詩，一首最完全的詩。看他第二段「旁邊」以下長句中，「旁邊」是雙聲；「有一」是雙聲；段、低、低、的、土、擋、彈、的、斷、盪、的，十一個都是雙聲。這十一個都是「端透定」(D, T) 的字，模寫三絃的聲音；

又把擋、彈、斷、盪四個陽聲的字和七個陰聲的雙聲字（段、低、低、的、土、的、的）

參錯夾用，更顯出三絃的抑揚頓挫。……（胡適文存第一集）

其中十一個「端透定」的字，一般寫法，「低低的」應是「矮矮的」，「擋住」應是「遮住」，「鼓盪」應是「悠揚」等。爲了象徵彈三絃的聲音，特地改成帶有聲符ㄉㄊ的字。虧沈先生寫得出，也虧胡先生看得出。

二、韻的功用

聲母的差別，不如韻母的差別顯著。所以古人吟詩，很講究選韻，前人以爲：「語壯者不可用柔韻，當柔者不可用剛韻。選韻必須響亮。音啞字啞之韻，尤當避免。」並且認爲東、陽韻多響，支、微韻多啞。以現在的新韻來說：收ㄧ韻的複韻ㄞㄟ，有低沉的感覺，適合寫哀怨的感情；收ㄨ韻的複韻ㄠㄡ，有舒放的感覺，適合寫闊大的景象；收ㄢ聲的聲隨韻ㄢㄣ，有溫柔的感覺，適合寫敦厚的感情；收兀聲的聲隨韻ㄤㄥ，有高亢的感覺，適合寫歡樂之情，雄壯之象。不過平韻、仄韻還有分別，開、齊、合、撮四呼也不相同。譬如ㄠ韻，盧綸的塞下曲：

1. 月黑雁飛高，單于夜遁逃；欲將輕騎逐，大雪滿弓刀。

高、逃、刀，是平聲開口呼，舒放的音節，顯出闊大的場面。而孟浩然的春曉詩：

2. 春眠不覺曉，處處聞啼鳥；夜來風雨聲，花落知多少。

曉、鳥、少，是上聲字，曉、鳥又是齊齒呼，就變得轉折柔曼，有春眠慵懶，欲起還休的感覺。其中關係的微妙，眞只可意會，不可言傳。

杜甫登高詩：

3.風急天高猿嘯哀，渚清沙白鳥飛迴。無邊落木蕭蕭下，不盡長江滾滾來。萬里悲秋常作客，百年多病獨登臺。艱難苦恨繁霜鬢，潦倒新停濁酒杯。

用平聲ㄞ韻字（迴、杯與來、臺同韻），能感覺到一種淡淡的哀愁，飄散在山巔水湄、葉落草枯之中，天上人間，都是秋來容老的時候了。

再以杜甫的聞官軍收河南河北詩來作比較：

4.劍外忽傳收薊北，初聞涕淚滿衣裳。卻看妻子愁何在，漫卷詩書喜欲狂。白日放歌須縱酒，青春作伴好還鄉。即從巴峽穿巫峽，便下襄陽向洛陽。

用平聲ㄤ韻字押韻，念起來就像湯湯流水，洋洋琴韻；又像振翅凌空，翺翔藍天白雲中。一種興奮快樂的情緒充滿字裏行間。

又如杜甫自京赴奉先縣詠懷五百字裏的句子：

5.朱門酒肉臭，路有凍死骨。

這兩句映襯詩，上句寫富家浪費食物，下句寫窮人飢餓而死。應該說是「餓死骨」，才能和「酒肉臭」相應；作者爲什麼捨「餓」字而取「凍」字？這就是音響音啞的緣故。凍字ㄉ聲ㄨㄥ韻，音響，餓字兀聲ㄜ韻，音啞。（今國語已無兀聲，因它發音沉濁而被淘汰。）這在「語不驚人死不休」的杜甫，必然是仔細吟哦過的。

蘇軾念奴嬌赤壁懷古詞第一句：

6.大江東去，浪淘盡，千古風流人物。

一個「大」字，從聲音上便見得天風浩蕩，岸崖高闊；一個「江」（古音ㄍㄤ）字，從聲音上便見得江水泱泱，橫無際涯；接著又是一個洪亮的「東」字，更顯得氣象萬千。吹劍續錄記一位幕士，說東坡詞，須關西大漢，執鐵綽板，彈銅琵琶，唱「大江東去」。就是這種境界。而柳永的「楊柳岸曉風殘月」，不只是景象淒清瑣細，同時也因一個曲折的「曉」，一個纖曼的「殘」，再一個低沉的「月」字，就只好由十六七歲女孩兒，用紅牙板擊拍來唱了。王國維先生說境界有大小，但不以大小分優劣；筆者認爲：洪亮的響字適宜寫大境界，低沉的啞字適宜寫小境界，應該是沒錯的。

再看王粲登樓賦：

7.登茲樓以四望兮，聊暇日以銷憂。覽斯宇之所處兮，實顯敞而寡仇。……
遭紛濁而遷逝兮，漫逾紀以迄今。情眷眷而懷歸兮，孰憂思之可任（任字讀陽平）。……
唯日月之逾邁兮，俟河清之未極。冀王道之一平兮，假高衢而騁力。……

第一段用平聲ㄡ韻字押韻，寫在當陽城樓上瞭望四周原野，視界空闊。因爲ㄡ韻平聲字有悠遠的感覺，寫異鄉景色，就帶著茫茫愁緒。第二段用平聲ㄣ韻字押韻，寫山高水深，有家難歸，十分懷念故鄉。因爲ㄣ韻平聲字，有纏綿深沉的感覺，很適合寫無可奈何的相思。而這一段押韻的今、任、襟、岑、深、禁、音、吟、心等九個字，有六個是齊齒呼，更顯得細柔而嬝嬝不盡。第三段用入聲職韻字（註一）押韻，寫他有才不得施展，心中抑鬱無聊。入聲韻短促急切，有戛然而止，壓屈難伸的感覺，最適合寫憂悒、鬱悶、憤激、悲壯的情緒。所以李清照聲聲慢詞，用入聲職韻字，寫她晚年孀居的寂寞愁戚；岳飛滿江紅詞，用入聲屑韻字，寫他敵愾同仇的悲壯情懷，都非常適合。王粲登樓，由觸景生情，到思鄉懷歸，到感慨有志難展。文中用韻，由繆悠不盡，到低沉繚繞，到急促收縮。以聲寫象，以音抒情，配合得恰到好處，發揮了文字最大效果。

黃永武先生「中國詩學」設計篇，說唐代邊塞詩人岑參的走馬川行奉送出師西征詩，是利用韻腳音響來强化情感，表現意志的。原詩是：

8.君不見，走馬川行雪海邊，平沙莽莽黃入天！

輪臺九月風夜吼，一川碎石大如斗，隨風滿地石亂走！

匈奴草黃馬正肥，金山西見烟塵飛，漢家大將西出師！

將軍金甲夜不脫，半夜軍行戈相撥，風頭如刀面如割！

馬毛帶雪汗氣蒸，五花連錢旋作冰，幕中草檄硯水凝！

虜騎聞之應膽懾，料知短兵不敢接，車師西門佇獻捷！

黃先生以爲：第一行以邊、天二字押韻，有廣袤遼闊的感覺，顯示曠遠的走馬川行的路程。第二行以吼、斗、走三字押韻，有曲折起伏的感覺，顯示行途多石多風，崎嶇艱險的景象。第三行以肥、飛、師三字押韻，有平舖延伸的感覺，顯示大軍西行，逐漸行進的景象。第四行以脫、撥、割三個入聲字押韻，有挫折不暢的感覺，顯示塞外苦寒，舉步維艱的景象。第五行以蒸、冰、凝三字押韻，有向上漸昇的感覺，顯示凝聚力量，突破困境的景象。第六行以懾、接、捷三個入聲字押韻，有急促畏縮的感覺，顯示敵騎逃匿，我軍奏捷的景象。而六行詩以平仄、平仄、平仄三循環相間的形式組成，更給人一種一強一弱、一進一退、一起一伏的感覺。因此行師大漠，苦戰滅敵的景象，就在聲形相配，表裏一致的修辭法中，顯露無遺了。本詩句句用韻，三句一轉，這種體例很少見。清沈德潛唐詩別裁云：「此嶧山碑文法也，唐中興頌亦然。」嶧山碑文是李斯作，歌頌秦朝的偉大；大唐中興頌是元結作，歌頌肅宗的中興。因爲主旨相似，所以體例亦宜同。而本詩並非頌辭，且爲七言，恐非模仿嶧山碑文，而是別出心裁，獨創一格，以配合他想寫的特殊境界的。

三、調的功用

近體詩講究平仄，是爲了音節的抑揚頓挫，和諧好聽。我們如以西漢的柏梁臺七言詩和王維的和賈舍人早朝大明宮之作七律詩作一比較，就可知道。學者們討論七言詩的形成，柏梁臺詩是主要作品。它對我國文學史上七言詩的發展，有很大的影響，所以它是一首有名的詩。不過這首詩是漢武帝建造柏梁臺落成，詔群臣聯句賦詩的作品。第一句是皇帝自作，第二句是梁王作，以下是大司馬、丞相等，最後一句是東方朔作。共二十六人，各賦詩一句，共二十六句。這樣一盤大雜燴，自然不能配搭和諧。但是主要的還是那時候只知道押韻，卻不知道平仄。音分平仄，是南朝梁沈約發現的（註二）。所以講究平仄相間的近體詩，南朝雖略有萌芽，但要到唐朝才能興盛而登峰造極。且錄柏梁臺詩前十句如下：

1.日月星辰和四時，驂駕駟馬從梁來。郡國士馬羽林材，總領天下誠難治，和撫四夷不易哉！刀筆之吏臣執之，撞鐘擊鼓聲中詩。宗室廣大日益滋，周衛交戟禁不時，總領從官柏梁臺。……

有的句子平聲字太集中（如第二、四、七句），平淡無奇；有的句子仄聲字一長串（如第三、八句），急迫不暢。念起來如同嚼蠟，單調無味。與其說是詩，倒毋寧說是七字句的散文。再看王維的早朝詩。

2.絳幘雞人報曉籌，尚衣方進翠雲裘。九天閶闔開宮殿，萬國衣冠拜冕旒。日色纔臨仙掌動，香烟欲傍袞龍浮。朝罷須裁五色詔，珮聲歸向鳳池頭。

同樣是寫君臣盛會，朝廷大典，但是王維詩就像鈞天韶樂，鏗鏘動人。更進而顯示了宗廟之美、百官之富的堂皇氣象。

漢人不明白平仄的道理，沒有人定的平仄詩律。五言詩還沒關係，七言詩就顯得弛緩無力，或詰屈聱牙。王維詩按照七律規格寫作，抑揚頓挫，有音節的美感。

七言詩的前四字，必定兩個字一組，兩個詞組，後面三個字就隨便編組。五言詩再減少兩個字。因爲詞組和平仄有極密切的關係，所以詩人們在那些位置上，總選用適當的字。同樣是頭髮，該平聲就用「鬢毛」，該仄聲就用「短髮」；同樣是杜鵑，該平聲就用「子規」，該仄聲就用「杜宇」；同樣是柳樹，該平聲就用「垂楊」，該仄聲就用「柳色」；……。反正這一類平仄不同而意義相同的詞彙不少，只要稍費心思，就可找到。陸游的七絕春晚即事詩：

4. 龍骨車鳴水入塘，雨來猶可望豐穰。老農愛犢行泥緩，幼婦憂蠶採葉忙。

第三句的「犢」字是作者爲了配合規律而特意選用的。犢是小牛，小牛是不「行泥」的。應該用牛字，但牛是平聲字，而這句詩的第四個字是不能用平聲的，所以作者選用犢字來代替牛字（這是借代格中的特定代普通）。因爲犢字是入聲字，屬仄聲，這樣就合規律了。第四句的「葉」字應該是「桑」字，也因爲那個位置必須用仄聲字，就用葉字來代替桑字（這是借代格中的普通代特定）。這都是爲了合規律、配音節而選字的。

但也有全以意境爲主，不顧規律束縛的。像崔顥黃鶴樓七律詩，前四句：

5. 昔人已乘黃鶴去，此地空餘黃鶴樓。黃鶴一去不復返，白雲千載空悠悠。……

很多字不合規律，看第三句就可知道。顧全意境，犧牲規律，到底不是詩的正格，只是不得已的辦法。不守平仄，稱爲「拗句」。有些詩人，更故意用拗句的怪異音節，來表現意境。如李商隱的名作登樂原遊：

6.向晚意不適，驅車登古原。夕陽無限好，只是近黃昏。

第一句第三、四兩字，應該平聲，他卻用了「意不」兩個仄聲字，使得全句都是仄聲字；而「不適」兩字又是入聲字，迫促咽塞，標準的拗句。但是這特殊的安排，有一個目的，就是借怪異的聲調，表現他抑鬱的情緒。仄聲字本來就彎曲不平，五個仄聲字一齊下來，又用兩個入聲字作結，讀來就彷彿由長吁短歎而至啜泣。那麼他一肚子的憂悒不適，在字音裏就可感覺出來了。李商隱受制於令狐綯，一生坎坷，寫了不少憂憤詩，這是一個例子。

杜牧江南春詩：

7.千里鶯啼綠映紅，水村山郭酒旗風。南朝四百八十寺，多少樓台烟雨中。

第三句「四百八十寺」，一連用了五個仄聲字，也是拗句。他的目的，也是用特殊的音調，造成以聲表象的效果。這首詩雖題名爲江南春，卻是借人間的繁華，寫歷史的無情，鶯啼花開，天地美景；酒旗招展，人間樂事。但是經不起歷史的推移，金粉南朝，只剩得無數佛寺，矗立在烟雨淒迷中。上半首寫春光，下半首寫風雨，從明媚突變到陰暗，從五彩繽紛忽然轉爲無光的灰白。「四百八十寺」做了兩個不同世界的橋梁。兩個去聲字（四、寺）、三個入聲字（百、八、十）接連而至，低沉到叫人喘不過氣來。讀者就不得不跟著它由興奮到恬靜，由眼花撩亂到悠然神遠了。

四、節奏的功用

以上是討論聲、韻、調對修辭的影響。至於節奏，大致是字數多寡、句子長短的問題。而講究節奏也是爲了語調和諧，文氣暢順，有音樂之美。除了極少數特殊情形外，大都不用一個字造句。譬如論語裏，孔子稱呼學生單名的時候，後面總要加個「也」字或「乎」字。如「雍也可使南面」、「參乎，吾道一以貫之」等。如果稱呼時連名帶姓，就不加別的字。如「有顏回者好學」、「孝哉閔子騫」等。這是因爲我國語言屬於孤立語，一個文字一個音節。單獨使用，就沒有節奏感。有時爲了使上下句子整齊，節奏和諧，往往增加一些同義字，以補足語氣。例如：

1.一薰一蕕，十年尚猶有臭。（左傳僖公四年）

「尙」就是「猶」。從文義說，一個字就夠；從音節說，卻是兩個字較好。這句話可說是最早的「四六文」。袁枚祭妹文：「後雖小差，猶尙殗殜，無所娛遣。」「猶尙」二字，如果去掉一個，句子既不整齊，音節尤其難聽。

2.舟車所至，人力所通，天之所覆，地之所載，日月所照，霜露所隊，凡有血氣者，莫不尊親。（中庸第三十一章）

「天之所覆，地之所載」二句，因爲「天」、「地」是單音詞，如果不用「之所」而只用「所」

的話，便成了「天所覆，地所載」三音節的句子，和前後文四音節的句子不和諧。所以一定要加一個「之」字，成爲「之所」。

還有一個理由是：「天之所覆，地之所載」這兩句，因爲夾在中間，尤其不可沒有「之」字。一個段落裏，一連串類似的句子並列在一起，如無其他特殊作用，總是短句在前，長句在後，先促後舒，節奏就好聽；如果長句在前，短句在後，先舒後促，節奏就不好聽；短句夾在中間，也不好聽。譬如王禹偁的黃岡竹樓記：

3. 待其酒力醒，茶烟歇，送夕陽，迎素月，亦謫居之勝概也。

前四句都是三音節的短句（「待其」二字只是轉折連詞），末句爲七個字的長句，先迫促，後舒緩，念起來就很好聽。又如范仲淹的岳陽樓記：

4. 若夫霪雨霏霏，連月不開；陰風怒號，濁浪排空；日星隱耀，山岳潛形；商旅不行，檣傾楫摧；薄暮冥冥，虎嘯猿啼。登斯樓也，則有去國懷鄉，憂讒畏譏，滿目蕭然，感極而悲者矣！

至若春和景明，波瀾不驚；上下天光，一碧萬頃；沙鷗翔集，錦鱗游泳；岸芷汀蘭，郁郁青青。而或長烟一空，皓月千里；浮光耀金，靜影沉璧；漁歌互答，此樂何極？登斯樓也，則有心曠神怡，寵辱皆忘，把酒臨風，其喜洋洋者矣！

這兩段文章都是四字一句的短句構成。雖然開頭有「若夫」、「至若」，中間有「則有」、「而或」等詞加長了句子，但那些都是加添的連詞，不是句子的本文。所以可說全是四字句疊連到底，到最後的「感極而悲者矣」、「其喜洋洋者矣」，才算眞正把句子拉長，而兩個「矣」字也使人深深地透了一口氣，因此而悠揚不盡，餘味無窮。彷彿山中瀑布，重疊沖激，最後到了平原，一瀉千里。短句在前，長句在後，它所造成的節奏，就有這樣的好處。

蘇轍黃州快哉亭記結尾處：

5. 不然，連山絕壑，長林古木，振之以清風，照之以明月，此皆騷人思士之所以悲傷憔悴而不能勝者，烏睹其爲快也哉！

「不然」只是轉折連詞；「連山」、「長林」各爲四字句，末字都是入聲；「振之」、「照之」各爲五字句，末字一平一入；「此皆」以下二十五字作一句讀，結以平聲字。在意義上，以反語作結，跌宕有致；在音節上，抑揚頓挫，餘音迴響不絕。

最值得恬吟密詠的，是蘇軾赤壁賦裏的幾句：

6. 方其破荆州，下江陵，順流而東也，舳艫千里，旌旗蔽空，釃酒臨江，橫槊賦詩，固一世之雄也，而今安在哉！

這段文章，「方其」兩字只是承上啓下而已，眞正的句子從「破荆州」開始，「東也」、「雄也」的「也」字省掉，本段以東、空、雄三字押韻；韻脚後面的虛字，照例是要省掉的。念起來就是：兩個三字句，五個四字句，一個五字句，句子逐漸加長。再配上三個洪亮的「ㄥ」韻字，就像層出不窮的浪濤，排山倒海而來，氣勢非常雄壯。最後一句「而今安在哉」，五個字，用低沈的聲音慢慢念，把「哉」字儘量拉長，讓哀怨的「ㄞ」韻渺渺而逝。（這一句不押韻，虛字不能省。）極熱鬧的場面，倏然消失，變成空無所有的野岸荒江。讀者自然會感受到人生虛渺，歷史無情。

徐志摩康橋的早晨裏有一段話：

7. 說也奇怪，竟像是第一次，我辨認了星月的光明，草的青，花的香，流水的殷勤。

末句「流水的殷勤」非常美。它的美，不只是因爲有「殷勤」二字把流水擬人化了，而是它富有音樂性。前面兩個三音節的短句，接著一個五音節的長句；而「殷勤」兩字又是平聲的疊韻聯緜詞，眞是情致嫣然。如果改爲「水的清」，就沒有韻味；或改爲「流水的清澈」，也沒這麼漂亮。這微妙的音節，只要輕聲低誦一下，就不難體會。如果把「星月的光明」這個五字句改成「月的明」三字句，「草的青」改爲「草的綠」，帶個仄聲字，音節可能更美。

不好的詩，不如散文；好的散文，就如同詩。從這些例子裏可以看出。

音節的運用，不只是詩，散文也一樣需要；不只是文言，白話也同樣需要它。

（註一）入聲是很短促的聲調。它的調值大約是去聲的一半。它跟上聲、去聲一樣，同屬仄聲。

我國古代，南北都有入聲；從宋朝開始，北方漸漸失去入聲。所以元曲沒有入聲。現在的國音，以北平音爲標準。北平音沒有入聲。原來的入聲字，都分派到陰平、陽平、上聲、去聲四聲去。譬如一、十、百、六四個字，現在國音，分屬陰、陽、上、去，在古代都是入聲。長江以南各地，還大都保有原來的入聲。舊韻書把入聲分成屋、沃、覺、月、質、職、屑、洽、合等類。大致說來，入聲字的韻腳，都是國音裏的單韻，沒有複韻，更沒有聲隨韻。因爲古今入聲韻的分合十分複雜，很難用現在的國音說明。就借用舊韻書的名稱，如入聲職韻字、入聲屑韻字等。

(註二) 以現在國音來說，陰平、陽平是平聲，上聲、去聲是仄聲。舊入聲字分派到陰、陽、上、去的，全都回來，歸在仄聲裏。古代平聲不分陰陽，只叫平聲；上、去、入是仄聲。平、上、去、入雖自古就有，但一直到南朝梁沈約才發現。梁書沈約傳說：「約撰四聲譜，以爲在昔詞人，累千載而不悟，而獨得胸衿，窮其妙旨，自謂入神之作。武帝雅不好焉。問周捨：『何謂四聲？』捨曰：『「天子聖哲」是也。』……」在從前，天字是平聲，子字是上聲，聖字是去聲，哲字是入聲。平、上、去、入，就是那時的四聲。現在國音，前三字同；只是哲字已分到陽平。第一個是平聲，後三字是仄聲，這就是平仄聲的分別。

第十章 聯緜

我國文字裏，有一種叫做雙聲疊韻的詞，音節優美，意義豐富。所謂雙聲，就是兩個聲母相同而韻母不同的字連成一個詞；疊韻，就是兩個韻母相同而聲母不同的字連成一個詞。如：斑駁、渺茫、淡蕩、頽唐、零落、倔强、輕巧、孤高、轉折、參差、蕭索等，就是雙聲詞；斑斕、蒼茫、蕩漾、荒唐、零丁、强梁、巧妙、孤獨、宛轉、差池、蕭條等，就是疊韻詞。這些詞，從前又叫連語、謰語、重言、聯緜詞等。最常用的名稱是：雙聲疊韻聯緜詞。在本書，爲求得修辭格目的整齊，就稱它爲「聯緜」。

這種聯緜詞，已往只有少數懂得聲韻的專家才淸楚它的道理，現在因得了注音符號的幫助，一般人也瞭解了。不過古今音變，還有須要特別注意的地方，如ㄍㄎㄏ和ㄐㄑㄒ，本是一源；ㄐㄑㄒ和ㄗㄘㄙ，也可作同一聲母看；ㄓㄔ和ㄉㄊ通轉；ㄈ併在ㄅㄆ裏；ㄧㄨㄩ有時同韻等。

聯緜詞除了一小部分是名詞以外，大部分是形容詞、副詞和一些動詞。在名詞方面的聯緜詞有：枇杷、刁斗、蜘蛛、蟾蜍、鴛鴦等，是雙聲聯緜詞；蜻蜓、蜥蜴、霹靂、葫蘆、玫瑰等，是疊韻聯緜詞。在形容詞、副詞、動詞方面的聯緜詞，數量很多，也是跟修辭有關的部分。現在論述於後。

雙聲疊韻聯緜詞的用處，十分普遍：詩詞裏用它，散文裏也用；文言裏用它，白話裏也用。因爲這些詞，不但讀起來琅琅上口，在聲韻上有美適的感覺；又因它重聯疊用，在意義上也顯得特別充實圓融。舉例說明如下。

一、詩詞曲裡的聯緜詞

1. 陟彼高岡，我馬玄黃。（詩經周南卷耳）

這是詩人最早對雙聲詞的運用。玄、黃古同聲。

2. 陟彼崔嵬，我馬虺隤（同右）

這是詩人最早對疊韻詞的運用。

3. 無爲守貧賤，轗軻長苦辛。……一彈再三歎，慷慨有餘哀。（古詩十九首）

這是漢代詩人運用雙聲詞。

4. 青雀白鵠舫，四角龍子幡，婀娜隨風轉。……行人駐足聽，寡婦起彷徨。（孔雀東南飛）

這是漢代詩人運用疊韻詞。

南北朝的詩人們，對聲律逐漸講究；到了唐代，對雙聲疊韻的認識，較前人更爲清楚，運用也更爲普遍。唐詩裏有很多這種例子。如：

5.我歌月徘徊，我舞影零亂。（李白：月下獨酌）

6.突兀壓神州，崢嶸如鬼工。（岑參：登慈恩寺浮圖）

7.崔嵬枝幹郊原古，窈窕丹青户牖空。（杜甫：古柏行）

8.行人刁斗風沙暗，公主琵琶幽怨多。（李頎：古從軍行）

9.日銷月鑠就埋沒，六年西顧空吟哦。（韓愈：石鼓歌）

10.黃埃散漫風蕭索，雲棧縈紆登劍閣。……爲報君王輾轉思，遂教方士殷勤覓。忽聞海上有仙山，山在虛無縹渺間。（白居易：長恨歌）

右列六例，都是唐人古體詩裏的句子。加「。」的詞，或雙聲，或疊韻，都是聯緜詞。舊時「吟」、「哦」二字同屬兀聲，「蕭」、「索」同屬ㄙ聲，「劍」、「閣」同屬ㄍ聲，「虛」、「無」同屬ㄨ韻。

唐人創作，最精彩的近體詩——律詩和絕句，其中對偶部分，如一句用了雙聲、疊韻，另一句也必定以雙聲、疊韻相對。下面分項各舉數例，以見唐人之精於聲律和用心之細：

11.信宿漁人還泛泛，清秋燕子故飛飛。（杜甫：秋興八首之三）

12.迴風一蕭瑟，林影久參差。（柳宗元：南澗中題詩）

13.田園寥落干戈後，骨肉流離道路中。（白居易：望月有感）
14.煙波淡蕩搖空碧，樓殿參差映夕陽。（白居易：西湖晚歸）
15.參差連曲陌，迢遞送斜暉。（李商隱：落花）
右五例是雙聲對雙聲。王安石獨山梅花詩：「美人零落依草木，志士憔悴守蒿蓬。」清人張映山詠簾詩：「夜逗玲瓏月，風穿瑣碎聲。」也是雙聲對雙聲。
16.薜荔搖青氣，桄榔翳碧苔。……抱葉玄猿嘯，啣花翡翠來。（五言排律。宋之問：早發始興江口至虛氏村作）
17.翡翠鳴衣桁，蜻蜓立釣絲。（杜甫：重遊何氏五首之三）
18.悵望千秋一灑淚，蕭條異代不同時。（杜甫：詠懷古跡之一）
19.翠華想像空山裏，玉殿虛無野寺中。（同右之四）
20.海燕解憐頻睥睨，胡蜂未識更徘徊，虛生芍藥徒勞妬，羞殺玫瑰不敢開。（白居易：牡丹）
右五例是疊韻對疊韻。蘇軾飲湖上初晴後雨詩：「水光瀲灩晴方好，山色空濛雨亦奇。」清人王士禎滸墅舟中眺陽山殘雪詩：「依稀露煙靄，窈窕明雲松。」也是疊韻對疊韻。
21.蒼茫古木連窮巷，寥落寒山對虛牖。（王維：老將行）
22.功蓋三分國，名成八陣圖。（杜甫：八陣圖）

23.風塵荏苒音書絕，關塞蕭條行路難。（杜甫：宿府）

24.淅瀝籬下葉，淒清階上琴。（長孫佐輔：別故友）

25.蹉跎歲月心仍切，迢遞江山夢未通。（羅隱：贈友）

右五例是雙聲和疊韻互對。宋范成大餘杭道中詩：「桑眼迷離應欠雨，麥鬚騷殺已禁風。」清人吳少眉題半山亭詩：「西徑崎嶇上，東峰宛轉行。」也是雙聲和疊韻互對。

詞曲裏也常用雙聲疊韻聯緜詞，如：

26.嬌豔輕盈香雪賦，細雨黃鸝雙起，東風惆悵欲清明，公子橋邊沉醉。（南唐張泌：滿宮花）

「輕盈」疊韻，「惆悵」雙聲，「清明」又是疊韻。

27.料峭春風吹酒醒，微冷，山頭斜照卻相迎。回首向來蕭瑟處，歸去，也無風雨也無晴。（蘇軾：定風波）

「料峭」疊韻，「蕭瑟」雙聲。

28.一帶江山如畫，風物向秋瀟灑。水浸碧天何處斷，霽色冷光相射。蓼嶼荻花洲，掩映竹籬茅舍。（張昇：離亭燕）

「瀟灑」、「掩映」都是雙聲。

周濟介存齋詞選序論，談詞中的雙聲疊韻說：「雙聲疊韻字，要著意布置。有宜雙不宜疊，宜疊不宜雙處，重字則既雙且疊，尤宜斟酌。如李易安之『淒淒慘慘戚戚』，三疊韻，六雙聲，是鍛鍊出來，非偶然拈得也。」這是說詞裏的雙聲疊韻，要配合音節，仔細安排。不過「淒淒慘慘戚戚」，是三組六個雙聲字，卻不是三個疊韻，該說是兩組四個疊韻字。

29.有廣寒仙子娉婷，孤眠長夜，如何捱得，更闌寂靜？但願人長永，小樓看月共同登。（琵琶記第二十七段）

30.一停停古道逶迤，俺只索虛趁雲行，弱倩風馱。這不是羽蓋飄揚，鸞旌蕩漾，翠輦嵯峨。（長生殿冥追）

「娉婷」是疊韻，「寂靜」是雙聲；「逶迤」、「蕩漾」、「嵯峨」都是疊韻。

最有趣的是元人雜劇李逵負荊第二折的句子：

31.他這般乞留曲律的氣，他這般迷留迷亂的醉，他這般壹里兀淥的睡。

「乞留曲律」，是相間雙聲；「迷留迷亂」，也是相間雙聲；「壹里兀淥」，是兩組疊韻。這些有趣的聯緜詞，把李逵的氣態、醉態、睡態，形容得淋漓盡致。

新詩也可使用雙聲疊韻聯緜詞，如：

32.開也非恩，謝也何曾怨！冷落溫存，花不東風管。（劉大白：春半）

33.聯緜委宛的山，妥帖溫存的水。（前人：西湖山水）

34.春寒料峭，女郎窈窕，一聲叫破春城曉。

春風潦草，花心懊惱，明朝又歎飄零早！（前人：賣花女）

劉大白在民國十年前後，寫了好幾本新詩。贊美他的人，說他的新詩，很像白話舊詩，又像白話詞。可見他新詩裏的聲韻，是十分講究，非常美妙的了。使用雙聲疊韻聯緜詞，也是原因之一。

二、辭賦散文裡的聯緜詞

辭賦、散文裏也常使用雙聲疊韻聯緜詞，使得文章特別優美。像屈原的離騷裏就用了不少這種聯緜詞：

1.惟草木之零落兮，恐美人之遲暮。……乘騏驥以馳騁兮，來吾導夫先路。佩繽紛其繁飾兮，芬菲菲其彌章。……女嬃之嬋媛兮，申申其詈余。……欲遠集而無所止兮，聊浮游以逍遙。……邅吾道夫崑崙兮，路脩遠以周流。……

其他如九歌湘君裏的「君不行兮夷猶」、「吹參差兮誰思」、「橫流涕兮潺湲」，漁父裏的「顏色憔悴」、「形容枯槁」、「滄浪之水」，哀郢裏的「外承歡之汋約兮，諶荏弱而難持」、「衆踥蹀而日進」等，也都使用雙聲疊韻聯緜詞。

2.草木之生也柔弱，其死也枯槁。（老子第七十六章）

3.彷徨乎無爲其側，逍遙乎寢臥其下。（莊子逍遙遊）

這是老子、莊子書裏的聯緜詞。

4.既懲懼於登望，降周流以彷徨；步甬道以縈紆，又杳窱而不見陽。（班固：西都賦）

這是漢賦裏的聯緜詞。

5.雞斂翅而未鳴，笛流遠以清哀；始妙密以閑和，終寥亮而藏摧。（陶潛：閑情賦）

6.坐帳無鶴，支床有龜。鳥多閑暇，花隨四時。（庾信：小園賦）

這是晉宋人賦裏的聯緜詞。「閑」、「和」二字舊時同聲。

7.歐陽子方夜讀書，有聲自西南來者，悚然而聽之，曰：「異哉！初淅瀝以瀟灑，忽奔騰而砰湃；如波濤夜驚，風雨驟至。……」予謂童子曰：「此何聲也？汝出視之。」童子曰：「星月皎潔，明河在天；四無人聲，聲在樹間。」予曰：「噫嘻，悲哉！此秋聲也。胡為乎來哉？蓋夫秋之為狀也，其色慘淡，烟霏雲斂；其容清明，天高日晶；其氣慄冽，砭人肌骨；其意蕭條，山川寂寥。故其為氣也，淒淒切切，呼號奮發。豐草綠縟而爭茂，佳木葱蘢而可悅；草拂之而色變，木遭之而葉脫。其所以摧敗零落者，乃一氣之餘烈。……」（歐陽修：秋聲賦）

秋聲賦是最精緻的美文之一，其中音色的講究，極盡鍛鍊的能事。一開始，就以「淅瀝」、「瀟灑」、「奔騰」、「砰湃」四個雙聲疊韻聯緜詞，形容秋聲。接著，又以「慘淡」形容秋色，「清明」形容秋容，「慄冽」形容秋氣，「蕭條」形容秋意：也都是雙聲疊韻聯緜詞。然後，又以「綠縟」形容春草，「葱蘢」形容夏木，而終於遇秋而「零落」：也都是雙聲疊韻聯緜詞。念起來抑揚頓挫，如驚濤裂岸，如好鳥鳴山，發出富有節奏感的天籟之音。

8.建安之後，天下文士遭罹兵戰，曹氏父子鞍馬間爲文，往往橫槊賦詩，其遒文壯節，抑揚怨哀悲離之作，尤極於古。晉世風概稍存；宋、齊之間，教失根本，士子以簡慢、矯飾、翕習、舒徐相尚，文章以風容、色澤、放曠、精清爲高。蓋吟寫性靈，流連光景之文也，意義、格力固無取焉。陵遲至於梁、陳，淫豔、刻飾、佻巧、小碎之詞劇，又宋、齊之所不取也。唐興，學官大振，歷世之文，能者互出。而有沈、宋之流，研練精切，穩順聲勢，謂之律詩。由是而後，文體之變極焉。然而莫不好古者遺近，務華者去實。效齊、梁則不逮於魏、晉，工樂府則力屈於五言。律切則骨格不存，閒暇則纖穠莫備。至於子美，蓋所謂上薄風、騷，下該沈、宋，言奪蘇、李，氣吞曹、劉，掩顏、謝之孤高，雜徐、庾之流麗；盡得古今之體勢，而兼昔人之所獨專矣。（元稹：唐故工部員外郎杜君墓誌銘并序）

元稹替杜甫寫墓誌銘，在序文裏談到詩的流變，贊美杜甫在詩界偉大的成就，有上面這段話。元稹是詩人，講究聲律，所以在文中用了許多雙聲疊韻聯緜詞。讀起來鏗鏗鏘鏘，彷彿是杜詩一般。舊時「舒徐」韻同，「刻飾」亦同；「格力」韻通，「小碎」同聲。

9.曲曲折折的荷塘上面，彌望的是田田的葉子。葉子出水很高，像亭亭的舞女的裙。層層的葉子中，零星地點綴著些白花，有裊娜地開者的，有羞澀地打著朵兒的；正如一粒粒的明珠，又如碧天裏的星星，又如剛出浴的美人。微風過處，送來縷縷清香，彷彿遠處高樓上渺茫的歌聲似的。……

雖然是滿月，天上卻有一層淡淡的雲，所以不能朗照；但我以爲這恰是到了好處——酣眠固不可少，小睡也別有風味。月光是隔了樹照過來的，高處叢生的灌木，落下參差的斑駁的黑影，峭楞楞如鬼一般；彎彎的楊柳的稀疏的倩影，卻又像是畫在荷葉上。塘中的月色，並不均勻；但光與影有著和諧的旋律，如梵婀玲上奏著的名曲。（朱自清：荷塘月色）

「荷塘月色」的描寫，非常細膩柔和，超塵脫俗，是絕佳的寫景兼抒情的散文。其中除用了許多疊字外，又用了許多雙聲疊韻聯緜詞，正像碧空裏點綴著許多星星，閃閃發光。

10.新雨之後，蒼翠如洗的山岡，雲氣彌漫，彷彿罩著輕紗的少婦，顯得那麼憂鬱、沈默；潮聲澎湃，猶如萬馬奔騰，遙望波濤洶湧，好像是無數條白龍起伏追逐於海面群峰之間。海水中央，波光潋灩，跟著月光的越昇越高，漸漸地轉暗，終至於靜悄悄地整個隱入夜空，只仗著幾處閃爍的漁火，依稀能夠辨別它的存在。

海風吹拂著，溪流嗚咽著，飛螢點點，輕烟縹緲，遠山近樹，都在幽幽的蟲聲裏朦朧睡去，等待著另一個黎明的到來。（鍾梅音：鄉居閒情）

這段散文，寫鄉村風光，也十分美；其中雙聲疊韻聯緜詞，也用得不少。

聯緜詞因音韻緜延有致，使意義也圓融無缺，適合寫宛轉之情，恬靜之景，也就是姚鼐、曾國藩所說的陰柔之文。以上列述的例子，大都是這方面的。

三、聯緜詞的過去和未來

聯緜詞又稱連語、謰語等，它必是兩個字合成一個詞。如果把一個聯緜詞拆開來，那兩個單字，有的還是本來的意義，像「流離」拆開來的「流」、「離」，「蒼翠」拆開來的「蒼」、「翠」；有的就變成別的意義，像「參差」拆開來的「參」、「差」，「料峭」拆開來的「料」、「峭」；更多的是拆開來就毫無意義了，像「窈窕」、「轗軻」、「婀娜」、「嵯峨」、「荏苒」、「彷彿」等，它們的單字是不具意義的。

大致說來，拆開來就不具意義的聯緜詞，歷史較早，它的異寫也最多。像「轗軻」這個聯緜詞，就有輡軻、坎軻、坎坷、埳坷、撼坷等各種寫法，出現在古書上。又像前面所舉孔雀東南飛裡的「徬徨」和西都賦裡的「彷徨」，就有兩種寫法，它還有仿偟、旁皇、方皇、房皇等多種寫法。而且它又衍生成兩支：一支雙聲相衍，寫成盤桓、般桓、伴奐、徘徊、裴回等；一支疊韻相衍，寫成倘佯、倘佯、尙羊、常羊、相羊等。它們都以同樣的意義出現在古書上。這許多聯緜詞爲什麼意義相同，而字形各異呢？那是因爲，較早的聯緜詞是因聲求義，不是因形求義的。因爲因聲求義，又手抄傳寫，就各寫各的，紛歧雜出了。到後來有了刻板印書，它的字形就漸漸固定下來。有的選定筆畫簡單的，如「坎坷」；有的選定較有字義的，如「倘佯」。

較早的聯緜詞，當是來自民間的歌謠、俚諺、俗語，文人記錄了它，也自造了一些，像詩經、楚辭、諸子、史書裡的聯緜詞。後來的文人，除了承襲固有的聯緜詞以外，又創造了許多新的聯緜詞，使得這方面的詞類，更美好，更豐富。後來創造的聯緜詞，除了因聲求義外，也顧到因形求義了。像形容波光就用水字邊的「瀲灩」，形容聲音就用金字邊的「錚鏦」，形容路遠就用辵字邊的「迢遞」，形容情緒就用心字邊的「惆悵」，形容漂亮的小姐就用女字邊的「娉婷」等。使讀者能從聲、形兩方面來瞭解它。這無疑是一種進步。

我國的書籍，尤其是文學作品裡，爲什麼有那麼多的聯緜詞呢？來自民間歌謠、俗語的，當與農業社會有關，生活步調從容不迫，說話也多加幾拍，一個音可以說完的，拉成兩個音的聯緜詞；來自文人創造的，當與我國文學中韻文特別發達有關，文人們慢吟緩哦，從聲韻裡咀嚼出優美的聯緜詞來。現在，忙碌的工商業時代已來臨，生活步調越來越快速，說話言辭越來越簡短；而文學不被重視，韻文更加式微；最糟的是野狐禪外來語，像潮水一般湧來，語言已到大雜拌的局面，文字也跟著發生空前的變化：看來這類富有音韻之美的聯緜詞，將要成爲空谷跫音，可聞不可見了！

中篇　字句的取樸與求新

第十一章　飛　白

飛白的白，就是白字的白；白字，就是現在所說的別字，也就是用錯的字。不過這裏所說的別字，除了用錯的字以外，還包括說錯的音，以及一部分俗語等。寫文章的人，覺得這些用錯的字，說錯的音，和一些樸野的俗語，很能描繪人物的神情，增加文章的趣味，就把它記錄下來，故意使用在文章裏。這在修辭上叫做「飛白」。

用錯字，說錯音，是因爲吃澀或無知；從俗是因爲習慣，但也有因爲不肯落人窠臼而故意使用俗語的。現在分項說明如下。

一、吃澀的飛白

關於吃澀，有的因爲天然口吃，有的是因爲情急難宣，或忸怩作態，不能完全表達出來。例如：

1.昔君文王、武王，宣重光，奠麗陳教，則肄……肄……不違，用克達殷集大命。（尚書顧命

篇)

江聲尚書集注音疏卷九云：「肄，習也。重言之者，病甚氣喘而語吃也。」這是成王病重，臨終遺言，氣不接，語吃澀，重言肄肄。史臣在旁，照音實錄下來，情況逼眞。

2.及帝欲廢太子，而立戚姬子如意爲太子，大臣固爭之，莫能得；上以留侯策即止。而周昌廷爭之彊，上問其說，昌爲人吃，又盛怒，曰：「臣口不能言，然臣期……期……知其不可。陛下雖欲廢太子，臣期……期……不奉詔。」上欣然而笑。(史記張丞相傳)

張守節正義：「昌以口吃，每語故重言期期也。」這是司馬遷記周昌的口吃而作的「飛白」。漢書周昌傳也作同樣的描寫，那是班固沿用史記的材料。「期期」是什麼意思呢？劉攽說：「讀如荀子『目欲綦色』之『綦』，楚人謂『極』爲『綦』。」那麼「期期」就是「極極」，如不口吃，就是「極知其不可」，「極不奉詔」。周昌是沛邑人，舊時屬楚。以「期」爲「極」，還有方音成分在內。這一飛白，極能表現周昌的神情。

3.鄧艾口吃，語稱「艾……艾……」。晉文王戲之曰：「卿云『艾……艾……』，爲是幾『艾』？」對曰：「『鳳兮，鳳兮！』故是一『鳳』。」(世說新語言語篇)

這是劉義慶所記述的「飛白」。後世就以「期期艾艾」作爲形容口吃的成語。

4.寶玉、黛玉二人正說著，只見湘雲走來，笑道：「愛哥哥，林姐姐，你們天天一處玩，我好容易來了，也不理我一理兒！」黛玉笑道：「偏你咬舌子愛說話，連個『二哥哥』也叫不上來，只是『愛哥哥』、『愛哥哥』的。回來趕圍棋兒，又該你鬧『么愛三』了」。寶玉笑道：「你學慣了，明兒連你還咬起來呢。」（紅樓夢第二十回）

把「二哥哥」說作「愛哥哥」，是湘雲的咬舌子，也就是有些口吃。作者就把它記下來了。

周昌本來就口吃，但也因爲情緒激動，所以在漢高祖面前說出「期期」來；也有本不口吃，卻因情緒激動而吃澀的。這種吃澀，往往不是重複，而是省略。例如：

5.子夏喪其子而喪其明，曾子弔之，曰：「吾聞之也，朋友喪明則哭之。」曾子哭，子夏亦哭，曰：「天乎！予之無罪也。」曾子怒曰：「商，女何無罪也！吾與女事夫子於洙泗之間，退而老於西河之上，使西河之民，疑女於夫子，爾罪一也；喪爾親，使民未有聞焉，爾罪二也；喪爾子，喪爾明，爾罪三也。而曰……女何無罪與！」（禮記檀弓篇）

楊樹達「古書疑義舉例續補」說：「『而曰女何無罪與』，語殊難解，故學者多以爲疑。不知『而曰』下，實當有『女無罪』一句；文本當云：『而曰女無罪，女何無罪與！』『女無罪』者，承子夏『天乎，予之無罪也』一句而言也；『女何無罪與』，則曾子詰責之詞。乃曾子以盛怒之故，急迫不及盡言，而記者亦據實記載之。曾子怒不可遏之情，乃如在目前矣。」楊氏的分析，很有道理。本來很難解說的一句話，反而變得格外生動了。這只是因情緒激動而吃澀，中間卻「吃」掉了一句。

還有因忸怩作態，說話吞吞吐吐，造成吃澀的。例如：

6.（五年）正月，諸侯及將相相與共尊漢王爲皇帝。漢王曰：「吾聞：帝，賢者有也。空言虛語，非所守也。吾不敢當帝位。」群臣皆曰：「大王起微細，誅暴逆，平定四海，有功者輒裂地而封爲王侯。大王不尊號，皆疑不信。臣等以死守之。」漢王三讓，不得已，曰：「諸君必以爲便……便……國家，……」甲午，乃即皇帝位汜水之陽。（史記高祖本紀）

「諸君必以爲便……便……國家……」，這是劉邦假惺惺地表示不好意思，就吞吞吐吐，說了這句吃澀話。史記就照實記錄下來了。漢書高祖本紀改寫作：「諸侯王幸以爲便於天下之民，則可矣。」補足語意，不再吃澀了。讀者雖感方便，但劉邦的忸怩之態也就表示不出來了。

還有事有忌諱，難以開口，因而顯得結結巴巴的。例如：

7.安國曰：「今大王列在諸侯，悅一邪臣浮說，犯上禁，橈明法。天子以太后故，不忍致法於王。太后日夜涕泣，幸大王自改，而大王終不覺寤。有如……太后宮車即……晏駕，大王尚誰攀乎？」（史記韓長孺傳）

這是韓安國勸梁孝王的一段話。梁孝王和漢景帝都是竇太后的兒子。他說梁孝王犯禁而不獲罪，是因爲太后在庇護他。如果有一天太后死了，就沒靠賴了。將說到「太后死了」這句話時，自覺犯忌，忽然打住，剩下「有如」二字，停頓了一下，才以「宮車晏駕」這句諱飾話說出。因而造成吃澀現象。

還有因懼怕而說話不完全的，例如：

8.武松包了婦人那顆頭，一直奔西門慶生藥鋪前來。看著主管，唱個喏，問道：「大官人在麼？」主管道：「卻纔出去。」武松道：「借一步閒說一句話。」那主管也有些認得武松，不敢不出來。武松一引引到側首僻靜巷內，驀然翻過臉來道：「你要死卻是要活？」主管慌道：「都頭在上，小人又不曾傷犯了都……」武松道：「你要死，休說西門慶去向！你若要活，實對我說西門慶在那裏！」主管道：「卻纔和……一個相識……去……獅子橋下大酒樓上吃……」武松聽了，轉身便走。（水滸傳第二十五回）

這是因懼怕而吃澀，中有間斷，又把最後幾個字嚥下，留下一個有頭無尾的「吃」。其他還有因傷心哽咽而吃澀的，因氣急敗壞而吃澀的。總之，吃澀的飛白，有助神情的描寫。

二、無知的飛白

寫別字，說錯音，是因爲無知。這一類的飛白頗多趣味。例如：

1.莫廷韓過袁太沖家，見桌上有帖，寫「琵琶四觔」。相與大笑。適屠赤水至，而笑容未了。即問其故，屠亦笑曰：「枇杷不是此琵琶。」袁曰：「只是當年識字差。」莫曰：「若使琵琶能結果，滿城簫管盡開花。」屠賞極，遂廣爲延譽。（馮夢龍：古今談概無術第六）

「枇杷」寫成「琵琶」，是因爲送枇杷的人「識字差」。這個故事，不知何時變成沈石田的故事。因爲清褚人穫的堅瓠集裏記著一個故事：

2.有人送枇杷於沈石田，誤寫「琵琶」。石田答書曰：「承惠琵琶，開匳視之，聽之無聲，食之有味。乃知司馬揮淚於江干，明妃寫怨於塞上，皆爲一啖之需耳。嗣後覓之，當於楊柳曉風、梧桐夜雨之際也。」

這才眞正成了飛白。

王方宇先生在中央副刊談語文，說了「琵琶結果」的故事，並說「枇杷」二字已見於周禮地官，及司馬相如上林賦，後來又借作「琵琶」用。劉熙釋名說：「枇杷本出胡中，馬上所鼓也。」到隋唐才有新字「琵琶」。他歸納出我國文字，先有字可以代表後有字，後有字不能代表先有字的原則，如見、現，景、影等（六十九年九月一日中副）。那麼，如果你寫「昭君枇杷怨」，該是博古通小學的；要是寫「送琵琶一籃」，那是識字太差，無知寫別字了。

3.一日，公子有諭僕帖，置案上，中多錯謬：「椒」訛「菽」，「薑」訛「江」，「可恨」訛「可浪」。女見之，書其後云：「何事可浪，花菽生江。有婿如此，不如爲娼。」（聊齋志異卷三嘉平公子）

這是識字不多的嘉平某公子被他的女友溫姬嘲笑的故事。像這一類寫別字的例子，隨處可見。學生作文，如「名落孫山」誤作「名落深山」，「初出茅廬」誤作「初出茅蘆」等，不勝枚舉。

4.批改學生作業，當以評閱作文最爲傷神。碰上別字連篇的作文，更非有猜射燈謎的本領不可。不過有時在他們「誤打誤撞」的筆下，卻也常有「佳作」出現。茲舉數例如下：「㈠我到外婆家吃了一頓午餐。㈡能夠邀請專家來平分，那是最公平的了。㈢老王很貪窮，所以他一生潦倒。㈣儲蓄夜，父親給的壓歲錢，我準備存起來，做下學期的學費。（中副趣譚。鄧國明：錯打錯著）

這種「錯打錯著」的飛白實在有趣，尤其是第四例。但大多數的「錯打」是「不著」的。孩子們的無知，常會創造一些令人捧腹的飛白。例如：

5.匆匆眼睛發亮，拍著手叫：「好漂亮，好好玩囉！爸爸從來都不買給我玩。」

「那你玩什麼？」

「玩刀，玩槍。殺，殺，殺！碰，碰，碰！我現在都不喜歡玩了。爸爸說，要培養我從小有上午（尚武）精神，因爲我讀上午班。」

秦怡笑了，孩子畢竟是孩子。（王令嫻：匆匆）

「尚武」，對兒童來說，確實深奧了一點。難怪他要把它改成「上午」，正好配合他的「上午班」。

6.瑋瑋現在是「下午班」。幼稚園上課的時間是兩點。在這兩個黃金鐘點裏，瑋瑋，你愛多慢就多慢吧。我們甚至有時間在茶几上擺滿新近出廠的塑膠百獸雛形，用一把塑膠尺，用幾條橡皮筋，玩起「非洲打獵來」。你愛打白犀牛，就打白犀牛吧；你愛打「因爲牠肚子很餓」的「餓魚」，就打「餓魚」吧。（子敏：小太陽．單車上學記）

無知正是孩子們的本色，飛白正是孩子們的語言。

學說外語，也常產生有趣的飛白。世說新語政事篇，記著一則王導學說胡人語的故事：

7.王丞相拜揚州，賓客數百人，並加霑接，人人有悅色；唯有臨海一客姓任，及數胡人爲未洽。公因便還，到過任邊云：「君出，臨海便無復人。」任大喜悅。因過胡人前彈指云：「蘭闍，蘭闍！」群胡同笑，四坐並懽。

「蘭闍」，朱子語類引作「蘭奢」，說是贊譽的意思。也有解釋爲「少安無躁」的意思。從上下文看，以前一說爲是。王導學胡人說話，贊譽他們，所以胡人非常高興。這「蘭闍，蘭闍」，以中國人看，是不通的飛白；在胡人聽來，卻樂在心裏。

三、從俗的飛白

故意的從俗，也常產生飛白的趣味。例如：

1.新任台灣省政府主府林洋港先生返籍祭祖時，南投縣父老欣奮相告：「咱們的洋港先回來了！」記者先生這句「洋港先回來了」中的「先」字，下的很有學問。因爲在閩南語中，「先」不但是先生的簡稱，也是一種暱稱。本省民間，稱呼算命的爲「相命先」，看風水的爲「風水先」，教戲曲的爲「曲先」，說書的爲「講古先」。所以南投父老稱林洋港先生爲「洋港先」，比稱他爲林主席，在心意中遠爲敬重、親暱。（亦玄：先生、先、生。六十七年六

月二十五日中央副刊）

亦玄先生從趙翼二十二史劄記，轉錄漢代稱先生爲「先」或「生」的材料；又從紅樓夢、醒世姻緣尋得稱先生爲「先」的例子。證明閩南語稱先生爲「先」，其來有自，深合古義。他又說：「監察院副院長周百鍊先生和台大教授洪炎秋先生，熟悉的朋友，都還稱他們爲『百鍊先』和『炎秋先』，或簡稱『先』的。連周夫人也稱周副院長爲『先』，更是十足的暱稱了。」這是有濃厚的鄉土味的趣事，可惜一般人「筆之於書」的時候，都寫成「先生」了。像這位記者先生能寫出「洋港先回來了」的句子，眞是難能可貴，非常傳神了。這是從俗的飛白。

使用方言俗語，固然有助文辭的生動有趣，但也須選擇鍛鍊，才能「弄拙成巧」。羅大經鶴林玉露卷三，引楊誠齋（萬里）語云：「語固有以俗爲雅，然亦須經前輩鎔化，乃可因承。如李之『耐可』，杜之『遮莫』，唐人『裏許』、『若箇』之類是也。」當然，我們也可以自作「前輩」，但必須看鎔化的本領如何。現在且舉李杜唐人運用「耐可」、「遮莫」等俗語的例子如下：

2.南湖秋水夜無烟，耐可乘流直上天！且就洞庭賒月色，將船買酒白雲邊。（李白：游洞庭詩）

「耐可」作「哪可」解，意思是哪能乘流上天。

3.湖月林風相與清，殘樽下馬復同傾；久拚野鶴如雙鬢，遮莫鄰雞下五更。（杜甫：書堂飲既夜月下賦絕句）

楊倫注云：「遮莫，猶云儘教。唐時方言也。」三四兩句是說素來不以年老爲意，儘教歡飲達旦無妨。紀君祥「趙氏孤兒大報仇」第三折，公孫杵臼唱：「遮莫便打的我皮都綻，肉盡銷，休想我有半字兒攀著。」也是這意思。

4.合歡桃核終堪恨，裏許元來別有人。（溫庭筠：楊柳枝詞）

張相詩詞曲語辭匯釋卷三說，裏許就是裏面。許是處所的意思，如「何許人」就是「何處人」。這句詩裏的人字是果仁，又雙關情人。是因情而妒的設譬辭。

5.醉坐藏鉤紅燭前，不知鉤在若箇邊？（岑參：敦煌太守後庭歌）

「若箇」是哪個人、什麼人的意思。有時也作什麼地方解。楊萬里仿唐人用俗語，有寄廣東提刑林謙之詩云：「夢中若箇韶州路，庾嶺梅花正可憐。」就是韶州在何處的意思。這俗語，在唐代一定很普遍，現在讀它，須有解釋。解明了，就可領會到一種有味的「野趣」。這就是加了鎔化工夫的飛白的好處。

宋人作詩詞，也常穿插俗語，十分恰當。例如：

6.天風吹儂上瓊樓，不爲浮玉飲玉舟：大江端的替人羞，金山端的替人愁。（楊萬里：雪霽晚登金山）

宋人的「端的」，就是現在所說的「眞的」、「到底」。陸游糟蟹詩：「醉死糟邱終不悔，看來端的是無腸。」也極有味。

7.「乍暖還寒時候，最難將息。……守著窗兒，獨自怎生得黑！」（李清照：聲聲慢詞）

「將息」是休養的意思，唐宋時方言，現在偶然還用；「怎生」是怎麼的意思，宋時方言，現在已不用。用在詞中，竟十分雅致。「黑」字形容天晚，也是俗語。張端義「貴耳集」云：「……更有一奇字云：『守著窗兒，獨自怎生得黑！』『黑』字不許第二人押。」可見化俗爲雅，她是費了一番苦心的。

這些都是以方言俗語爲飛白而天衣無縫的佳句。元曲裏的俗語更多，如兀自、不剌、則個等，不勝枚舉。

詩詞可用俗語，散文當然更加可用。例如：

8.陳勝王凡六月。已爲王，王陳。其故人嘗與庸耕者聞之，之陳，扣宮門曰：「吾欲見涉。」宮門令欲縛之。自辯數，乃置，不肯爲通。陳王出，遮道而呼涉。陳王聞之，乃召見，載與俱歸。入宮，見殿屋帷帳，客曰：「夥頤！涉之爲王沈沈者！」楚人謂多爲夥，故天下傳之，夥涉爲王，由陳涉始。（史記陳涉世家）

「夥」是楚人說多的意思，司馬遷已自下注腳；「頤」是助聲之辭，索隱引服虔說。「夥頤」是這位楚地農夫的土話。這一句飛白，活畫出鄉下人初見王宮的驚異神情。

9.衍總角嘗造山濤，濤嗟歎良久。既去，目而送之，曰：「何物老嫗，生此寧馨兒！然誤天下蒼生者，未必非此人也！」（晉書王衍傳）

「寧馨」是晉宋人方言，意思是「如此」、「若何」。山濤用方言贊美王衍，更顯得王衍幼時的聰慧可愛，晉書記錄山濤的語氣，更顯得神情生動。這是飛白的好處。後來的人，便把「寧馨兒」作為聰美兒童的代名詞。雖然有人考證，說「寧馨」只能作「如此」解，不能作「聰美」解（如洪邁容齋隨筆），但它本來就是「飛白」，也不妨再予「借用」。

文中使用方言最多，又最能藉它烘托神態的，要算水滸傳了。隨便舉個例：

10.智深久靜思動，……大踏步走出山門來，信步行到半山亭子上，坐在鵝頸懶凳上，尋思道：「干鳥麼！俺往常好酒好肉每日不離口，如今教洒家做了和尚，餓得乾癟了！趙員外這幾日又不使人送些東西來與洒家吃，口中淡出鳥來！這早晚怎地得些酒肉來吃也好。」正想酒哩，只見遠遠地一個漢子挑著一付擔桶，踏上山來。（第三回）

水滸傳的「鳥」（音ㄉㄧㄠˇ），是極粗魯的俗語；「干鳥麼」意同「管他媽的」而更不雅；下文又來一句令人發笑的「口中淡出鳥來」：一連串的飛白，獷莽的魯智深就浮現在紙上了。「俺」是山東土話，「洒家」是北方男子自稱，也都有濃厚的鄉土味。

實錄方言俚語，能使人物虎虎有生氣，雖然有時用字怪一點，但一旦瞭解了，就會頷首稱是，發出會心的微笑。這就是飛白的好處。

天然的口吃，說不上有什麼文學意味；但如果口吃而又加上情急，因此說話結結巴巴，把它記錄下來，就情態逼眞了。如周昌的一例。小兒女間因為口吃而笑鬧，把口吃和笑鬧的情形都描述出來，也是生動有趣的故事。如湘雲的一例。至於本不口吃，卻因病重氣促而吃澀，情有虛僞而吃澀，心有畏忌而吃澀，照實記述下來，讓後世讀者想見當時情景，這就更有文學價值了。所以修辭有飛白這一格。

寫別字，說錯音，本不是可喜的事情；但如果藉此而形容出一個無知者的質樸可愛，一個兒童的天眞爛漫，那麼就有「將錯就錯」，記錄描述的價值了。文字是孳乳漸多的，古時字少，一字作數義用；後來字多，一字作一義用。所以，古人寫「別字」，勢必如此；後人寫別字，就沒意思了。論語寫「衛靈公問陳於孔子」（衛靈篇），必然如此，因爲那時無「陣」字；資治通鑑寫「移陳少卻，使晉兵得渡」（肥水之戰），就沒意思了。孟子寫「蚤起，施從良人之所之」（離婁篇），理應如此，因爲那時不用「早」字；柳宗元寫「蚤繅而緒，蚤織而縷」（郭橐駝種樹），就沒意思了。有了本字，再用別字，那是不必要的飛白了。描寫無知的飛白，有文學價值；故示博雅的飛白，只是厚古薄今，拘泥不化罷了。

至於使用俗語入詩文，一是爲了求新，不願全被舊文束縛，落人窠臼；二是爲了求眞，不願伶人演戲，鄉巴佬也說翰林學士腔。蔡條西清詩話，說南方人以飲酒爲「軟飽」，北方人以晝寢爲「黑甜」，所以東坡作詩云：「三盃軟飽後，一枕黑甜餘。」係用俗語入詩（見黃永武中國詩學鑑賞篇引）。歐陽修五代史漢高祖紀：「契丹耶律德光送高祖至潞州，臨決，指知遠曰：『此都軍甚操刺！無大故，勿棄之！』……」「操刺」是勇猛的意思，俗語。可表現耶律德光的粗獷本色，逼眞地寫出他的個性。

王若虛滹南遺老集新唐書辨，有云：「姚崇汰僧僞濫者，舊史但云『還俗』，而子京云『髮而農』。此何等語！且萬二千人，豈無歸異業者，而悉爲農乎？此可笑一也。」用俗語而能使詩文生動有味，就是飛白的功用之一。與其求古雅而不知是「何等語」，還不如「還俗」好。

第十二章 引用

——兼論用典

人們在說話或作文的時候，引用別人的語言、文字，來充實內容，增加份量，以達到說服聽者，打動讀者的效果。這種修辭法，稱爲「引用」。這裡分「引用的材料」、「引用的方式」兩個項目來說明。

一、引用的材料

引用的材料，有古代經書上記載的，聖賢所說的，以及俗諺所流傳的，有時也引用外國人所說的話。例如：

1. 子曰：「書云：『孝乎惟孝，友于兄弟。』施於有政，是亦爲政。奚其爲爲政？」（論語爲政篇）

這是孔子引用書經。

2.孟子曰：「……詩云：『不愆不忘，率由舊章。』遵先生之法而過者，未之有也。」（孟子離婁篇）

這是孟子引用詩經。

論語引用書經文字共三次，引用詩經文字共十四次；孟子引用書經文字共十二次，引用詩經文字共二十七次。

3.孔子曰：「三人行，則必有我師。」是故弟子不必不如師，師不必賢於弟子。（韓愈：師說）

這是韓愈引用孔子的話。

4.孟子稱：「人之患，在好爲人師。」由魏晉氏以下，人益不事師。（柳宗元：與韋中立論師道書）

這是柳宗元引用孟子的話。

後人引用孔子、孟子的話，多得不可勝數，姑各舉一例如上。

5.晉侯復假道於虞以伐虢，宮之奇諫曰：「虢，虞之表也。虢亡，虞必從之。……諺所謂『輔車相依，脣亡齒寒』者，其虞、虢之謂也。」（左傳僖公五年）

6.諺曰：「千金之子，不死於市。」此非空言也。（史記貨殖列傳）

這是左丘明和司馬遷引用當時的諺語。

引用俚語俗諺，古今許多書上，也是常見的。

7.拿破崙曰：「『難』之一字，惟愚人所用字典為有之耳。」……嗚呼！至今讀此言，神氣猶為之王焉。（梁啓超：論冒險與進取）

8.女人善變……因為變得急速，所以容易給人以「脆弱」的印象。莎士比亞有一名句：「脆弱呀，你的名字叫做女人！」但這脆弱，並不永遠使女人吃虧。（梁實秋：女人）

這是梁啓超和梁實秋引用外國人說的話。

引用外國人說的話，是西風東漸，四海一家以後才有的。

二、引用的方式

引用的方式，分「明引」和「暗用」兩類。說明來歷的稱為明引，不說明來歷的稱為暗用。像上述各例的「書云」、「孔子曰」、「諺有之曰」、「拿破崙曰」等，稱為明引，不再贅述。如果只用前人舊有的文句，不說明是哪本書來的，哪個人說的，就是暗用。舉例如下：

1.薄粥稀稀碗底沈，鼻風吹動浪千層；有時一粒浮湯面，野渡無人舟自橫。（沈石田：薄粥詩）

「野渡無人舟自橫」，暗用韋應物滁州西澗詩末句，形容粥湯米粒，令人發噱。

2.有有我之境，有無我之境。「淚眼問花花不語，亂紅飛過秋千去。」「可堪孤館閉春寒，杜鵑聲裏斜陽暮。」有我之境也。「采菊東籬下，悠然見南山。」「寒波澹澹起，白鳥悠悠下。」無我之境也。有我之境，以我觀物，故物皆著我之色彩；無我之境，以物觀物，故不知何者爲我，何者爲物。

境界有大小，不以是而分優劣：「細雨魚兒出，微風燕子斜」，何遽不若「落日照大旗，馬鳴風蕭蕭」？「寶簾閒掛小銀鉤」，何遽不若「霧失樓台，月迷津渡」也？（王國維：詞之境界）

右例引號裏的句子，都是引用的。「淚眼問花」二句，是南唐馮延巳鵲踏枝詞；「可堪孤館」二句，是北宋秦觀踏莎行詞；「采菊東籬下」二句，是陶淵明飲酒詩；「寒波澹澹起」二句，是金元好問潁亭留別詩；「細雨魚兒出」二句，是杜甫水檻遣心詩；「落日照大旗」二句，是杜甫後出塞詩；「寶簾閒掛」句，是秦觀浣溪沙詞；「霧失樓臺」二句，是秦觀踏莎行詞。它們都沒說明出處，所以是暗用。

3.有人晚上不睡，早晨不起，他說是「焚膏油以繼晷」。我想，「焚膏油」則有之，日晷則在被窩裡蹧蹋不少。（梁實秋：早起）

韓愈進學解：「焚膏油以繼晷，恒兀兀以窮年。」梁實秋暗用其中的一句。說晚睡晏起的人，把膏油（燈火）燒完了，日晷（晨光）也睡光了。本是勉人勤學的一句話，變成笑夜貓子賴床的文辭，令人噴飯。引用而加以演化，是出神入化的高等手法。

引用經書上記載的，聖賢人所說的，可以加强自已見解的正確性、可靠性，使人信服。所謂「訴之於權威」。像第一項一至四條。引用諺語所說的，可以增加文字的力量，因爲那是多數人早已承認的眞理。所謂「訴之於大眾」。像第一項五、六兩條。引用外國人說的話，可以拓寬眼界，充實內容，而且有新穎別致的感覺。因爲不同的民族，往往有不同的人生觀和修辭法。像第一項七、八兩條。這些對修辭都有不少幫助。但也有引用別人的材料，發表自己的見解，可說是一種評論式的引用，像第二項第二條例子。

不管引用哪一種材料，用什麼方式引用，有一點必須把握住的：就是我用別人，不要被別人所用。換句話說：在我的文章裏，需要別人的話來幫助我時，我就引用它；不要連篇累牘，抄別人的文字，變成我替別人說話。有些人作文，一篇文章裏，十分之七八是別人的材料，只有十分之二三是自己的文字，那就不是引用，而是被人利用了。

三、談用典及其佳例

討論引用，就會談到用典，因爲兩者有類似的地方。不過仔細分析，又有不同：引用是用別人的語言文字，用典是用前人的故事，所以用典又稱「用事」。我國文人作文，好用典故，由來已久。積久弊生，所以民國初年，胡適先生倡導文學革命，提出八不主義，其中有一條就是「不用典」。但是這一條遭到許多人的反對，他的朋友江亢虎寫信給他說：「所謂用典，亦有廣狹二義。餖飣獺祭，古人早懸爲厲禁；若並成語故事而屏之，則非惟文字之品格全失，即文字之作用亦亡。……文字最妙之意味，在用字簡，涵義多。此斷非用典不爲功。」江氏又舉了一些實際的例子。因此胡適先生修正了他的主張，還舉了幾個用典佳例，其中一個是：

1.東坡所藏「仇池石」，王晉卿以詩借觀，意在於奪。東坡不敢不借，先以詩寄之。有句云：「欲留嗟趙弱，寧許負秦曲，傳觀愼勿許，間道歸應速。」此用相如返壁之典，何其工切也。

用典的好處是心裏有難言之隱，未便直說，借個典故，就可很巧妙地傳達出來了。聽到的人，心領神會，怡然一笑，許多阻隔，也就化解了。譬如東坡這塊仇池石，不敢不借，又不甘被奪，如果寫信直說：「我不是不借給你看，而是怕你借了不還。」豈不使對方惱羞成怒，事情弄得很糟。現在用藺相如完璧歸趙的故事說出，對方聽了，莫逆於心，既不傷彼此情面，又能使事情有圓滿的結果。這眞是「非用典不爲功」了。

司馬遷報任少卿書，說到他身被宮刑，受譏於人，引用故事說：

2.昔衛靈與雍渠同載，孔子適陳；商鞅因景監見，趙良寒心；同子參乘，袁絲變色；自古而恥之。夫中材之人，事關於宦豎，莫不傷氣，而況於慷慨之士乎！

他列舉事實，說一般人如跟宦官沾上了，就覺得可恥；何況自己是一個慷慨之士，而竟身遭酷刑，變成宦官了呢？引用古人作比，襯出一肚子怨憤，使人無限同情。司馬遷又引用文王被拘，孔子受厄，左丘失明，孫子臏腳，忍辱負重，發憤著作，以傳不朽的故事，說明自己「就極刑而無慍色」的目的，是爲了要完成一部巨著——史記。我們誦讀史記的內容，也欣賞史記的文辭，更欽佩司馬遷以先聖先賢爲模範而忍辱著作的精神。這都是用典的好處。

借用典發洩鬱積，有借他人杯酒，澆自己壘塊的功用。有時也可借用典表示對人生的看法，如陶潛自祭文：

3.葬之中野，以安其魂。窅窅我行，蕭蕭墓門。奢恥宋臣，儉笑王孫。

宋臣桓魋自爲石槨，三年不成，孔子看見說：「若是其靡也。」漢楊王孫臨終時，告訴兒子說：「吾欲裸葬。爲布囊盛尸，入地七尺，從足引脫其囊，以身親土。」陶潛笑桓魋太奢，楊王孫太儉，矯枉過正，都不自然。這可顯示他對人生的看法。也使整篇自祭文，更加輕鬆灑脫。

杜甫秋興八首之三，有一聯云：

4.匡衡抗疏功名薄，劉向傳經心事違。

漢朝的匡衡，上疏奏事，屢得升遷，功名不薄；可是杜甫上疏救房琯，卻遭貶斥，不再任用，功名甚薄。這二句是借匡衡作比，比不上得志的匡衡，自歎命薄。劉向不被天子重用，然仍任職中央，校勘典籍。雖非素志，但傳經後世，其名不朽。杜甫卻連「傳經」的機會都沒有。這一句又借劉向作比，比不上失意的劉向，可見自己的命實在太薄了。所以接著是：「同學少年多不賤，五陵衣馬自輕肥。」這兩句詩，哀而不傷，悱而不怨，這正是：「溫柔敦厚，詩之教也。」但如果不用典，即使再添幾句，再加數十字，也不能說得恰到好處。所謂言簡意賅，這又是用典的好處。

以用典勸人，常有很好的效果。南朝梁陳伯之，背叛梁武帝，投附北魏。梁武帝派蕭宏北伐，和陳伯之對峙在洛口。蕭宏叫秘書丘遲寫信給陳伯之，請他反正來歸。中間有幾句話：

5.朱鮪涉血於友于，張繡剸刃於愛子，漢主不以爲疑，魏君待之若舊。況將軍無昔人之罪，而動重於當世？

他引用劉秀不計較朱鮪謀害他哥哥劉縯，曹操不尋究張繡殺死他兒子曹昂的典故，說明梁武帝絕不追查陳伯之的過往，請他安心來歸。陳伯之果然反正回梁。這封信發生很大的效果，這幾句話也是發生效果的原因之一。

左傳僖公二十四年，呂甥、郤芮將謀殺晉文公。寺人披獲得消息，請求見文公。文公不見，並派人責備他。因爲寺人披曾奉晉獻公之命，到蒲城殺文公，斬掉文公的衣袖；又曾奉晉惠公之命，到狄國殺文公。文公懷恨在心。寺人披向文公派去的人說：

6.「……君命無二，古之制也。除君之惡，唯力是視。蒲人狄人，余何有焉？今君即位，其無蒲狄乎？齊桓公置射鉤而相管仲。君若易之，何辱命焉？行者甚眾，豈唯刑臣？」

管仲原是公子糾的臣子，跟齊桓公作戰，一箭射中桓公，幸好射在帶鉤上。後來因鮑叔牙的保薦，桓公任管仲爲相，而霸天下。寺人披引這個故事，說明晉文公器量太小，和齊桓公相反，將眾叛親離。文公一聽，立刻接見寺人披，也擊滅了呂甥、郤芮的陰謀。

丘遲說梁武帝不記前隙，像劉秀、曹操一樣；寺人披說晉文公記前怨，不能像齊桓公一樣。立場不同，話也相反，但用典的效果卻是相同的。

吳汝綸假擬代陳伯之答丘遲書，把管仲、寺人披的故事全用上了：

7.夫射鉤、斬袪，明主尚不以為疑；豈以大梁受命，駕馭群雄，不推赤心置人腹中，自翦羽翼，顧謂得計？

這雖不是勸說之辭，但用來比稱梁武帝的賢明，是非常適切的。

唐詩紀事卷十六，記寧王李憲，看見賣餅師的妻子明媚動人，就强娶作妾，十分寵愛。過了一年多，寧王問她：「你還憶念餅師嗎？」她點點頭。寧王就召賣餅師進府，讓他們見面。餅師妻面對故夫，淚流滿頰，悽惋欲絕。這時有十餘位文士在座，都很感動。寧王就叫他們作詩記這件事。王維首先完成，詩云：

8.莫以今時寵，而忘舊日恩。看花滿眼淚，不共楚王言。

寧王看了，立即把她送還給餅師，讓他們重圓。王維這首詩，題名「息夫人怨」。原來春秋時，楚文王滅了息國，娶了息侯的夫人息嬀為妻。息夫人歸楚，生了堵敖和楚成王。但始終默默無言，不跟楚文王說話。楚文王問她為什麼不說話，息夫人說：「一個女人，侍候兩個丈夫，既不能死，還有什麼可說的？」（事見左傳莊公十四年）王維用這個典故，把餅師妻比作息夫人，顯出女人的堅貞可敬。難怪寧王深受感動，讓她和故夫重聚。這也是用典的好處。

用典有時也能表示內心的不滿，而使聞者啼笑皆非。例如：

9.山陰王思任女端淑，字玉映，長於史學，翁撫而語之曰：「身有八男，不及一女。」著吟紅集。蕭山毛西河選浙江閨秀詩，獨遺之。王寄詩云：「王嬙未必無顏色，其奈毛君筆下何！」用典恰當。（梁紹壬：兩般秋雨盦隨筆卷三）

作者用漢元帝後宮第一美人王嬙（昭君）被毛延壽點污圖像的故事（昭君出塞故事，正史和元曲不盡相合。但流傳已久，不妨作典故看），以表示對毛西河不選她作品的不滿。作者姓王，西河姓毛，用古說今，恰到好處，所以梁紹壬說她「用典恰當」。

劉大白說民國七年，馮國璋、段祺瑞當國，改選新國會。調查員送調查單給他，要他出任新議員。他不肯棄舊接新，就在調查單背面題了幾首詩，其中有一首是：

10.視曆開書樂不支，五郎剋日聘蘭芝；府吏莫漫心歡喜，蒲葦非徒韌一時。（劉大白文集）

這一首詩是利用漢詩孔雀東南飛裏的故事，說明不願接受新政府的新議員的意思。孔雀東南飛裏說，劉蘭芝被丈夫焦仲卿的母親驅逐回娘家，府吏替兒子五郎聘劉蘭芝爲媳。最後劉蘭芝念舊殉情而死。這是說新政府的「府君」別歡喜，我「劉蘭芝」是不會朝秦暮楚，隨便改節的。不過「蒲葦非徒韌一時」一句，在原詩是焦仲卿恨劉蘭芝答應府君的說親，笑她「蒲葦一時紉（韌），便作旦夕間」；這裏卻說「蒲葦非徒韌一時」，是用典而反用其語了。——反用典故，有時更覺靈活可愛。

借古詩古事，說明自己的心意，得詩人諷詠之旨，這也是用典的好處。

筆者以爲談引用，一定要包括用典。事實上，用典比引用更巧妙更傳神，更富有修辭的意義。如果用典被包括在引用裏，那麼用典該是引用的主要部分。不過以可讀性來說，引用要比用典大。引用，只要所引的文字不太艱深，一般讀者都能瞭解；而用典，如果讀者對這典故本不認識，就不能明白用典的意義，更別說領會其中的匠心巧思了。像胡適先生所舉的東坡的四句詩，你如果不知道藺相如完璧歸趙的故事，或者你沒讀過史記藺相如傳，藺相如所說「秦以城求璧，而趙不許，曲在趙；趙予璧而秦不予趙城，曲在秦。均之二策，寧許以負秦曲」的話，就不能明白這個典故的意義，也就不能領會東坡用這典故的巧妙手法了。而藺相如完璧歸趙，是很普通淺近的典故；上述其餘各典，還算平常，但也不一定人人能懂；如果再罕見一點，那麼能懂的人就更少了。胡適先生主張不用典，恐是站在文學普及的立場來說吧！

引用和用典，都是修辭方法之一。但引用不能喧賓奪主，用典不能冷僻難曉。總而言之：我用古人，不要被古人所用。

第十三章 襲 改

——兼談仿擬

前面談到引用和用典，這裏再談「襲改」。常有人在寫作時，套襲前人的文辭，略加改易，用另一種方式表現出來，使它成爲自己的文辭。它近似引用，但不是原文照抄，所以不是眞的引用；也近似用典，但被套襲的文辭不是典故，所以不能算是用典。因此筆者稱它爲「襲改」。譬如李白把酒問月詩云：

「青天有月來幾時？」我今停杯一問之。

蘇軾水調歌頭詞云：

「明月幾時有？」把酒問青天：「不知天上宮闕，今夕是何年？」

蘇軾的詞，明明是套襲李白的詩而略加改易以成的。但蘇軾並沒原文照抄，不是引用；李白的詩不是典故，所以也不是用典。這一類修辭方法，筆者稱它爲「襲改」。

襲改的方法，往往利用文的材料改成詩，利用詩的材料改成詞，利用詞的材料改成曲，或改成其他各種文體。材料雖是舊的，但經過改裝之後，出現新的面目，自有新的味道。

酈道元水經江水注，描寫三峽風光，有云：

或王命急宣，有時朝發白帝，暮到江陵，其間千二百里，雖乘奔御風不以疾也。

又云：

常有高猿長嘯，屬引淒異，空谷傳響，哀轉久絕。

李白下江陵詩云：

朝辭白帝彩雲間，千里江陵一日還；兩岸猿聲啼不住，輕舟已過萬重山。

這是改文爲詩。李白放舟長江，經過三峽，固然幫助了他的靈感；但這首詩的風神，很明顯地是從酈道元的江水注脫胎來的。「青，取之於藍，而青於藍。」李白的詩實在比酈道元的文還要好。這樣的襲改，比引用好，比用典也好。

唐人有紅葉題詩故事數則，其中之一是盧渥舍人在御溝邊看見紅葉上題詩云：

流水何太急，深宮竟日閒；殷勤謝紅葉，好去到人間。

周邦彥六醜詞，寫薔薇謝後，襲改前詩云：

漂流處，莫趁潮汐，恐斷紅，尚有相思字，何由見得？

龐元英談藪評論本詞，認爲周邦彥這一襲改，「脫胎換骨之妙極矣！」這是改詩爲詞。雖然不一定比原詩更好，但是自有新意，且無斧鑿痕。

柳永雨霖鈴詞云：

今宵酒醒何處？楊柳岸曉風殘月。

王實甫西廂記驚夢一齣，張生唱：

是暮雨催寒蛩，是曉風吹殘月，眞箇今宵酒醒何處也？

這是改詞爲曲。不過改得並不好，只是借用而已。

名詩人、名詞人，常常襲改前人的詩文，成爲自己的作品，卻沒有人說他是抄襲的。那是因爲他已經用過一番心思，別人的養料，已化爲自己的血肉。材料雖然相似，但鍛鍊的方法不同，產品就不一樣。天下文章一大抄，抄襲得法，別人的花汁就變成自己的糖蜜；抄襲不得法，別人的麴蘖反變成自己的糟粕了。

一、字句的襲改

周邦彥六醜詞襲改紅葉詩，得到後人的好評。他還有一首滿庭芳詞，中有一句：

1.凭欄久，黃蘆苦竹，擬泛九江船。

這也是襲改白居易琵琶行詩：「住近湓江地低溼，黃蘆苦竹繞宅生。」這時周邦彥在溧水作縣令，環境跟白居易謫居湓城（今九江）相似。同詞下片，又云：

2.且莫思身外，長近罇前。

這是襲改杜甫的絕句漫興：「莫思身外無窮事，且盡尊前有限杯。」所以陳振孫說：「美成詞多用唐人詩，隱括入律，渾然天成。」別人的舊材料，放在自己的新作裏，而能渾然天成，也眞不易。

3.從別後，憶相逢，幾回魂夢與君同。今宵賸把銀釭照，猶恐相逢是夢中。

晏幾道鷓鴣天詞：

王楙野客叢書卷二十，謂本詞末二句，出於杜甫羌村三首：「夜闌更秉燭，相對如夢寐。」說得很對。

4.我看青山多嫵媚，料青山見我應如是。

辛棄疾賀新郎詞：

這是襲改李白獨坐敬亭山詩：「相看兩不厭，只有敬亭山。」意境相似，作品到底是自己的。

5.忽聞江上弄哀箏，苦含情，遣誰聽？烟斂雲收，依約是湘靈。欲待曲終尋問處，人不見，數峰青。

蘇軾江城子詞：

這明是襲改錢起省試湘靈鼓瑟詩：「曲終人不見，江上數峰青。」

6.淮水東頭，問夜月何時是了？空照徹，飄零宮殿，淒涼華表。

鄭板橋滿江紅金陵懷古詞：

這是襲改劉禹錫石頭城詩：「淮水東邊舊時月，夜深還過女墻來。」和李後主浪淘沙詞：「晚涼天淨月華開，想得玉樓瑤殿影，空照秦淮。」意境襲了七分，詞句取了三分，就變成自己的作品了。

塡詞的人歡喜襲改詩，作曲的人更喜歡襲改詩詞。白樸梧桐雨第四折，寫唐玄宗在西宮思念楊妃，唱道：

7.見芙蓉懷媚臉，遇楊柳憶纖腰。

這是襲改長恨歌「芙蓉如面柳如眉，對此如何不淚垂」的句子而來的。而洪昇長生殿改葬一齣，唐玄宗所唱的：

8.傷心處，天旋日轉迴龍馭，迴龍馭，踟躕到此，不能歸去。……空自吁，怕夜臺人更苦。那裏有珮環夜月歸朱户，也慢想顏面春風識畫圖。

是襲改長恨歌「天旋地轉迴龍馭，到此躊躇不能去」，和杜甫詠懷古蹟明妃村的詩句「畫圖省識春風面，環珮空歸月夜魂」而來的。

西廂記哭宴長亭送別之收尾：

9.四圍山色中，一鞭殘照裏，將遍人間煩惱塡胸臆，量這般大小車兒如何載得起？

這是襲改李清照武陵春詞：「聞說雙溪春尙好，也擬泛輕舟。只恐雙溪舴艋舟，載不動，許多愁。」傳庚生在中國文學欣賞舉隅裏說：「改『舟』爲『車』，亦是載得賊贓來也。」

孔尙任桃花扇草檄一齣，蘇崑生唱道：

10.那更，香霧雲鬟，清輝玉臂，廣寒仙子也堪並。惟願取年年此夜，人月雙清。

這是襲改杜甫月夜詩：「香霧雲鬟濕，清輝玉臂寒。何時倚虛幌，雙照淚痕乾。」朱自清曾說劉大白的白話詩能利用舊詩裏的情景表現新意。劉的作品桃花幾瓣，有這樣的句子：

11.看春泥手段，

把桃花爛了，護住桃根，

等明年重爛漫。

替桃花埋怨東風，何苦讓春水平分一半。

就一齊化作春泥，薄命也還情願。

這是從龔自珍離京詩「落紅不是無情物，化作春泥更護花」，脫胎變化而來的。可見新詩是可以從舊詩襲改來的。

上述各例，大多數是作者有心的襲改，但也有少數可能是作者熟讀了前人的詩文，在寫作時無意中用上了。隨園詩話補遺，說李白「千巖泉灑落，萬壑樹縈回」的詩句，是襲改謝康樂詩：「千巖盛阻積，萬壑勢縈回。」他說：「二句不但襲其意，兼襲其詞。以太白之才，豈肯蹈襲前人？因其生平最喜謝詩，故不覺習而不察。」袁枚說李白是無意於襲改而自然襲改了。舊時讀書人講究背書，這也是好處之一。

二、篇章的襲改

以上所舉，都是一句或數句的舊材料，改爲新的姿態出現，也不點明襲自何處。還有整段甚至整篇的舊文，改寫成新的作品，而且說明它的出處的。且舉數例，以見一斑。

陶淵明的桃花源記，是一篇傳誦古今的散文，王維把它改寫爲七言古體詩，而且題名爲桃源行。其詩如下：

1.漁舟逐水愛山春，兩岸桃花夾去津。坐看紅樹不知遠，行盡青溪不見人。山口潛行始隈隩，山開曠望旋平陸。遙看一處攢雲樹，近入千家散花竹。樵客初傳漢姓名，居人未改秦時服。居人共住武陵源，還從物外起田園。月明松下房櫳靜，日出雲中雞犬喧。驚聞俗客爭來集，競引還家問都邑。平明閭巷掃花開，薄暮漁樵乘水入。初因避地去人間，更聞成仙遂不還。峽裏誰知有人事，世中遙望空雲山。不疑靈境難聞見，塵心未盡思鄉縣。出洞無論隔水山，辭家終擬長游衍。自謂經過舊不迷，安知峰壑今來變。當時只記入山深，青溪幾度到雲林。春來遍是桃花水，不辨仙源何處尋。(王右丞集卷六)

雖然有人說，陶淵明只是嚮往一個無政府的烏托邦，王維卻寫成靈境仙源，沒領會得陶淵明的本意。但王維到底是把一篇散文改寫成一首詩，而且在技巧上十分成功。要不然，唐詩三百首也不會選它了。

蘇東坡最愛陶淵明。東坡全集有和陶詩一百二十首。幾乎所有的陶詩他都和了。其中有集歸去來詩十首，是把陶淵明的歸去來辭，改寫成十首五言律詩。錄前五首於後：

2.命駕欲何向，忻忻春木榮。世人無往復，鄉老有逢迎。雲外流泉遠，風前飛鳥輕。相攜就衡宇，酌酒話交情。

涉世恨形役，告休作老夫。良欣就歸路，不復向迷途。去去徑有菊，行行田欲蕪。情親有還往，清酒引罇壺。

與世不相入，膝琴聊自歡。風光歸笑傲，雲物寄游觀。言話審無倦，心懷良獨安。東皐清有趣，植杖日盤桓。

雲岫不知遠，巾車行復前。僕夫尋老木，童子引清泉。矯首獨傲世，委心還樂天。農夫告春事，扶老向良田。

富貴良非願，鄉關歸去休。攜琴已尋壑，載酒復經丘。翳翳景將入，涓涓泉欲流。農夫人不樂，我獨與之游。（蘇東坡全集續集卷三）

拿陶辭對讀，不但意境全襲，連文字也所改無幾，而體裁又確是五律。借個莊子寓言作譬，就像大匠運斧，揮舞成風，削去郢人鼻子上的白粉，卻一點也不損本來的鼻子。

朱自清編的中國歌謠，選錄了一首俞平伯採集，流行在北方的歌謠。那首歌謠是利用論語先進篇孔子和曾點的對話而改寫成的。歌謠如下：

3.「點兒，點兒，你幹啥？」
「我在這裏彈琵琶。」
「硼」的一聲來站起：
「我可不與你仨比。」
「比不比，各人說各人的理。」
「三月裏，三月三，
各人穿件藍布衫。
也有大，也有小，
跳在河裏洗個澡。
洗洗澡，乘乘涼，
回頭唱個『山坡羊』。」
先生聽了笑嘻嘻：
「滿屋子學生不如你。」

這是根據先進篇子路曾晳冉有公西華侍坐章，其中「『點，爾何如？』鼓瑟希，鏗爾，舍瑟而作，對曰：『異乎三子者之撰。』子曰：『何傷乎？亦各言其志也。』曰：『莫春者，春服既成，冠者五六人，童子六七人，浴乎沂，風乎舞雩，詠而歸。』夫子喟然歎曰：『吾與點也。』」一段，改寫而成。天籟渾成，情趣盎然。

一首是散文改寫成古體詩，一首是辭改寫成律詩，一首是文言改寫成白話歌謠。材料是舊的，形式是新的。應該都是襲改。而文學價值卻不減原作。

三、襲改的優劣

關於襲改優劣的評論，名家有不同的意見；

1.「寒鴉千萬點，流水遶孤村。」隋煬詩也；「寒鴉數點，流水遶孤村。」少游詞也。語雖蹈襲，然入詞尤爲當家。（王世貞：弇州山人詞評）

這是說改詩爲詞，意義更美。

2.俞仲茅小詞云：「輪到相思沒處辭，眉間露一絲。」視易安「才下眉頭，又上心頭」，可謂此兒善盜。然易安亦從范希文「都來此事，眉間心上，無計相迴避」語脫胎，特更工耳。（花草蒙拾）

這是說一連串的改詞爲詞，卻越改越好。

3.「秋風吹渭水，落葉滿長安。」美成以之入詞，白仁甫以之入曲。此借古人之境界爲我之境界者也。然非自有境界，古人亦不爲我用。（人間詞話卷下）

「秋風吹渭水」二句是賈島憶江上吳處士詩。周邦彥襲改爲齊天樂詞：「渭水西風，長安亂葉，空憶詩情宛轉。」白樸又襲改爲德勝樂曲：「聽落葉西風渭水，寒雁兒長空嘹唳。」王國維的評論，替襲改提出一個很好的標準：自己有能力，方能襲改古人的作品，成爲自己的作品。

4.李太白云：「白髮三千丈，愁緣似箇長。」王介甫襲之云：「繰成白髮三千丈。」大謬。盧仝詩云：「草石自親情。」黃山谷沿之云：「小山作朋友，香草當姬妾。」讀之令人絕倒。（何文煥：歷代詩話考索）

襲得太牽强，改得太穿鑿，就不好了。

5.寇萊公化韋蘇州「野渡無人舟自橫」句爲「野水無人渡，孤舟盡日橫」，已屬無味；而王半山改王文海「鳥鳴山更幽」句爲「一鳥不鳴山更幽」，直是死句矣。（顧嗣立：寒窗詩話）

這是說寇準襲改韋應物詩，拾人牙慧，毫無新意；王文海詩以動襯靜意轉深，王安石詩以靜說靜意便淺，是襲改翻案，反而弄巧成拙了。

6.四十年前，余讀鍾伯敬慰人落第云：「似子何須論富貴？旁人未免重科名。」以爲絕佳。不料甲寅七月，偶翻唐詩，姚合送江陵從事云：「才子何須藉富貴？男兒終竟要科名。」鍾先生如此偷詩，傷事主矣。（隨園詩話補遺）

這是說手段卑劣，全是抄襲了。

襲改而能推陳出新，比舊作更高一層，就不失爲一種好修辭法；襲改而無新意，就沒有意義；至於眞正的抄襲，更不足爲法了。

四、兼談仿擬

跟襲改類似的是「仿擬」。襲改是利用舊的材料，以新的形式表現出來，可稱它爲「舊酒裝新瓶」；而仿擬是拿新的材料，用舊的形式來表現，可說是「舊瓶裝新酒」。舊酒新瓶，大都香味醲郁；舊瓶新酒，也別有風味。兩者都有它的優點。但如果運用不當，無可諱言，也都有缺點。

爲什麼稱形式相同，內容不同爲仿擬呢？例如：

1. 劉貢父敀晚苦風疾，鬚眉皆落，鼻梁且斷。一日，與子瞻數人小酌，各引古人語相戲。子瞻戲貢父云：「大風起兮眉飛揚，安得猛士兮守鼻梁！」座中大噱，貢父恨悵不已。（王闢之：澠水燕談錄）

2. 後面有兩行小字：「吾不能去，姊不肯來，恐吾旦暮死，而姊抱無涯之憾也。」（謝冰瑩：紅豆戒指）

第一例蘇東坡的歌，是模仿劉邦大風歌：「大風起兮雲飛揚，威加海內兮歸故鄉，安得猛士兮守四方！」形式相同，內容不同。第二例謝冰瑩的文，是模仿韓愈祭十二郎文：「吾不可去，汝不肯來，恐吾旦暮死，而汝抱無涯之戚也。」也是形式相同，內容小異。所以都是仿擬。

3. 虹銷雨霽，彩徹區明。落霞與孤鶩齊飛，秋水共長天一色。（王勃：滕王閣詩序）

「落霞」、「秋水」兩句，當時使主人閻伯嶼歎爲「此眞天才，當垂不朽」，後世也都贊爲千古名句，哪知卻是仿擬。王應麟困學紀聞卷十七評文云：「庾信馬射賦：『落花與芝蓋齊飛，楊柳共春旗一色。』王勃仿其語，江左卑弱之風也。」陳善捫蝨新話卷三也說：「王勃滕王閣序『落霞與孤鶩齊飛，秋水共長天一色』之語，當時無賢愚，皆以爲警絕。然予觀庾信馬射賦，已云：『落花與赤（芝）蓋齊飛，楊柳共青（春）旂一色。』則知王勃之語，已有來處。然其句調雄傑，比舊爲勝。」楊愼丹鉛總錄卷十九，也說王勃的句子模仿庾信馬射賦，不過他認爲：「王勃之語，何啻青出於藍，雖曰前無古人可也。」各家言之鑿鑿，王勃仿擬庾信，已無可懷疑。這兩組句子的形式完全一樣，只是內容略加抽換而已。雖然王應麟評爲「江左卑弱之風」，但陳善卻贊他「句調雄傑」，而楊愼更譽爲「前無古人」。平心而論，王文實比庾文好。可見仿擬也可邁越前人的。

4.眾芳搖落獨暄妍，占盡風情向小園。疏影橫斜水清淺，暗香浮動月黃昏。霜禽欲下先偷眼，粉蝶如知合斷魂。幸有微吟可相狎，不須檀板共金尊。（林逋：山園小梅）

頷聯「疏影」、「暗香」二句，膾炙人口，極負盛名。但它也是仿擬前人舊作的。紫桃軒雜綴云：「江爲詩：『竹影橫斜水清淺，桂香浮動月黃昏。』林君復改二字爲『疏影』、『暗香』以詠梅，遂成千古絕調。詩字點化之妙，譬如僊者丹頭在手，瓦礫俱金矣。」（見學文示例引）原詩寫竹、桂二物，只說得一般景色；林逋換用疏、暗二字，形容梅花，意境就迥然不同。因疏影爲梅之姿，下接橫斜；暗香爲梅之氣，下連浮動；有無限情致。所以雖爲仿擬，但青出於藍，比原作更好了。

5.徐陵鴛鴦賦云：「山雞映水那相得，孤鸞照鏡不成雙；天下眞成長會合，無勝比翼兩鴛鴦。」

黃魯直題畫睡鴨曰：「山雞照影空自愛，孤鸞舞鏡不作雙；天下眞成長會合，兩鳧相倚睡秋江。」全用徐語點化之，末句尤精工。（洪邁：容齊隨筆卷一）

這全是仿擬。洪邁說他有點化之工，而末句尤精，是因爲徐陵寫的是鴛鴦，自然成雙長會合；而山谷作的是題畫詩，畫中有兩隻鴨子相倚而睡，當然也成雙長會合了。這舊瓶裡裝了新酒，芬芳有味。

但仿擬往往會成爲刻板，或流於笑談。揚雄仿擬論語而作法言，受到後人的批評。陳善捫蝨新話卷一說：

6.楊子雲作法言，以擬論語。孔子曰：「君子不器。」揚子便曰：「君子不械。」是何等語！……可發千載一笑。

陳騤文則上，也說揚雄法言，模擬論語，未免畫虎類狗之譏。他說：

7.法言：「如其智，如其智，雖有民，焉得而塗諸？」「三年不目日，視必盲；三年不目月，晴必矇。」「魯仲連傷而不剬，藺相如剬而不傷。」……法言之模擬論語，皆此類也。

「如其智」句仿論語憲問篇的「如其仁，如其仁」，和顏淵篇的「雖有粟，吾得而食諸」；「三年」句仿擬陽貨篇的「君子三年不爲禮，禮必壞；三年不爲樂，樂必崩」；「魯仲連」句仿擬憲問篇的「晉文公譎而不正，齊桓公正而不譎」。只求形式類似，不管內容順適。是膠柱鼓瑟，刻板難通了。

至於仿擬而流於笑談，前面所舉的蘇東坡嘲笑劉貢父，就是這一類。又如：

8. 呂惠卿嘗語王荆公曰：「公面有䵟，用芫荽洗之，當去。」荆公曰：「吾黑耳，非䵟也。」呂曰：「芫荽能去黑。」荆公笑曰：「天生黑於予，芫荽其如予何！」（魏泰：東軒筆談。沈括夢溪筆談卷九，亦有類似記載。䵟音舒，義同黑。）

王荆公說的，仿擬論語述而篇：「天生德於予，桓魋其如予何！」也是一種自我解嘲的笑談。「黑」與「德」，「芫荽」與「桓魋」，也有擬音的作用。

9. 制義中有所謂墨派者，庸惡陋劣，無出其右。有即以墨卷爲題，仿其調作兩股以嘲之者，曰：「天地乃宇宙之乾坤，吾心實中懷之在抱。久矣夫，千百年來，已非一日矣。溯往事以追維，曷勿考記載而誦詩書之典籍。元后即帝王之天子，蒼生乃百姓之黎元。庶矣哉，億兆民中，已非一人矣。思入時而用世，曷勿瞻黼座而登廊廟之朝廷。」疊床架屋，今之所謂音調鏗鏘者何以勝此。（梁紹壬：兩般秋雨盦隨筆卷三）

科舉考試的八股文，類多如此，有形式而無內容。再加仿擬，就更爲空洞可笑，令人噴飯了。

五、襲改仿擬兩類似

還有一種作法，形式完全一樣，可以說是仿擬；內容也大致相同，又可以說是襲改。且舉二例如下：

1.狗吠深巷中，雞鳴桑樹顛。（陶潛：歸園田居）

王應麟困學紀聞卷十八評詩云：「古辭：『雞鳴高樹顛，狗吠深宮中。』陶淵明歸田園詩二句，仿此。惟改『高』爲『桑』，『宮』爲『巷』。」翁元圻注困學紀聞，說「古辭」見宋書樂志三。這兩句陶詩和古辭，內容和形式相同，只改換了兩個字，和前後句顛倒了一下。是襲改，也是仿擬。翁元圻又引全祖望的話說：「改『巷』字，句便佳。」這是說後作比原作好。

2.校獵山陰幾度春，雕弓羽箭不離身；於今老去渾無力，看見飛鴻指示人。（隨園詩話）

這是袁枚採集的宋人絕句數十首之一。他說：「嚴東有選宋人萬首絕句，採取最博。余流覽說部，嫌有遺珠，爲錄數十首，以補其缺。……其題其作者姓名，俱不省記也。」其實這首「無名氏」的宋詩，內容和形式都很像唐詩紀事卷四十二令狐楚的少年行。少年行云：「少小邊城慣放狂，驊騎蕃馬射黃羊；如今老去無筋力，猶倚營門數雁行。」博雅如袁枚，豈有不知。兩首詩雖都是寫「老驥伏櫪，壯心不已」的意思，但宋人的擬作，實不及唐詩粗豪遒勁，富邊塞風光。

上述二例，襲改、仿擬兼而有之，但也不是抄襲。同時也優劣互見。

大致說來，襲改的文辭，貌離神合，除少數點金成鐵的敗筆外，大都可誦；而仿擬的文辭，貌合神離，雖然也有精彩的句子，但失於刻板或流於笑談的例子也不少，這是值得讀者和作者注意的。

第十四章 借代

平常說慣的詞語，不新奇，引不起讀者的注意；作者用另一種說法來表示，使人有耳目一新之感。這另一種說法，雖不是本來的事物，但和本來的事物必有某種關係，如全體和部分的關係，或標幟和本體的關係等，借它來代表。這種修辭法，叫做「借代」。例如：

女人不比男人差。

這是最平常最老實的說法，不新奇。如果改說：

巾幗不讓鬚眉。

就耳目一新，引人注意了。這就是借代修辭法。巾幗是女人蓋在髮上的裝飾品，像髮巾之類。它是女人的標幟，所以借代爲女人。（三國志明帝紀裴松之注，說司馬懿不敢跟諸葛亮作戰，諸葛亮送巾幗給他，笑他是女人。）濃眉黑鬚是男人的特徵，所以借代爲男人。兩種句子一比較，就知道借代修辭比普通說法出色多了。

借代修辭可以分為許多類，徐芹庭先生的修辭學發微把它分為十三類，黃慶萱先生的修辭學把它分為八類；筆者認為主要的只有下列七類：

一、以事物的特徵或標幟借代事物

不說事物的本身，而以事物的特徵或標幟來代表，例如：

1.左師公曰：「老臣賤息舒祺，最少，不肖，而臣衰，竊愛憐之，願令得補黑衣之數，以衛王宮。沒死以聞。」（戰國策趙策）

「補黑衣之數」，就是補一個衛士的名額。趙國的衛士穿黑衣，所以拿黑衣代衛士。是標幟代人物。

2.黃巾為害，萍浮南北，復歸鄉邦。入此歲來，已七十矣。（鄭玄：戒子益恩書）

「黃巾」代黃巾賊。東漢末年，張角作亂，賊徒皆頭裹黃巾，以為標幟，時人稱為黃巾賊。

3.臣本布衣，躬耕於南陽，苟全性命於亂世，不求聞達於諸侯。（諸葛亮：出師表）

「布衣」是平民穿的衣服，借代為平民。

4.帝敗赤眉，樊崇、劉盆子及丞相徐宣等降。（後漢書劉盆子傳）

王莽末年，樊崇起兵，士兵眉毛塗染紅色為標幟。所以以「赤眉」代赤眉兵。

5.黃髮、垂髫，並怡然自樂。（陶潛：桃花源記）

「黃髮」代老人，「垂髫」代兒童，都是特徵代人物。

6.九天閶闔開宮殿，萬國衣冠拜冕旒。（王維：和賈至舍人早朝大明宮之作）

「衣冠」代官吏，「冕旒」代天子，都是標幟代人物。

7.誓掃匈奴不顧身，五千貂錦喪胡塵。（陳陶：隴西行）

「貂錦」是戴貂皮帽、穿錦袍的戰士，這裡借代為戰士。

8.牽衣不肯出朱門，紅粉香脂刀下死。（韋莊：秦婦吟）

「紅粉香脂」是女人的化粧品，代女人。也是標幟代人物。

9.賜浴皆長纓，與宴非短褐。（杜甫：自京赴奉先縣詠懷五百字）

本聯詩說唐玄宗在華清宮以溫泉賜大臣浴，以酒筵與大臣宴。「長纓」是繫著冠纓的大臣，「短褐」是穿著短衣的平民。都是標幟代人物。

10.是日風和日麗，遍地黃金，青衫紅袖，越阡度陌，蜂蝶亂飛，令人不飲自醉。（沈復：閑情記趣）

「青衫」代男士，「紅袖」代女子，各以服飾代人。

11.自傷衰老，未知能幾度瞻拜松楸。（俞樾：曲園日記）

墳墓旁多種松樹、楸樹，所以以「松楸」代墳墓。也是標幟代事物。

二、以事物的所在或所屬借代事物

以事物的所在地借代事物，語言和文辭，都有此現象。國語的「設筵請客」，閩南語的「辦桌請你」，筵和桌是放置酒菜的處所，代替酒菜，就是這一類借代。尊稱別人的母親爲「令堂」，借堂代母，也是母親的所在地代母親。國語以「正室」代原配，以「偏房」代小妾；閩南語以「家後」代妻，以「後巢」代後妻：也都是這一類借代法。在文辭上也常見這種借代，例如：

1.四海之內，皆兄弟也。

「四海之內」，借代四海之內的人。（論語顏淵篇）

2.萬鍾則不辨禮義而受之，萬鍾於我何加焉？（孟子告子篇）

「鍾」是容器，代鍾裡所盛的粟。

3.大江東去，浪淘盡千古風流人物。（蘇軾：念奴嬌）

「大江」借代江中的水。

4.烹羊宰牛且爲樂，會須一飲三百杯。（李白：將進酒）

「杯」代杯中的酒。但也有以酒代杯的。如范仲淹岳陽樓記：「把酒臨風，其喜洋洋者矣。」張先天仙子詞：「水調數聲持酒聽，午醉醒來愁未醒。」把酒、持酒，就是把杯、持杯。

5.謹於八月薄治筐篚，遣使犒師。（史可法：復多爾袞書）

「筐篚」代筐篚裡的禮物。

6.衣敝縕袍，與衣狐貉者立，而不恥者，其由也與！（論語子罕篇）

「狐貉」是野獸，這裡借代爲狐貉的皮做的袍子。以所在地代事物，並以資料代成品。

7.公閱畢，即解貂覆生，爲掩戶。叩之寺僧，則史公可法也。（方苞：書左宗毅公軼事）

「貂」借代爲貂皮大衣。意義同前例。

8.襁褓置道旁，有兒不暇乳。（陳文述：插秧女）

「襁褓」是包嬰兒的布巾，這裡代襁褓裡的嬰兒。

9.甲第紛紛厭粱肉，廣文先生飯不足。（杜甫：醉時歌）

「甲第」借代住在甲第裡的公卿們。

10.如今滿朝臣宰，誰沒有個大妻小妾？何況九重，容不得這宵。（長生殿絮閣）

「九重」是天子居住的深宮，這裡借代天子唐玄宗。

11.一聲已動物皆靜，四座無言星欲稀。（李頎：琴歌）

「四座」代座上的人。

12.一連五六個春夜，每次寫到全台北都睡著，而李賀自唐朝醒來。（余光中：逍遙遊後記）

「台北」借代住在台北的人。

三、以事物的作者或產地借代事物

戰國諸子，作者的名字就作爲書名，像老子、莊子、孟子、荀子、墨子、韓非子等。這可說是事物的作者代事物。我國文人習慣，歡喜以出生地稱呼其人，如稱韓愈爲昌黎（韓愈祖籍昌黎），稱顧炎武爲亭林等。這可說是事物的產地代事物。例如：

1. 慨當以慷，憂思難忘；何以解憂？惟有杜康。（曹操：短歌行）

「杜康」是古時造酒的人，這裡借代爲酒。

2. 若僕，大質已虧缺矣，雖才懷隨、和，行若由、夷，終不可以爲榮，適足以見笑而自點耳。（司馬遷：報任少卿書）

「隨、和」是指隨侯（又作隋侯）、卞和。隨侯獲得靈珠，卞和發現寶玉，所以借代爲靈珠、寶玉。這句話是說：「我雖懷有像隨侯之珠、卞和之玉這樣的才學……」是作者借代爲事物，及作爲譬喻用。至於曹植與楊德祖書：「當此之時，人人自謂握靈蛇之珠，家家自謂抱荆山之玉。」雖同一典故，同一用法，卻純粹是譬喻了。

3. 雖非甲冑士，疇昔覽穰苴。（左思：詠史詩）

「穰苴」是司馬穰苴，春秋齊國人，著有司馬穰苴兵法。這裏把他的名字代兵法，作者借代爲事物。

4.熟讀王叔和，不如臨症多。（儒林外史第三十一回）

「王叔和」是晉代醫學家，著有脈經、脈訣、脈賦等醫書，又編次張仲景傷寒論。這裡借代爲醫書。

5.談到白話文學，他的程度就不如我了。因爲他提周作人，我就背段周作人；他提魯迅，我就背段魯迅；他提老舍，我就背段老舍：當然他背不過。（陳之藩：在春風裡。「他」指胡適先生）

「背段周作人」、「背段魯迅」、「背段老舍」，就是背段周作人的作品、背段魯迅的作品、背段老舍的作品。作者借代爲作品。

6.這一幅像八大，那一幅像石濤，幅幅後面都顯現著一個面黃肌瘦嗷嗷待哺的人影，我覺得慘。（梁實秋：畫展）

「八大」借代八大山人（朱耷）的畫，「石濤」借代石濤的畫。都是作者借代爲作品。

7.秦漢以來，孟子蓋與莊、荀並稱。至唐，韓氏獨尊異之。而宋之賢者，以爲可躋之尼山之次，崇其書以配論語。（曾國藩：聖哲畫像記）

孔子的父母禱於尼丘山，而生孔子。後人遂以「尼山」代孔子。近似出生地代人物。

8.湘鄉出將入相，手定東南，勛業之盛，一時無兩。（俞樾：春在堂隨筆卷一）

「湘鄉」爲曾國藩出生地，借代爲曾國藩。

梁紹壬兩般秋雨盦隨筆卷五「紹興」條云：「紹興酒，各省通行。吾鄉之呼之者，直曰『紹興』而不繫『酒』字。以人而比，則『昌黎』、『少陵』；以物而比，則『隃糜』、『朱提』；俱以地名，可謂大矣。」這就是事物的產地代事物——包括人。（隃糜，舊地名，產墨，文人遂以代墨；朱提（音時），四川山名，產銀，世人因以代銀。）

四、以事物的資料或工具借代事物

以製物的資料代事物，以行事的工具代事物，也是常見的借代法。例如李煜長相思詞：「雲一緺，玉一梭，澹澹衫兒薄薄羅，輕顰雙黛螺。」羅是絲綢，借代爲裙，是資料代事物；黛螺是畫眉的工具，借代爲眉，是工具代事物。例如：

1. 許子以釜甑爨，以鐵耕乎？（孟子滕文公篇）。

「鐵」借代爲鐵製農具，資料代事物。李陵答蘇武書：「兵盡矢窮，人無尺鐵。」「尺鐵」借代爲鐵製刀槍。

2. 庚公之斯曰：「……雖然，今日之事，君事也，我不敢廢。」抽矢扣輪，去其金，發乘矢而後反。（孟子離婁篇）

「金」就是五金，指銅鐵。這裡代鐵製箭鏃。

3.今足下還歸，揚名於匈奴，功顯於漢室，雖古竹帛所載，丹青所畫，何以過子卿！（漢書蘇武傳）

「竹帛」借代爲簡冊，資料代事物；「丹青」借代爲圖像，工具代事物。

4.汝陽三斗始朝天，道逢麴車口流涎。（杜甫：飲中八仙歌）

「麴」爲做酒的原料，借代爲酒，資料代事物。袁宏道徐文長傳：「文長既不得志於有司，遂乃放浪麴蘗，恣情山水。」「麴蘗」二字亦代酒，義同。

5.田園寥落干戈後，骨肉流離道路中。（白居易：望月有感）

「干戈」是作戰的工具，借代爲戰爭。「化干戈爲玉帛」一語，也是化戰爭爲和平，意義相同。

6.千里遨遊，冠蓋相望：乘堅策肥，履絲曳縞：此商人所以兼幷農人，農人所以流亡者也。（鼂錯：論貴粟疏）

「絲」借代爲絲織品做的鞋子；「縞」是生絹，這裡指生絹做的衣裳。都是資料代事物。而「堅、肥」二字是指堅車、肥馬，抽象代具體。

7.無絲竹之亂耳，無案牘之勞形。（劉禹錫：陋室銘）

「絲竹」是製樂器的資料，借代爲樂器，資料代事物。

8.曾子居衛，……曳縱而歌商頌，聲滿天地，若出金石。（莊子讓王篇）

9.公子（重耳）將適齊，謂季隗曰：「待我二十五年，不來而後嫁。」對曰：「我二十五年矣，又如是而嫁，則就木焉。請待子。」（左傳僖公二十三年）

「就木」就是進棺材。「木」是做棺材的資料，借代爲棺材。

10.（何曾）食日萬錢，猶曰無下箸處。（晉書何曾傳）

「錢」是買取食物的工具，借代爲食物。子敏小太陽：「孩子又像孩子了，每天吃很多錢，睡很多鐘點。」「錢」代食物，「鐘點」代時間，也是這意思。

五、部分和全體相代

部分和全體相代，是以這一事物的某一部分代表它的全體，或以這一事物的全體代表它的某一部分。二者可以互相對代，但以前者爲多。例如：

1.彼采蕭兮，一日不見，如三秋兮。（詩經王風采葛）

「三秋」就是三年，部分代全體。

2.年十二，學書，三冬，文史足用。（漢書東方朔傳）

「三冬」就是三年。俞樾古書疑義舉例，稱爲以小名代大名。他說顏師古不懂借代的意義，說是「貧子冬日，乃得學書」，解錯了。閩南語也常借冬代年，像笑人讀書天分差，有俗語說：「讀三冬，不識一塊屎桶板。」（冬、板協韻）

3.世衰道微，邪說暴行又作，臣弑其君者有之，子弑其父者有之。孔子懼，作春秋；春秋，天子之事也。（孟子滕文公篇）

「春秋」代年，年代歷史，都是部分代全體。梁章鉅浪跡續談說：「史記四時，而約言春秋耳。」又春秋常代年齡，如漢書蘇武傳：「且陛下春秋高，法令亡常。」

4.自從那日初時向月華，捱一刻，似一夏，見柳梢斜日遲遲下。（西廂記賴簡）

「一夏」也借代爲一年。爲了和「華」、「下」押韻，所以用「夏」字。好像例一采葛詩，爲了和「蕭」字押韻，所以用「秋」字（古韻蕭、秋同韻）一樣。

5.明眸皓齒今何在？血污遊魂歸不得。（杜甫：哀江頭）

「明眸皓齒」代美人楊妃。器官代人身，部分代全體。

6.六軍不發無奈何，宛轉娥眉馬前死。（白居易：長恨歌）

「娥眉」代楊妃，意同前例。

7.沙鷗翔集，錦鱗游泳。（范仲淹：岳陽樓記）

「鱗」代魚，部分代全體。畫家稱鳥獸爲翎毛，亦同此義。如：「花卉翎毛，無一不精。」

8.野外罕人事，窮巷寡輪鞅。（陶潛：歸園田居）

「輪」代車，部分代全體；「鞅」（馬脖子上韁繩）代馬，標幟代事物。寡輪鞅就是少車馬。

9.過盡千帆皆不是，斜暉脈脈水悠悠。（溫庭筠：望江南詞。）

「帆」代船，部分代全體。

10.敢遵先好，手調薑橘。（劉令嫺：祭夫文）

「薑橘」是烹飪的佐料，這裡代菜餚。部分代全體。

11.孺人不憂米鹽，乃勞苦若不謀夕。（歸有光：先妣事略）

「米鹽」代全部日常必需品。

以上是部分代全體。

12.誰言寸草心，報得三春暉。（孟郊：遊子吟）

「三春」是春天三月，以季代月。

13.弔影分為千里雁，辭根散作九秋蓬。（白居易：望月有感）

「九秋」是秋天九月，也是以季代月。這兩例的借代，也為了協調平仄。全體代部分，就是俞樾古書疑義舉例所說的「以大名代小名」。他說：「春秋之例，通都大邑，得以名通，則不繫以國，如楚丘不書衛，下陽不書虢是也。若小邑不得以名通，則但書其國而不書其地，如『盟于宋』、『會于曹』，必有所在之地。而其地小，名亦不著，書之史策，後世將不知其所在，故以國書之。此亦舉大名代小名之例也。」

以上是全體代部分。

六、特定和普通相代

特定的名詞代普通的名詞，或普通的名詞代特定的名詞，也就是專名和共名相代。不過專名、共名也有範圍的大小。譬如男生、女生雖是共名，但比起男人、女人，它又是專名了。小學生在學校說慣了男生、女生，回家也說：「爸爸是男生，媽媽是女生。」一般人又學小學生的口氣，說：「老闆是男生，店員是女生。」特定代普通，聽來很有趣味，普通代特定，不大有味，例子也少。

1.在於王所者，長幼尊卑皆薛居州也，王誰與爲不善？在於王所者，長幼尊卑皆非薛居州也，王誰與爲善？（孟子滕文公篇）

「薛居州」是一位善士的名，這裏代一般善士。特定代普通。馬建忠在文通裡，稱這一類借代爲「本名用爲公名」。他舉孟子盡心篇「附之以韓魏之家，如其自視欿然，則過人遠矣」爲例，說韓魏爲本名，用以代表富有之家，即爲公名。也就是特定代普通。

2.今主君之尊，儀狄之酒也；主君之味，易牙之調也；左白台而右閭須，南威之美也；前夾林而後蘭臺，強臺之樂也。（戰國策魏策）

「儀狄之酒」，代普通的美酒；「易牙之調」，代普通的佳餚。「南威」、「强臺」同。

3.使晉無惠帝，僅得中主，雖衍千百，何從而亂天下乎？（蘇洵：辨姦論）

「衍」是王衍。「衍千百」，代許多清談之士。特定代普通。

4.使吳楚反，錯以身任其危，日夜淬礪，東向而待之，使不至於累其君；則天下將恃之以爲無恐，雖有百盎，可得而間哉！（蘇軾：鼂錯論）

「盎」是袁盎，勸漢景帝殺鼂錯以息吳楚七國之憤。這裡的「百盎」，是代許多說鼂錯壞話的讒人。

5.時則有一亡命志士，集勁旅於日耳曼，歸圖恢復，血戰三十七年，卒復國權，身斃於鉏麑之手而不悔者，則荷蘭之維廉額們其人也。（梁啓超：論進取與冒險）

「鉏麑」是我國春秋時代的刺客，這裡借代爲一般刺客。

6.湖南是中國的斯巴達。（蔣夢麟：西潮）

「斯巴達」是古希臘最尙武的都邑，這裏借代爲尙武的地區。

7.夜月荷鋤村吠犬，晨星叱犢山沈霧。（鄭燮：田家四時苦樂歌）

「犢」是小牛，這裡借代爲一般的牛。借犢爲牛，是特定代普通。但也爲了協平仄（犢爲入聲字，仄聲）。

8.令尹子文，三仕爲令尹，無喜色；三已之，無慍色；舊令尹之政，必以告新令尹。（論語公冶篇）

「三仕」、「三已」爲多次出仕，多次罷官，並非確爲三次。定數代不定數，亦爲特定代普通。

9.十目所視，十手所指，其嚴乎！（禮記大學篇）

10.見其禮而知其政，聞其樂而知其德，由百世之後，等百世之王，莫之能違也。（孟子公孫丑篇）

11.千巖競秀，萬壑爭流。（晉書顧愷之傳）

上述三例的十、百、千、萬，都是眾多的意思，定數代不定數，也就是特定代普通。以上是特定代普通。

12.夙興夜寐，以事一人。（詩經大雅烝民）

烝民詩為贊頌仲山甫的美德。而本句為記述仲山甫勤任王事。「一人」，指周宣王。普通代特定。孟子梁惠王篇：「一人衡行於天下，武王恥之，此武王之勇也。」「一人」指紂王，也是普通代特定。

13.麥秀漸漸兮，禾黍油油。彼狡童兮，不與我好兮！（史記宋微子世家）

這是殷亡後，箕子過故都作的歌。狡童，本是狡猾的小子，這裡指紂王，普通代特定。像詩經鄭風狡童：「彼狡童兮，不與我言兮」的狡童，就只是普通名詞壞小子了。

14.二三子以我為隱乎？吾無隱乎爾！吾無行而不與二三子者，是丘也。（論語述而篇）

「二三子」本是各位年輕人的意思。左傳僖公二十四年：「而二三子以為己力，不亦誣乎。」可證。這裏專門作學生解，普通代特定。

15.莫道不銷魂，簾捲西風，人比黃花瘦。（李清照：醉花陰詞）

「黃花」指菊花，普通代特定。蘇軾詞：「明日黃花蝶也愁。」意同。

16.彼此說著閒話，掌上燈燭，著家人捧上酒、飯、雞、鴨、魚、肉，堆滿春台。王舉人也不讓周進，自己坐著吃了，收下碗去。（儒林外史第二回）

「肉」本是普遍名詞，但習慣上已作爲豬肉，成爲特定名詞了。

以上是普通代特定。

案：定數代不定數，自古習用已久，但直到清人汪中，才爲點明。他在述學釋三九上篇說：「……凡一二所不能盡者，則以三爲之節，『三加』、『三推』之屬是也；三之所不能盡者，則以九爲之節，『九章』、『九命』之屬是也：此制度之實數也。因此生人之措辭，凡一二之所不能盡者，則約之三以見其多；三之所不盡者，則約之九以見其極多：此言語之虛數也。實數可稽也，虛數不可執也。何以知其然耶？易：『近利市三倍。』詩：『如賈三倍。』論語：『焉往而不三黜？』春秋傳：『三折肱爲良醫。』此不必限以三也。論語：『季文子三思而後行。』『雌雉三嗅而作。』孟子書陳仲子『食李三咽』。此不可知其爲三也。論語：子文三仕三已。史記：管仲三仕三見逐於君、三戰三走，田忌三戰三勝，范蠡三致千金。此不必果爲三也。故知三者，虛數也。楚辭：『雖九死其猶未悔。』此不能有九也。詩：『九十其儀。』史記（當爲漢書）：『若九牛之亡一毛。』又：『腸一日而九迴。』此不必限以九也。孫子：『善守者藏於九地之下，善攻者動於九天之上。』此不可以言九也。故知九者，虛數也。推之十百千萬，固亦如此。故學古者通其語言，則不膠其文字矣。」

七、具體和抽象相代

具體代抽象，是以實物代替空洞的東西，如陸游泊公安縣詩：「無窮江水與天接，不斷海風吹月來。」月代水面的月光，就是具體代抽象。而抽象代具體，正好相反，如蘇軾赤壁賦：「桂棹兮蘭槳，擊空明兮泝流光。」空明是指月光照射下的江水，抽象代具體。後者又和轉品格裏的形容詞轉變爲名詞相類似。

現在舉例如下：

1.及滑，鄭商人弦高將市於周，遇之，以乘韋先牛十二犒師。（左傳僖公三十三年）

「乘韋」是四張熟牛皮。「乘」是一車四馬，以四馬代四，具體代抽象。前面所舉的第四項第二例孟子離婁：「發乘矢而後反。」義同。

2.憲問恥。子曰：「邦有道，穀；邦無道，穀，恥也。」（論語憲問篇）

「穀」代祿。古時大都以穀之多少表示祿之厚薄，所以以穀代祿。是具體代抽象。

3.不寢聽金鑰，因風想玉珂。（杜甫：春宿左省）

「金鑰」是宮門上的鎖鑰，這裏代開啓鎖鑰的聲音；「玉珂」是風鈴，這裏代風鈴的聲音。都是具體代抽象。

4.渡頭餘落日，墟里上孤煙。（王維：輞川閒居贈裴迪）

「落日」代夕陽的餘光。具體代抽象。同詩「臨風聽暮蟬」的「蟬」字也一樣。

5.古木無人徑，深山何處鐘？（王維：過香積寺）

「鐘」代鐘聲，具體代抽象。

6.閒夢遠，南國正清秋，千里江山寒色暮，蘆花深處泊孤舟，笛在月明樓。（李煜：望江南詞）

「笛」代笛聲，義同前。

7.鐘鼎、山林，各有天性，不可強也。（錢泳：沈百五）

「鐘鼎」是廟堂禮器，代仕宦；「山林」是隱居之地，代隱居。都是具體代抽象。

8.紅顏棄軒冕，白首臥松雲。（李白：贈孟浩然）

「軒冕」是官吏的車服，代仕宦，具體代抽象。

9.因爲市上的書賈，都是胸無點墨的。（二十年目睹怪現狀）

「墨」代學問，具體代抽象。現在說留學研究過西洋學問的，說是「喝過洋墨水的」，意義也相同。

以上是具體代抽象。

10.胥甲、趙穿當軍門呼曰：「死傷未收而棄之，不惠也；不待期而薄人於險，無勇也。」（左傳文公十二年）

「死傷」是指死或傷的人。抽象代具體。

11.居軍三年，吳師自潰。吳王帥其賢良與重祿以上姑蘇，使王孫雒行成於越。（國語越語下）

「賢良」指吳王親近的人；「重祿」指朝廷受厚祿的大臣。抽象代具體。

12.為肥甘不足於口與？輕煖不足於體與？抑為采色不足視於目與？聲音不足聽於耳與？便嬖不足使令於前與？（孟子梁惠王篇）

「肥甘」代食物，「輕煖」代衣服，「便嬖」代佞臣，都是抽象代具體。

13.披堅執銳，義不如公；坐而運策，公不如義。（史記項羽本紀）

這是宋義對項羽說的話。「堅」代表鎧甲，「銳」代表刀槍，抽象代具體。

14.但願人長久，千里共嬋娟。（蘇軾：水調歌頭）

「嬋娟」是美好的樣子，這裏代明月。抽象代具體。

15.昨夜雨疏風驟，濃睡不消殘酒。試問捲簾人，卻道海棠依舊。知否？知否？應是綠肥紅瘦。

（李清照：如夢令詞）

「綠」代表海棠葉，「紅」代表海棠花。抽象代具體。牡丹亭驚夢：「原來姹紫嫣紅開遍，似這般都付斷井頹垣。」「姹紫嫣紅」代百花，也是這意思。

16.寰區萬里，遍徵求窈窕，誰堪領袖嬪嬙？（長生殿定情）

「窈窕」代美女。又聞鈴：「我獨在人間，委實的不願生。語娉婷，相將早晚伴幽冥。」「娉婷」代楊妃。都是抽象代具體。

17.那一隊嬌嬈，十車細軟，便是俺的薄薄宦囊。不要叫仇家搶奪了去。（桃花扇逃難）

「嬌嬈」代美女，「細軟」代金帛，也是抽象代具體。以上是抽象代具體。

借代，能化平庸爲特異，變陳腐爲新奇，使讀者有不同的感受，而特別注意。但如果過於轉折而使得意義隱晦，那就反而不好。像許愼說文解字敘：「今敘篆文，合以古籀；博采通人，至於小大；信而有證，稽譔其說。」「小大」是指賢者、不賢者，是根據論語子張篇「賢者識其大者，不賢者識其小者」的話而來。抽象代具體，原無不可，但轉折太多，意義就十分隱晦了。

第十五章　轉　品

研究文法的人，都把詞彙分成各種品類。我國的詞彙，分成九類，稱爲九品詞。就是：名詞、代名詞、動詞、形容詞、副詞、介詞、連詞、助詞、歎詞。而我國文法有一種持色：同樣的詞，放在句中不同的部位，就變爲不同的詞性。這種現象，文法學家稱它爲：「詞無定類，依句辨品。」例如：「花」是名詞，「花錢」的「花」就是動詞，「花衣服」的「花」又是形容詞了。又如：「飛」是動詞，「飛鳥兒」的「飛」是形容詞；「枯枝」的「枯」是形容詞，「楊柳枯了」的「枯」就是動詞了。這樣的例子，多得不勝枚舉。不過這些詞性的轉變，是文法上的自然現象，不是哪一個人特意創作的。而修辭上的「轉品」，雖然也是詞性的轉變，卻不是自然現象，而是作家們特意創作的。爲什麼要特意創作轉品詞呢？爲了使句子剛健漂亮，不同凡響。例如國語吳語，句踐派諸稽郢到吳國求和，向吳王說：

君王之於越也，緊起死人而肉白骨也。

名詞「肉」轉變爲動詞，是說使白骨長出肉來，起死回生，恩同再造，外交官很漂亮的辭令。又如孟子梁惠王篇：

老吾老以及人之老，幼吾幼以及人之幼，天下可運於掌。

老、幼二字本是形容詞，但在這句話裏，第一個老字、幼字轉變爲動詞，作奉養、撫育解；第二個、第三個老字、幼字轉變爲名詞，作老人、幼童解。這麼一轉，句子就變得十分雄健暢美，琅琅上口。所以孟子不僅是一位哲學家，也是一位文學家，——富陽剛之美的文學家。

不過舊時文人，不講文法，也沒有九品詞的分類。只把所有的詞，分成實字、虛字兩類。名詞、代名詞稱爲實字，其他動詞、形容詞等都稱爲虛字。如曾國藩復李眉生書說：

虛實者，實字而虛用，虛字而實用也。何以謂之實字虛用？如「春風風人，夏雨雨人」（說苑貴德篇），上「風」、「雨」，實字也；下「風」、「雨」，則當養字解，是虛用矣。「解衣衣我，推食食我」（史記淮陰侯傳），上「衣」、「食」，實字也；下「衣」、「食」，則當惠字解，是虛用矣。「春朝朝日，秋夕夕月」（漢書賈誼傳），上「朝」、「夕」，實字也；下「朝」、「夕」，則當祭字解，是虛用矣。「入其門，無人門焉者；入其閨，無人閨焉者」（公羊傳宣公六年），上「門」、「閨」，實字也；下「門」、「閨」，則當守字解，是虛用矣。後人或以實字作本音讀，虛字作他音讀，古人曾無是也。何以謂之虛字實用？如「步」，行也，虛字也。然管子之「六尺爲步」，韓文之「步有新船」，與地名之瓜步、邀笛步，詩經之「國步」、「天步」，則實用矣。「薄」，迫也，虛字也。然因其叢密而林曰「林薄」，因其不厚而簾曰「帷薄」，以及爾雅之「屋上薄」，莊子之「高門懸薄」，則實用矣。「覆」，敗也，虛字也。然左傳中設伏以敗人之兵，其伏兵即曰「覆」，如「鄭突爲三覆以待之」、「韓穿帥七覆於敖前」，是虛字實用矣。

他所說的實字虛用，就是名詞作動詞用；虛字實用，就是動詞作名詞用。名詞作動詞用，有些字有破音，像「春風風人，夏雨雨人」、「解衣衣我，推食食我」等句子裏，第二個風字、雨字、衣字、食字，現在都破讀爲去聲。而曾國藩以爲「古人曾無是也」。

俞樾把名詞作動詞用，稱爲「實字活用」。他舉了詩經蓼莪篇「出入腹我」的腹字，公羊傳莊公十三年「手劍而叱之」的手字等爲例，說明「實字活用」的意義。俞氏也說，名詞動用，並無破音。他說：

以女妻人，即謂之女；以食飼人，即謂之食。古人用字類矣。經師口授，恐其疑誤，異其音讀，以示區別。於是何休注公羊，有長言、短言之分；高誘注淮南，有緩言、急言之別。詩：「興雨祁祁，雨我公田。」釋文曰：「『興雨』，如字；『雨我』，于付反。」左傳：「如百穀之仰膏雨也，若常膏之。」釋文曰：「『膏雨』，如字；『膏之』，古報反。」苟知古人有實字活用之例，則皆可以不必矣。（古書疑義舉例卷三）

現在，女字作嫁字用，食字作飼字用，雨字作落下解，都破讀爲去聲；只有膏字不破讀。而俞樾以爲「皆可以不必」。

一、各種詞類的轉品

轉品詞的運用，不只是名詞、動詞的轉換而已，有名詞轉爲形容詞的，如：

1.人籟，則比竹是已。（莊子齊物論）

2.淮水東邊舊時月，夜深還過女墻來。（劉禹錫：石頭城）

「人籟」是人發出的聲音，「女墻」是城上短墻。人、女本是名詞，但這裏已轉變爲形容詞。名詞轉變爲形容詞的很多，如：金屋、玉顏、土人、水牛等。也有名詞轉變爲形容詞，又由形容詞返回爲名詞的。譬如：

3.金城千里，子孫帝王萬世之業也。（賈誼：過秦論）

4.有石城十仞，湯池百步，帶甲百萬，而亡粟，弗能守也。（鼂錯：論貴粟疏）

「金城」是金鐵造的城，「湯池」是滾水泡的護城河（這裏有夸飾的作用），金、湯二字由名詞轉變爲形容詞。但是：

5.金湯非粟而不守，水旱有待而無遷。（文選，王融：永明九年策秀才文）

「金」、「湯」二字又由形容詞轉變爲名詞了。它不是「金鐵造的」、「滾水泡的」的意思，而是城池的意思。我們現在形容國防堅固，河山完整，說是「金湯永固」，也是這意思。名詞也常轉變爲副詞，如：

6.豕人立而啼。（左傳莊公八年）

7.今而後知君之犬馬畜伋。（孟子萬章篇）

「人立」是說像人一樣站起來，「犬馬畜伋」是說像養犬馬一樣養孔伋。名詞修飾動作，就轉變爲副詞。名詞加在動詞前而變爲副詞的也不少，如：狼吞、虎嚥、風起、雲湧、雀躍、鵠候、蟻聚、蜂擁、席捲、囊括等。名詞加在形容詞前，也變爲副詞，如：雪白、火紅、金黃、漆黑等。

至於動詞轉變成名詞的，除前面曾國藩所舉「虛字而實用」各條外，又如：

8.有不虞之譽，有求全之毀。（孟子離婁篇）

「譽」、「毀」二字本是動詞，在這裏轉變爲名詞。

動詞也會轉變爲形容詞，如：

9.與一生彘肩。（史記項羽本紀）

「生」本是動詞，在本句是形容詞。

動詞也會轉變爲副詞，如：

10.生拘石乞而問白公之死焉。（左傳哀公十六年）

「生拘」就是活捉，「生」字形容動詞「拘」，就是副詞。形容詞也會轉變爲名詞，如：

11.淚眼問花花不語，亂紅飛過秋千去。（歐陽修：蝶戀花）

「紅」本是形容詞，在本詞裏轉變爲名詞—花。形容詞轉品爲名詞，也可解釋爲借代格的抽象代具體。如前章第七項第十五例。

形容詞也會轉變爲動詞，如：

12.停車坐愛楓林晚，霜葉紅於二月花。（杜牧：山行）

在本詩裏，「紅」字又轉變爲動詞了。

二、特別設計的轉品

前面所舉各例詞品的轉變，嚴格說來，還只是隨手拈來，不是刻意經營的。而有些例子，很顯然地是經作者特別設計而成的，那才是眞正的轉品。例如：

1.惠子相梁，莊子往見之。或謂惠子曰：「莊子來，欲代子相。」於是惠子恐，搜於國中，三日三夜。莊子往見之，曰：「南方有鳥，其名鵷鶵，子知之乎？夫鵷鶵，發於南海，而飛於北海，非梧桐不止，非練實不食，非醴泉不飲。於是鴟得腐鼠，鵷鶵過之，仰而視之，曰：『嚇！』今子欲以子之梁國嚇我邪？」（莊子秋水篇）

第一個「嚇」字是嘆詞，普通用法；第二個「嚇」字是動詞，轉品用法。而第二個「嚇」字是從第一個「嚇」字引伸來的，經過特地安排的。

2.（告子）曰：「彼長而我長之，非有長於我也；猶彼白而我白之，從其白於外也。故謂之外也。」（孟子告子篇。三個長字都音ㄓㄤˇ。）

第一個「長」字、「白」字是形容詞，第二個「長」字、「白」字是動詞，第三個「長」字、「白」字也是動詞。動詞是轉品用法，由形容詞引申而來，也是特地安排的。

3.白髮固令人有不雅之感，但畢竟與人無大害。朱杜說得好：「白髮新添數百莖，幾番拔盡白還生；不如不拔由它白，那得功夫與白爭？」人在日常生活中，較對鏡拔髮重要者還多著呢！（洛聞：白髮）

中間四句詩的四個「白」字，有三種詞性。第一個「白」字是形容詞，本義；第二、第四個「白」字是名詞，轉品；第三個「白」字是動詞，也是轉品。這幾個「白」字的轉品，恐是從孟子得來的啓示。這首詩雖然很「白」，但頗有韻味。

4.論語公冶長篇：「子謂子賤：君子哉若人！魯無君子者，斯焉取斯？」朱熹注道：「上斯斯此人，下斯斯此德。」

是說上面的「斯」字是此人，指子賤；下面的「斯」字是此德，指子賤之德。朱注疊用兩個「斯」字，是因論語原文有兩個「斯」字，故意仿造的。但論語原文的兩個「斯」字都是代名詞，所謂實字；而朱注卻是一個名詞、一個動詞（同動詞），所謂一實一虛了。「斯」字本來就有代名詞、動詞以及形容詞、連詞等多種含義，不算是轉品；但朱熹如此造句，是很具匠心的。

5.夫晉何厭之有？既東封鄭，又欲肆其西封；不闕秦，焉取之？（左傳僖公三十年）

第一個「封」字是動詞，闢疆；第二個「封」字是名詞，疆土。兩者有連帶關係，特意安排的。

6.王安豐婦，常卿安豐。安豐曰：「婦人卿婿，於禮爲不敬，後勿復爾。」婦曰：「親卿愛卿是以卿卿；我不卿卿，誰當卿卿？」遂恆聽之。（世說新語惑溺）

這裏三個「卿卿」，每一個「卿卿」的第二個「卿」是代名詞，「你」的意思，本義；第一個「卿」是動詞，稱呼的意思，轉品。代名詞轉爲動詞，似只此一例。本例自然而富諧趣。

以上是兩個（或以上）相同的字在一起，而轉爲不同詞品的用法，產生特殊的意味。

7.客嘲揚子曰：「吾聞上世之士，人綱人紀。不生則已，生必上尊人君，下榮父母。……紆青拖紫，朱丹其轂。……」揚子笑而應之曰：「客徒朱丹吾轂，不知一跌將赤吾族也。」（揚雄：解嘲）

上句「青」、「紫」二字，形容詞轉爲名詞，青色、紫色的印綬；「朱丹」二字，形容詞轉爲動詞，漆上紅色。下句「朱丹」二字同上句，而「赤」字也是形容詞轉爲動詞，誅滅的意思。「赤」字和「朱丹」相應，又有關連的作用。是特地安排的。

8.黔其廬，赭其垣，以示其無有；而足下之才能，乃可以顯白而不污，其實出矣。（柳宗元：賀王參元失火書）

「黔」是黑色，「赭」是紅色，形容詞轉爲動詞，燒黑了房子，燒紅了墻壁，這也是特地安排的。跟下句「白」字也有關連作用。

9.公若曰：「爾欲吳王我乎？」（左傳定公十年）

「吳王」是指春秋吳國的吳王僚，他被公子光派專諸刺殺。這裡是魯國的叔孫武叔派人刺殺公若，公若看到刺客把劍刺過來，說：「你想把我作爲吳王僚，刺殺我嗎？」「吳王」這個專有名詞作爲動詞，又含有刺殺的意思，是很特殊的轉品用法。

10.今者無故誘致虜使，以詔諭江南爲名，是欲臣妾我也，是欲劉豫我也。（胡銓：戊午上高宗封事）

「臣妾我」是說以我爲臣妾，「劉豫我」是說以我爲劉豫，句法似仿自左傳。「臣妾」這一名詞轉爲動詞，已不平凡；「劉豫」這一人名轉爲動詞，更是奇特。但是並不生硬。

11.弟作令備極醜態，不可名狀。大約遇上官則奴，候過客則妓，治錢穀則倉老人，諭百姓則保山婆。一旦之間，百暖百寒，乍陰乍陽，人間惡趣，令一人嘗盡矣。（袁宏道：與丘長孺書。）

用「奴」、「妓」、「倉老人」、「保山婆」四個名詞作動詞，以說明官場百態，爲吏之苦。也是不平常的修辭。

12.鼎鐺玉石，金塊珠礫，棄擲邐迤，秦人視之，亦不甚惜。（杜牧：阿房宮賦）

寶鼎看作鍋子，美玉看作石頭，黃金看作土塊，珍珠看作砂礫。鐺、石、塊、礫四個名詞，轉爲動詞，作爲鼎、玉、金、珠四個主語的述語，是經過精心設計的。

13.當愁醉醲，當飢飽鮮，囊帛櫝金，笑與秩終。（孫樵：書褒城驛壁）

「醉」、「醲」、「飽」、「鮮」，都是形容詞，兩個轉變爲動詞，兩個轉變爲名詞，又以對偶句式出現，是仔細雕琢而成的。「囊帛櫝金」句，囊、櫝二字，以名詞轉變爲動詞，又是一種轉品。

14.至於負者歌於塗，行者休於樹；前者呼，後者應；傴僂提攜，往來而不絕者，滁人遊也。（歐陽修：醉翁亭記）

「傴僂」是老人彎著背走，動詞轉變爲名詞老人；「提攜」是兒童牽著手走，動詞轉變爲名詞兒童。動詞轉變爲名詞，本來就少，這樣轉變，奇險中卻又平穩，很不容易。

15.春未綠，鬢先絲。人間久別不成悲。（姜夔：鷓鴣天詞）

這個「絲」字是白的意思，由名詞轉變爲形容詞。絲與鬢髮有形似之處，但也是爲了跟「悲」字押韻。所以這個「絲」字有多種用途。陸游訴衷情詞：「胡未滅，鬢先秋，淚空流。此生誰料，心在天山，身老滄洲。」「秋」字作衰白解，也是由名詞轉爲形容詞，同時也爲了押韻。

文言作品，講究轉品，白話也一樣可用轉品：

16.嫵媚的康河，也望不見蹤跡，你只能循著錦帶似的林木想像那一流清淺。（徐志摩：我所知道的康橋）

「流」字由動詞轉變爲數量名詞—條，「清淺」由形容詞轉變爲名詞—河。「一流清淺」比「一條河」漂亮，因爲從「一流清淺」你可感覺到那條河的秀麗風光。

17.我的日子滴在時間的流裏，沒有聲音，也沒有影子，我不禁汗涔涔而淚潸潸了。（朱自清：匆匆）

「涔涔」、「潸潸」，由副詞轉爲動詞。如逕說「頭出汗而淚下流」，就平淡無味了。

18.炫學的人，他寫「大體上還可以算是白話文的白話文」，只能解釋成「偶然」，或者解釋成這個時代的「一個美麗的錯誤」。他接受這個「偶然」，這個「錯誤」，他接受一個白話的框子。在精神上，他仍是非常「林琴南」的。（子敏：白話三傑）

林琴南是民國初年的作家，他崇信文言，反對白話，用文言翻譯了許多西洋小說，傳誦一時。子敏用他的名字作形容詞，形容那些表面接受白話，骨子裏仍然崇拜文言的文士。用字少而含義多，這也是轉品的功用。

19.我逕自找到其他的學長，大家都好像不認識我了。愣了兩秒鐘之後，有人大叫起來：「小辣椒穿旗袍！」跟著就聽到一片吱喳：「小辣椒好像新娘子。」「小辣椒唸了三研所，越來越古典了。」「我看是越來越中國了。」（釆桑子：繡花鞋）

「越來越古典」、「越來越中國」兩句話裏的「古典」和「中國」，都由名詞轉爲形容詞，形容小辣椒穿了旗袍，富有中國式的古典美。這轉品詞比直接用形容詞要俏皮而可愛得多。

三、過分造作的轉品

轉品詞的好處是在習慣了的文法用詞以外，突然來一個特別的用法，使人有清新別致出乎意料之感。整個句子甚至整段話都顯得格外生動。所以精彩的轉品詞，都是人工雕琢而成的。但人工雕琢，又必須合於自然，至少要讓讀者看得懂。如果過分造作，不合自然，甚至看不懂，那樣的轉品就沒有意義了。韓愈的原道，用了許多轉品詞，有些很妥帖，有些就可訾議了。例如：

老子之小仁義，非毀之也，其見者小也。

其所謂道，道其所道，非吾所謂道也；其所謂德，德其所德，非吾所謂德也。

夏葛而冬裘，渴飲而飢食，其事殊，其所以爲智一也。

是故生則得其情，死則盡其常；郊焉而天神假，廟焉而人鬼饗。

「老子之小仁義」，「小」字由形容轉爲動詞，和「其見者小也」的「小」字呼應，自然而妥適；「道其所道」、「德其所德」，第一個「道」字、「德」字由名詞轉爲動詞，和上下文的「道」字、「德」字關連，渾然無斧鑿痕；「夏葛而冬裘」，「葛」、「裘」二字由名詞轉爲動詞，也不牽强，又和「渴飲而飢食」句相對，更易明曉。「郊焉而天神假，廟焉而人鬼饗」，「郊」爲祭天之名，轉爲動詞祭天之意，已屬罕見；「廟」非祭祖之名，轉爲動詞祭祖之意，更覺突兀不平常了。但最生硬不自然的轉品詞，卻是下列的句子：

周道衰，孔子沒。火於秦，黃老於漢，佛於晉、魏、梁、隋間。

這幾句說明儒道衰微的原因。「火」字轉品爲燒，本極自然；但秦始皇燒了書，沒錯；如說秦始皇燒了儒道，那就不合邏輯了。在漢代，儒道受黃、老的壓抑，在魏、晉、梁、隋間，儒道爲佛教排擠，也都沒錯；但把「黃」、「老」、「佛」等專有名詞轉變爲動詞，作爲斥逐、打倒的意思，實在矯揉造作，不合情理了。最後，又有這樣的句子：

不塞不流，不止不行；人其人，火其書，廬其居；明先王之道以道之，鰥、寡、廢疾者皆有養也。」

「火其書」是說燒掉佛經、道書，這句話十分明白；「人其人」是說教和尚、道士還俗，第一個「人」字轉品爲動詞。和尚、道士本來是「人」，又何必轉變爲「人」呢？句意已十分矛盾。這個「人」字作動詞用，絕沒有左傳「豕人立而啼」那個「人」字轉作副詞用來得自然。「廬其居」是說把佛寺、道觀改作民屋。「居」字本是民屋而非寺觀，「廬」字轉爲動詞作「改作」解，顯然不合常理。過分逞奇，以致拙澀不順，這樣的轉品，就不足爲法了。「原道」是一篇大文，千餘年來受人稱贊，自有其不朽處；但修辭有微疵，也是事實。

白話文的轉品，在作者好爲標新立異下，也常有不適的句子。如：

1.席夢思吐魯番著我們。（余光中：吐魯番）

2.據說回國以後，這人不酒不菸，甚至也不太詩了。（葉珊：酒壺）

3.聽風呼，聽海嘯，一隻低飛的海鳥便很尼采地棲立觀音竹高呼：我是漂泊者。（陳紹磻：觀音竹的歲月）

4.我的手緊握著一街的寧靜，緊握著一己的孤獨。（秀陶：夜歸）

這些句子，教人難以瞭解。只能從文法結構上略作猜測：第一例的「吐魯番」大概是名詞轉作動詞用，新疆吐魯番以炎熱著名，它當是作溫暖解，因為它帶著一個後附助動詞「著」字。第二例的「不太詩」大概是不太作詩，也是名詞轉作動詞用。因為上文有「不酒不菸」，可以推想得到。第三例的「尼采」，大概是人名作副詞用了。因為後面帶著一個副詞尾「地」，又接著一個動詞「棲立」，應該沒錯。但是這個「尼采」是什麼意思，就不明白了。這些句子，在作者也許另有深意，但在一般讀者卻有不知所云之苦。至於第四例的「寧靜」、「孤獨」，必是形容詞轉作名詞用了。因為現在不少青年，常有「我享有一季的旺盛」、「卻給我一季的蒼白」等這樣的句子。

遣詞造句，必須靠人工雕琢。但雕琢要近乎自然，使人讀來，覺得新奇而不突兀，出人意表又十分中肯。「文章千古事，得失寸心知。」轉品詞的得失，在釐毫之間，如何辨別運用，就要靠「寸心知」了。

第十六章　析　字

——兼談謬衍

修辭有「析字」這一格，是因爲我國文字，分析起來，有形、音、義三要素。而這三要素，彼此之間又有密切而微妙的關係。同一字形，有幾種不同的音和義；同一字音，有許多不同的字形；同一字義，也可作不同的解釋。由於這種特性，作家們就把它應用到修辭上了。因此討論「析字」，也分爲形、音、義三方面。叫做化形析字、諧音析字、衍義析字。每一方面又可分爲好幾類，說明如下：

㈠化形析字　化形就是變化字形。這方面的析字又分成：（甲）離合，（乙）增損，（丙）借形等三種。舉例如左：

（甲）離合　離合就是把字形分離而後配合。例如：

1.千里草，何青青；十日卜，不得生。（後漢書五行志。三國演義也引用。）

千里草，合爲「董」字；十日卜，合爲「卓」字。意思是董卓活不成了。是那時在民間流傳的一首童謠。

2.張俊民道：「翻子老官，這事憑你作法便了。做成了，少不得言身寸。」王翻子道：「我那個要你謝。……」（儒林外史第三十三回）

「謝」字析離就是「言身寸」。所以拿它代替「謝」字。

（乙）增損　增損就是把字的筆畫增加或減少，用來烘托說明。例如：

3.徐之才聰辯強識，有兼人之敏。尤好劇談謔語，公私言聚，多相嘲戲。嘲王昕姓云：「有言則誑，近犬便狂。加頸足而爲馬，施角尾而爲羊。」盧元明戲之才云：「卿姓是未入人，名是字之誤。」即答云：「卿姓在亡爲虐，在丘爲虛，生男則爲虜，養馬則爲驢。」（北齊書徐之才傳）

嘲王姓的四個字都是增加筆畫，嘲盧姓的四個字是先損後增。（嘲徐姓的是離合析字。）

（丙）借形　借形是字形沒有離合，筆畫沒有增損，借它原來的字形，或整個成語句子，來表現自己的意思。例如：

4.有人將虞永興手寫尚書典錢。李尚書選曰：「經書那可典？」其人曰：「前已是堯典舜典。」（朱揆：諧噱錄）

尙書裏的「堯典」、「舜典」是篇名，有法典的意思；「典錢」的「典」卻是當押的意思。借「典」字的共形，來表現不同的意義，稱它爲借形。

㈡諧音析字　諧音就是諧合字音。這方面的析字又分爲：（甲）借音，（乙）切腳，（丙）雙反等三種。舉例如左：

（甲）借音　借音就是借字的諧音來使用，跟字形、字義無關。例如：

1.南京的風俗，但凡新媳婦進門，三天就要到廚下收拾一樣菜發個利市。這菜一定是魚，取「富貴有餘」的意思。（儒林外史第二十七回）

以「魚」象徵「有餘」，完全是借音作用。舊時人家，在廳堂或大門，畫蝙蝠，象徵有福，畫鹿，象徵有祿。也是借音作用。

（乙）切腳　切腳就是合音，用兩個字反切成一個字。洪邁在容齋三筆裏稱它爲「切腳語」。如「蓬」爲「勃籠」，「槃」爲「勃闌」，「鐸」爲「突落」，「叵」爲「不可」，「精」爲「即零」，「螳」爲「突郎」等。他說：「世人語音有以切腳而稱者，亦間見之於書史中。」

2.多九公道：「才女纔說學士大夫論及反切尚且瞪目無語，何況我們不過略知皮毛，豈敢亂談，貽笑大方。」紫衣女子聽了，望著紅衣女子輕輕笑道：「若以本題而論，豈非『吳郡大老，倚閭滿盈』麼？」紅衣女子點頭笑了一笑。唐敖聽了，甚覺不解。（鏡花緣第十七回）

「吳郡大老，倚閭滿盈」八字就是切腳語，也就是反切合音。所以同書第十九回：「多九公猛然省悟道：『唐兄，我們被這女子罵了。按反切而論：「吳郡」是個「問」字，「大老」是個「道」字，「倚閭」是個「於」字，「滿盈」是個「盲」字。他因請教反切，我們都回不知，所以他說：「豈非『問道於盲』麼？」』……」

（丙）雙反　雙反是順倒雙重反切的意思。例如：

3.先是，文惠太子立樓館於鍾山下，號曰東田。東田，反語為顛童也。武帝又於青溪立宮，號曰舊宮，反之窮廐也。至是，鬱林果以輕狷而至於窮。（南史鬱林王紀）

「東田」二字的順反，「東田」為「顛」，倒反，「田東」為「童」。「舊宮」二字的順反，「舊宮」為「窮」，倒反，「宮舊」為廐。（舊時ㄍㄐ同聲，ㄐㄑ可通。）這叫做雙反。

㈢衍義析字　衍義析字，不關字形，不涉字音，只從字的意義上去推衍。也可分做：（甲）代換，（乙）牽附，（丙）演化等三種：

（甲）代換　用平易的文辭代換艱深的文辭，或用艱深的文辭代換平易的文辭，都可說是代換。例如：

1.帝曰：「疇咨若時登庸？」放齊曰：「胤子朱，啓明。」帝曰：「吁！嚚訟，可乎？」（書經堯典）

堯曰：「誰可順此事？」放齊曰：「嗣子丹朱，開明。」堯曰：「吁！頑凶，不用。」（史記五帝本紀）

這是史記以平易的文辭代換書經艱深的文辭。「疇咨若時登庸」，代換為「誰可順此事」，「嚚訟」代換為「頑凶」，艱深、平易的程度，差別很多。

2.宋人宋子京……與歐陽文忠並修唐史，往往以僻字更易舊文。文忠病之，而不敢言，乃書「宵寐匪禎，札闥洪庥」八字以戲之。宋不知其戲已，因問此二語出何書？當作何解？歐言：「此即公撰唐書法也。宵寐匪禎者，謂夜夢不祥也；札闥洪庥者，謂書門大吉也。」宋不覺大笑。（涵芬樓文談五）

這是以艱深文辭代換平易文辭的例子。不過這僅是故意造作以取笑好做古澀文章的人而已，並無實用價值。

（乙）牽附　牽附是隨著別人的說話，無端地牽強附會，攀緣而成戲謔有味的詞語。例如：

3.寶玉道：「等我回去，問了是誰，教訓教訓他就好了。」黛玉道：「你的那些姑娘們，也該教訓教訓，——只是論理，我不該說。今兒得罪了我的事小，倘或明兒寶姑娘來，甚麼貝姑娘來，也得罪了，事情豈不大了？」（紅樓夢第二十八回）

寶姑娘是指薛寶釵，貝姑娘並無其人，只因習慣上「寶貝」二字相連，就牽附上了。

（丙）演化　演化是由字義推演變化，和本義似是實非，成爲詼諧可笑的話語。例如：

4.有弟子問師曰：「孔門弟子，成年者幾人？未成年者幾人？」師曰：「經書未有所載。」弟子曰：「成年者三十人，未成年者四十二人，凡七十二人。」師曰：「何以知之？」弟子曰：「論語云：『冠者五六人，童子六七人。』五六，三十也；六七，四十二也。是以知成年者三十人，未成年者四十二人，合則七十二人。」師無以應。（侯白：啓顏錄）

論語原文，本爲成年人五六個，未成年人六七個；這裏把它演化成五乘六，三十個；六乘七，四十二個；以符合七十二弟子之數。看似有理，實爲妄言，令人發噱。

析字的各種項目，已如上述。嚴格地說，這些項目，大都算不得眞正的修辭。尤其是化形析字裏的離合、增損，諧音析字裏的切腳、雙反，衍義析字裏的代換、演化等項。離合，事實上是字謎；增損，就是拆字。都只是文字遊戲。切腳就是反切拼音；雙反是順倒兩用的反切法。都屬於聲韻學的範疇。代換裏的由深換淺，可說是翻譯；由淺換深，又是一種文字遊戲。至於演化，也只是說個笑話，博人一粲而已。這些，和修辭的眞義，有一段距離。既然如此，一般修辭書，爲什麼把它列做一個辭格，又分出許多細目呢？筆者認爲它所包含的，化形析字裏的借形，諧音析字裏的借音，衍義析字裏的牽附，都富有修辭的意義和技巧，所以它是修辭方法的一格。現在把這三項申述如下：

一、化形析字的重點——借形

化形析字裡的借形，有不少佳例，前面已舉「尙書典錢」，現在再舉例於後：

1. 蘇城有南園、北園二處，菜花黃時，苦無酒家小飲；攜盒而往，對花冷飲，殊無意味。或議就近覓飲者，或議看花歸飲者，終不如對花熱飲爲快。衆議未定。芸笑曰：「明日但各出杖頭錢，我自擔爐火來。」衆笑曰：「諾。」衆去，余問曰：「卿果自往乎？」芸曰：「

非也。妾見市中賣餛飩者，其擔鍋灶無不備，盍雇之而往。妾先烹調端整，到彼處再一下鍋，茶酒兩便。」……明日，看花者至，余告以故，眾咸歎服。飯後同往，并帶席墊，至南園，擇柳陰下團坐。先烹茗，飲畢，然後暖酒烹餚。既而酒餚俱熟，坐地大嚼。……遊人見之，莫不羨爲奇想。杯盤狼藉，各已陶然，或坐或臥，或歌或嘯。紅日將頹，余思粥，擔者即爲買米煮之，果腹而歸。芸問曰：「今日之遊樂乎？」眾曰：「非夫人之力不及此。」大笑而散。（浮生六記閒情記趣）

「今日之遊樂乎」，是蘇軾後赤壁賦裏的句子，這裏借用了，形同義亦相似；「非夫人之力不及此」，是左傳僖公三十年，晉文公說的話。夫（音ㄈㄨˊ）人是此人，指秦穆公，這裏借用，卻是夫人、太太的意思，形同而音義不同，純粹是借形了。這樣的借形，很能增加文章的趣味。

2.穗卿又給我起一個別號，叫做「佞人」。這句話怎麼解呢？我們有一天閒談，談到這個「佞」字。古人自謙便稱「不佞」；論語又說：「仁而不佞。」又說：「非敢爲佞也，疾固也。」不佞有甚麼可惜，又有甚麼可謙呢？因記起某部書的訓詁：「佞，才也。」知道不佞即不才；仁而不佞，即仁而無才；非敢爲佞，即不敢自命有才。然則穗卿爲甚麼叫我「佞人」呢？莊子天下篇論墨子學術，總結一句是：「才士也夫！」穗卿當時贈我的詩有一句「帝殺黑龍才士隱」；「黑龍」用墨子貴義篇的話，「才士」即指墨子。他挖苦我墨學狂，把莊子給墨子的徽號移贈我，叫我做「才士」；再拿舊訓詁展轉注解一番，一變便變成了「佞人」。有一年，正當丁香花盛開的時候，我不知往那裏去了，三天沒有見他，回來見案頭留下他一首歪詩說道：「不見佞人三日了，不知爲佞去何方？春光如此不遊賞，終日栖栖爲底忙？」這雖不過當時一種絕不相干的雅謔，但令我永遠不能忘記。現在三十年前的丁香花又爛漫開著，枝頭如雪，佞人依舊栖栖，卻不見留箋的人！（梁啓超：亡友夏穗卿先生）

這眞是學者們的雅謔。「佞人」這一名詞，出自論語。衛靈公篇說：「放鄭聲，遠佞人；鄭聲淫，佞人殆。」「佞人」是卑躬諂媚、巧言善辯的小人。夏穗卿把它轉變成才士，又轉變成墨學狂，用來取笑梁啓超。轉變之間，固有線索可尋，但和它的本義，已相去很遠了。這個別號，嘲笑贊美，兼而有之，好像一盤雜拌兒，酸甜苦辣，五味俱全。借形的妙用，可謂發揮盡致了。

上述第一例借用兩句，重點在「夫人」二字；第二例只借「佞人」二字的字形。還有整段借形，而絲絲入扣的。相傳紀曉嵐晚年喪妻，並不十分哀傷，也沒寫祭文。朋友問他有沒有祭文，他隨口說，有。再問他祭文內容，他靈機一動，背了一段王羲之的蘭亭集序，作爲悼亡的祭文。那段文章是：

3. 夫人之相與，俯仰一世，或取諸懷抱，晤言一室之內；或因寄所託，放浪形骸之外。雖取舍萬殊，靜躁不同；當其欣於所遇，暫得於己，快然自足，曾不知老之將至。及其所之既倦，情隨事遷，感慨係之矣。向之所欣，俯仰之間，已爲陳跡，猶不能不以之興懷；況修短隨化，終期於盡。古人云：「死生亦大矣。」豈不痛哉！

這確是一篇很好的祭文。但王羲之寫這段文章，只是感歎人生無常，一切都會隨著時光的遷逝而成爲過去，以襯托蘭亭之會，深可紀念。首句「夫人之相與」，原是說人與人之間的相處，「夫」是發語詞。紀曉嵐把它和人字合讀，作爲太太的意思，就變成妻子了。下文的「取諸懷抱」、「晤言一室之內」、「欣於所遇」、「快然自足」、「曾不知老之將至」等，就變成夫妻相處，偕老白頭的意思了。再下面的「情隨事遷」、「感慨係之」、「俯仰之間，已爲陳跡」、「修短隨化，終期於盡」，自然就是老妻死了。最後的「死生亦大矣，豈不痛哉」，等於「嗚呼哀哉，尙饗」的結語了。移花接木，了無痕跡，一篇情文並茂的祭亡妻文，於焉完成。

這故事的眞實性，不知如何？但從下面的故事看來，當是可靠的：

4.我於七八年前曾在本報方塊上述及某年大旱，乾隆祈雨，令紀昀讀禱文。那知紙上隻字都無。他即集合尚書數句，作禱文如次：

帝曰「龍！歲大旱，汝作霖雨。往，欽哉！」

這是我七十餘年前聽到的，原文是否如此，我不敢保證。但原文也好，杜撰也好，實在簡潔，而又不失皇帝的身分。所以許多讀者寫信給我，稱賞不已。（中央副刊方塊。薩孟武：從方塊文字說起。）

薩先生舉以爲例，該不全是杜撰的吧。即使不是紀昀的手筆，也不失爲才士所創的「借形」的佳例。「帝曰龍」，是尙書舜典篇裏的一句。龍是一位臣子的名，舜叫他做納言官，以宣達情意。紀昀卻借他作天上施雨的龍。「歲大旱，汝作霖雨」，是尙書說命上篇的話。殷高宗拜傅說爲相，叫他貢獻良言，輔治天下。說：「若濟巨川，用汝作舟楫；若歲大旱，用汝作霖雨。」本是一句譬喩，紀昀卻刪去「若」、「用」二字，借作叫龍去作雨的話。「往，欽哉」一句，是堯典篇，堯命鯀去治水的話。紀昀借作皇帝命龍的口氣。借彼之形，作此之意，而竟天衣無縫，也眞靈心獨運了。

借形，能產生一種亦莊亦諧的趣味，不失爲一種修辭技巧。

二、諧音析字的重點——借音

諧音析字裏的借音，也有不少佳例：

1. 聘人以珪，問士以璧，召人以瑗，絕人以玦，反絕以環。（荀子大略篇）

末二句的「玦」又借音爲「絕」，「環」又借音爲「還」。王先謙集解：「玦如環而缺。古者臣有罪待於境，三年不敢去。與之環則還，與之玦則絕，皆所以見意也。」這「見意」固由於環象徵復圓，玦象徵訣別，但多半還是因借音來的。

2. 廚人具雞黍，稚子摘楊梅。（孟浩然：裴司士見訪詩）

「楊梅」的「楊」又借音爲「羊」，以和上句的「雞」字相對。嚴羽滄浪詩話稱這一類爲「借對」，胡仔漁隱叢話稱爲「假對」。

3.寄身且喜滄州近，顧影無如白髮何！（劉長卿：江州重別薛六柳八二員外）

「滄州」的「滄」又借音爲「蒼」，以和下句的「白」字相對。

以上三例，雖爲借音，但自有它的本義，只能說是雙關作用。

4.王丞相嗜諧謔。一日，論沙門道，因曰：「投老欲依僧。」客遽對曰：「急則抱佛腳。」王曰：「『投老欲依僧』，是古詩一句。」客曰：「『急則抱佛腳』，是俗諺。全語上去『投』，下去『腳』，豈不的對也？」王大笑。（困學紀聞卷二十。萬希槐集證引中山詩話。）

「上去『投』」的「投」，實借音爲「頭」，以和「下去『腳』」的「腳」字相對。這就純粹是借音了。

5.看見中國出版界風虎雲龍的盛況，雨後春蕈的刊物，誰能夠不有「卻羨前賢愧後生」之歎呢？（羅家倫：讀標準的書，寫負責的文字）

「雨後春蕈」的「蕈」字是「筍」字的借音，以嘲笑出版物的浮濫。作者在「春蕈」下有一條夾注：「有人以爲蕈字是筍字的筆誤，我倒想，筍還可以成材，蕈則半天太陽一出，不萎縮也潰爛了。所以還是用蕈字適當。」

6.紐約居，大不宜，哥大偏偏在紐約鬧區。摩天高樓平地起，眞個是飛鳥難渡，壁壘森嚴。（段家鋒：哈德遜河畔哥大鱗爪）

「紐約居，大不宜」，由顧況批評白居易名字「長安物貴，居大不易」，仿擬而來。而「宜」字實為「易」字的借音。「摩天大樓平地起」，也由「百丈高樓平地起」變化而來。

7.「乾脆，大家都不回去。開個土風舞會怎樣？」「好哇！我贊成。」林耀生首先舉雙手贊同，他是有名的「舞」林高手。（楊敏村：南溪）

武俠小說，常有「武林高手」的名詞，改「武」為「舞」，就是借音作用。

這一類借音，常能使文章趣味橫生，達到修辭的效果。

三、衍義析字的重點——牽附

衍義析字裏的牽附，雖是一種牽緣附會的修辭法，但它富有特別的意趣。例如：

1.石曼卿隱於酒，謫仙之才也。然善謔。嘗遊報寧寺，馭者失控，馬驚，曼卿墜馬，從吏遽扶掖升鞍。市人聚觀，意其必大詬怒。曼卿徐著鞭，謂馭者曰：「賴我是石學士，若瓦學士，豈不破乎！」（捫掌錄）

「石學士」是石曼卿本人，「瓦學士」由石學士牽附而來。再加「豈不破乎」，便成雋語。

2.宋嬤嬤聽了，心下便知鐲子事發。因笑道：「雖如此說，也等花姑娘回來，知道了，再打發他。」晴雯道：「寶二爺今兒千叮嚀萬囑附的，什麼花姑娘、草姑娘的，我們自有道理。」（紅樓夢第五十二回）

「花姑娘」是指花襲人，「草姑娘」是牽附出來的。因爲「花」「草」兩字意義相連。

3.林之孝家的聽了，忙命打了燈籠，帶眾人來尋。五兒急得便說：「那原是寶二爺屋裏的芳官給我的。」林之孝家的說：「不管方官、圓官，現在贓在，我只好呈報了。」（紅樓夢第六十一回）

「芳官」改爲「方官」，是借音，又加上一個「圓官」，是牽附。

4.只這句話，又把伊尊翁的史學招出來了。便向兩個媳婦道：「……你們兩個切不可拘定了左傳上的『稟命則不威，專命則不孝』的話。那晉太子申生，原是處在一個家庭多故的時候，所以他那班臣子纔有這番議論，如今我家是個天理人情，何須顧慮及此？稟命是你們的禮，便專命也省我們的心。……」舅太太聽了半日，問著他姊妹道：「這個話，你們姊兒兩竟會明白了？難道這個左傳右傳的，也會轉轉清楚了麼？」（兒女英雄傳第三十三回）

書有左傳而無右傳，右傳是牽附出來的，因爲「左」「右」意義相連。

5.「群居終日，言不及義。」原是人的通病，但是言談的內容，卻男女有別。……男人的是另一套。……他們好議論人家的陰私，好批評別人的妻子的性格相貌。「長舌男」是到處有的，不知爲什麼這名詞尚不甚流行。（梁實秋：男人）

社會上有「長舌婦」這一名詞，「長舌男」是牽附出來的。

6.女孩子的口舌比較靈巧，一教就會。在嫻熟標準國音的情形下，居然很快就把入聲念得惟妙

惟肖，富有抑揚頓挫的音節美。我不覺莞爾而笑，贊她們一句：「孺女可教也。」她們也樂得哈哈大笑。（拙作：舊教本的懷想）

「孺子可教也」，是圯上老人贊美張良的一句話；「孺女可教也」，卻是牽附出來的。

四、兼談謬衍

還有一些衍義析字，是故意把原本的成語，胡亂地更改，或錯誤地使用，以配合情景的需要。這可說是更廣泛的牽附，筆者稱它為「謬衍」。譬如：

1. 而最令人怵目驚心的是，鬢角上發現白髮，這一驚非同小可。平夙一毛不拔的人，到這時候也不免要狠心的把它拔去。拔毛連茹，頭髮根上還許帶著一顆鮮亮的肉珠。（梁實秋：中年）

「一毛不拔」本是形容人的吝嗇，所謂「楊子取為我，拔一毛而利天下，不為也。」（孟子盡心）這裏卻作不拔一根頭髮解，是化形析字裏的借形，也是故意的誤用。而「拔毛連茹」，本作「拔茅連茹」。易經泰卦：「拔茅連茹以其彙。」本為形容賢人牽引同類而俱進。茹是相牽引的樣子。這裏用作髮根連著肉珠，一同被拔起來，已是「誤用」；且改「茅」為「毛」，又是「胡改」。這種「誤用」和「胡改」，使文章發生逸趣。

2. 播音器也不壞，因為它唯我獨響。（王文漪：觀球記）

成語是「唯我獨尊」，這裏把它改成「唯我獨響」，以配合上句播音器的需要。這樣的改字，近似第三項第五、六條的例子。但第五條的「婦」、「男」，第六條的「子」、「女」，是同義字，而本條改「尊」爲「嚮」，卻是毫無關連的「胡改」。但它也確是牽附——一種更廣泛的牽附——謬衍。

3.第一次送女兒上幼稚園，老師希望家長不要在那裏陪，以免孩子離不開家長。我和妻爲了做一個「合作的家長」，心腸一硬，就和女兒揮手再見，把她留在對她來說稱得上「童海茫茫」的幼稚園中。（葉慶炳：吾家有女初畢業）

「人海茫茫」改成「童海茫茫」，以適合幼稚園的情景。「人」和「童」沒有必然相連的關係，所以也歸在這一類。

4.七八個人吃一盤小菜，三兩下就盤底朝天花板了。（楊敏村：南溪）

「盤底朝天」改成「盤底朝天花板」，「天」和「天花板」更沒有關連。

還有一種方式是，不改字，而是把原有成語的字序顚倒，也能產生一種新的趣味。我的學生，在「我擇偶的條件」的作文裏，有這樣的句子：

5.他的身高至少在一百七十五公分以上。這一點是我媽最關心的一件事，使我不得不將它列爲擇偶條件之一。因爲咱家都是高個子，不希望他來咱家的時候，有雞立鶴群的現象發生。

「鶴立雞群」這句成語，從世說新語容止篇，人贊嵇紹開始，就已流傳下來。現在把它顚倒成「雞立鶴群」，形容矮子在長人群中，另有新意。

又有女生寫參觀男同學實習教學後的感想說：

6.一般說來，似乎女孩子較男孩子稱職，但我發現有些學長也很有耐心，一副慈母心腸的樣子，鬚眉不讓巾幗。

「巾幗不讓鬚眉」這句成語，也通行已久，現在把它顚倒成「鬚眉不讓巾幗」，說明男生的教學不比女生差。這都另有一種趣味。也是一種「胡改」。

故意謬誤使用成語，也是有趣的牽附。除第一例的「一毛不拔」外，又如：

7.男人令人首先感到的印象是：髒！當然，男人當中亦不乏洗刷乾淨，潔身自好的。（梁實秋：男人）

道德清高、不與人合污的「潔身自好」，卻用作身體清潔的意思。是「誤用」。而這誤用是由「潔身」牽附來的。

8.在這裏（美國）大約惟一能行的就是到酒吧間去喝一杯悶酒。當然在酒吧裏，如果你有胃口，也有女人可以勾搭。可是這種美國推銷員所喜歡的調調兒，總不大容易被我們這批出自中國高等學府的人所能接受。並且安全問題也是一大顧慮，萬一「遇人不淑」，眞是吃不了兜著走了。（石地夫：寂寞的三十七歲）

「遇人不淑」原只說女子遇著壞男人，現在把它用作男子遇著壞女人，便特別有味。這種修辭法，沒改字，也沒顚倒詞序，只是以鹿爲馬，故意把它誤用罷了。

析字格的九個項目，眞正富有修辭意義的，只有上面所說的借形、借音、牽附以及由牽附衍生來的謬衍，這些都是張冠李戴，胡借亂用，造成一種橫溢的奇趣，使人讀了，發出會心的微笑。

第十七章　雙　關

用一個字、一個詞或一句話，關顧兩種不同的情景的，叫做雙關辭。雙關辭，常常被討論修辭的人所引用的材料，可舉下列三例作代表：

1.楊柳青青江水平，聞郎江上踏歌聲。東邊日出西邊雨，道是無晴還有晴。（劉禹錫：竹枝詞）

2.多情卻似總無情，惟覺尊前笑不成；蠟燭有心還惜別，替人垂淚到天明。（杜牧：贈別）

3.子在川上曰：「逝者如斯夫！不舍晝夜。」（論語子罕篇）

第一例是字音的雙關。「道是無晴還有晴」的「晴」字，一面關顧上句「東邊日出西邊雨」，晴雨的晴；一面又關顧更上一句「聞郎江上踏歌聲」，情意的情。而晴、情在意義上並不相同，只是字音的雙關。

第二例是詞義的雙關。心字可作燭心解，又可作人心講。有雙重意義，是詞義的雙關。

第三例是句意的雙關。孔子說「逝者如斯」，一方面是指川水就這麼流過，一去不返；另一方面是說時間也這麼過去，永遠不再回頭。所以朱注引用程子的話說：「日往則月來，寒往則暑來，水流而不息，物生而不窮。」這話是雙關水和時間的。

下面就從這三方面說明雙關。

一、字音雙關

1.燕人盧生使入海還，以鬼神事。因奏錄圖書，曰：「亡秦者胡也。」始皇乃使將軍蒙恬發兵三十萬北擊胡，略取河南地。（史記秦始皇本紀）

「胡」指始皇的兒子胡亥，始皇以爲胡人。因字音雙關。所以裴駰集解引鄭玄曰：「胡，胡亥，秦二世名也。秦見圖書，不知此爲人名，反備北胡。」

2.秦失其鹿，天下共逐之，於是高材疾足者先得焉。（史記淮陰侯列傳）

「鹿」雙關爲「祿」。以疾足者共逐而言，是鹿；以秦所失而言，是祿。鹿、祿不同義，只是字音雙關。

3.打壞木棲床，誰能坐相思？三更書石闕，憶子夜題碑。（讀曲歌）

「題碑」雙關「啼悲」。以「書石闕」而言，是「題碑」；以「坐相思」而言，是「啼悲」。南北朝時候南方民歌，常見這種用字音雙關的修辭法。下列六例都是。

4.奈何不可言，——朝看暮牛跡，知是宿蹄痕。（讀曲歌）

「蹄」雙關「啼」。

5.坐倚無精魂，使我生百慮；方局十七道，期會在何處？（讀曲歌）

「期」雙關「棋」。

6.憐歡好情懷，移居作鄉里；桐樹生門前，出入見梧子。（子夜歌）

「梧子」雙關「吾子」。

7.鬱蒸仲暑月，長嘯出湖邊；芙蓉始結葉，花艷未成蓮。（子夜夏歌）

「芙蓉」雙關「夫容」，「蓮」雙關「憐」。

8.江南蓮花開，紅光覆碧水；色同心復同，藕異心無異。（梁武帝：子夜夏歌）

「藕」雙關「偶」。

9.婉孌不終夕，一別周年期；桑蠶不作繭，晝夜長懸絲。（七日夜女歌）

「絲」雙關「思」。

10.不寫情詞不寫詩，一方素帕寄心知。心知接了顛倒看，橫也絲來豎也絲，這般心事有誰知？

（馮夢龍：山歌）

兩個「絲」字也雙關「思」。從上句的「素帕」看，是「絲」；從下句的「心事」看，是「思」。雖是蹈襲，但從造句的技術說，勝過前人。

相傳金聖歎臨刑時，出了一個對子，上聯是：「蓮子心中苦。」要他的兒子對下聯。他的兒子對道：「梨兒腹內酸。」這個故事不一定眞實，但以「蓮」雙關「憐」，以「梨」雙關「離」，極見巧思。這也是字音的雙關。民間的歇後語裏，有一部分借音爲用的句子，也可說是字音的雙關。如「四兩棉花——彈（談）不上」、「外甥打燈籠——照舅（舊）」、「挑水的回頭——過了井（景）了」、「電線桿上綁雞毛——好大的撣（膽）子」等。

二、詞義雙關

前面所舉的例子，都只是聲音的關聯，與意義無涉；而詞義的雙關，是這句話裏一個詞，有兩種不同意義的作用，也就是一詞兩用。詞義的雙關，又可分爲兩種：一種是一個詞關顧兩種意義；一種是一個詞，一面摹狀聲音，一面關顧意義。例如：

1.齊人蒯通知天下權在韓信，欲以奇策而感動之。以相人說韓信曰：「僕嘗受相人之術。」韓信曰：「先生相人何如？」對曰：「貴賤在於骨法，憂喜在於容色，成敗在於決斷。以此參之，萬不一失。」韓信曰：「善。先生相寡人何如？」對曰：「願少閒。」信曰：「左右去矣。」通曰：「相君之面，不過封侯，又危不安；相君之背，貴乃不可言。」（史記淮陰侯列傳）

「背」字除「背面」這一意義外，還有「背叛」這一意義。所以集解引張晏曰：「背畔（同叛）

則大貴。」

2.晉武帝既不悟太子之愚，必有傳後意，諸名臣亦多獻直言。帝嘗在陵雲臺上坐，衛瓘在側，欲微申其懷，因如醉跪帝前，以手撫床曰：「此坐可惜！」帝雖悟，因笑曰：「公醉邪？」（世說新語規箴篇）

「此坐可惜」的「坐」字，表面上指的是陵雲臺上的坐床，骨子裏指的是皇帝的寶坐（坐通座）。太子愚騃，武帝仍欲傳位，所以衛瓘諷諫說：「這寶座可惜呀！」

3.見娘喜容媚，願得結金蘭；空織無經緯，求匹理自難。（子夜歌）

這個「匹」字，和第二句配合，是匹偶的意思；和第三句配合，是「布匹的意思」。關顧兩種意義。

4.一夕就郎宿，通夜語不息；黃蘗萬里路，道苦真無極。（讀曲歌）

這個「道」字，以「語不息」而言，是「道說」的意思；以「萬里路」而言，是「道路」的意思。關顧兩種意義。

5.陽春二三月，楊柳齊作花。春風一夜入閨闥，楊花飄蕩落南家。……（胡太后：楊白花）

梁書載：楊華體貌俊偉，年少有力，北魏胡太后逼與私通。楊華懼禍，率部屬降梁。胡太后思念，作楊白花歌，使宮女歌唱。「楊花飄蕩落南家」，意指楊華投奔南梁。「楊花」就是「楊華」，意義雙關。

6.高節人相重，虛心世所知。（張九齡：竹）

「高節」、「虛心」，表面是說竹子的節和心，眞正的意思，是說高人雅士的節操和虛懷。是雙關詞。

7.志士幽人莫怨嗟，古來材大難爲用。（杜甫：古柏行）

「材大」關顧題目「古柏」；又說明才大的人，難以被人用，所以勸「志士幽人莫怨嗟」。

8.自是尋春去校遲，不須惆悵怨芳時。狂風落盡深紅色，綠葉成陰子滿枝。（杜牧：歎花）

唐詩紀事卷六十五，說杜牧遊湖州，遇見一個十餘歲美麗女孩，因年幼未娶。後十四年，杜牧任湖州刺史，想要娶她，但她早已嫁人生子，成了婦人了。杜牧在悵怨之餘，寫了這首詩。「綠葉成陰子滿枝」的「子」字雙關果子和子女。（樊川集本詩前三句文字有異，末句同）。

9.〔正末揭箱子見科，云：〕程嬰，你道是桔梗、甘草、薄荷，我可搜出人參來也。（紀君祥：趙氏孤兒第一折）

「正末」是守門的韓厥，他看到程嬰的藥箱裏偷帶出趙氏孤兒，所以說「搜出人參來也」。藥名雙關孤兒。

10.丁寧囑咐南飛雁，
到衡陽，
與儂代筆，行些方便！

不倩你報平安，
不倩你訴飢寒；
寥寥數筆莫辭難，
只寫「一人」兩字碧雲端！
高叫客心酸！
高叫客心酸！
萬一阿郎出見，
要齊齊整整，
仔細讓他看！（劉大白文集：雁字）

劉大白說這首雁字詩，是清代順天女子方玉坤寫的。她嫁給一個姓丁的南方人，姓丁的回南方，撇下她一個人在北邊。她看到天空的「雁字」，觸動念夫之情，就寫了這首雁字詩，寄給丈夫。丈夫看了，立刻回北方和她團聚。這首詩十分動人，「詩眼」在「一人」兩字，而這兩字意義雙關。一方面是說空中排著「一人」兩字的雁群，一方面是說她一個人孤守在北方。所以末句說：「萬一阿郎出見，要齊齊整整，仔細讓他看！」天籟中有至情，意味無窮。

11.他（李抱忱博士）又指指自己的「黑」頭髮：「我是蒙了不白之冤，奉了『太座』之命，硬給染的！」（樸月：寶爸！寶爸！六十八年五月二日中央副刊）

「不白之冤」一面是說他的頭髮是給染黑的，不白了；一面是說染髮是太太的意思，別人還以爲是他自己愛漂亮，無法剖白。一語雙關。

以上是一個詞語關顧兩種意義。

12.匆匆匆，催催催！

一捲煙，一片山，幾點雲影；

一道水，一條橋，一支櫓聲；

一林松，一叢竹，紅葉紛紛。（徐志摩：滬杭車中）

「匆匆匆，催催催」，一面摹狀火車開動的聲音，一面又關顧火車向前跑的樣子。徐志摩在「我所知道的康橋」裏，寫康河上的船娘，撐船的熟練技巧時，說：「撚起一根竟像沒分量的長竿，只輕輕的，不經心的往波心裏一點，身子微微的一蹲，這船身便波的轉出了橋影，翠條魚似的向前滑了去。」其中「波的」兩字，摹狀船身轉出橋下的聲音，但又關連船底滑水的意思，也是雙關詞。

13.他躺在泥漿裏，讓從山脊豁浪豁浪衝下來的山溪水，沖刷著自己。（趙滋蕃：半下流社會）

「豁浪豁浪」是山水下衝的聲音，而文字本身又有水流出谷的意思。是雙關詞。

14.人人耳朵裏響著震耳欲聾的「空洞！空洞！」的機器聲。（子敏：小太陽集．單車上學記）

「空洞！空洞」，一方面是形容機器轉動的聲音，一方面是說明這機器發達的時代，使人在精神生活上變得很空洞。作者選用「空洞」兩字作爲摹寫聲音的形容詞，實有雙關的用意。

以上是一個詞，摹狀聲音，又關顧意義。

詞義的雙關，表面所說的看來很切實，其實作者眞正想表達的意思，卻在看不見的裏層。如本頁第一例的主旨在「背叛」，第五例的主旨在「楊華」，第六例的主旨在「節操」，第十例的主旨在孤單的「一人」，第十四例的主旨在精神生活的空洞等。

三、句意雙關

句意雙關是整句話，甚至整段話，都有雙關的意思。說的是這件事，指的是那件事，好像借題發揮，指桑罵槐的樣子；不過，有時候宛轉地表達情思，隱約地借事示意，或者嬉笑歡謔，也會用這種修辭法。例如：

1.朱虛侯年二十，有氣力，忿劉氏不得職。嘗入侍高后燕飲，高后令朱虛侯劉章爲酒吏，章自請曰：「臣，將種也。請得以軍法行酒。」高后曰：「可。」酒酣，章進飲歌舞。已而曰：「請爲太后言耕田歌。」高后兒子畜之，笑曰：「顧而父知田耳。若生而爲王子，安知田乎？」章曰：「臣知之。」太后曰：「試爲我言田。」章曰：「深耕穊種，立苗欲疏；非其種者，鋤而去之。」呂后默然。（史記齊悼王世家）

劉章唱耕田歌，表面上說的是農事，骨子裏指的卻是政治。所謂「非其種者，鋤而去之」，是說呂氏非劉氏，應該剷除。所以呂后聽了，默然不樂。呂后死後，劉章聯合大臣周勃、陳平等，盡誅諸呂。他唱的歌，言在此而意在彼，雙關修辭。

2.奉帚平明金殿開，且將團扇共徘徊。玉顏不及寒鴉色，猶帶昭陽日影來。（王昌齡：長信怨）

班婕妤本爲漢成帝寵姬，後爲趙飛燕所奪，至長信宮侍奉太后。嘗作怨歌行紈扇詩以自傷。詩云：「新製齊紈素，皎潔如霜雪。裁成合歡扇，團團似明月。出入君懷袖，動搖微風發。常恐秋節至，涼風奪炎熱。棄捐篋笥中，恩情中道絕。」她把自己比作見捐的秋扇，被君王所棄。王昌齡寫這首長信怨，卻說班婕妤在灑掃殿臺之餘，拿著團扇在長信宮徘徊。這把團扇是「夏扇」呢？還是「秋扇」呢？看下句「寒」字，是「秋扇」無疑。那麼作者是故意造設這句詩，說班婕妤手執秋扇，在顧影自憐哪！表面寫的是班婕妤拿著團扇徘徊，骨子裏卻是說她秋扇般的命運。這樣的雙關，不僅對下句「玉顏不及寒鴉色」有啓引的作用，而且班婕妤的怨歌行也烘托出來了。

3.道士（與劉文靜）對奕，虬髯與公（李靖）傍侍焉。俄而文皇（李世民，時年二十。）到來，精采驚人。長揖而坐，神氣清朗，滿坐風生，顧盼煒如也。道士一見慘然，下棋子曰：「此局全輸矣！於此失卻局哉！救無路矣，復奚言！」罷奕而去。既出，謂虬髯曰：「此世界非公世界，他方可也。勉之，勿以爲念。」（杜光庭：虬髯客傳）

杜光庭寫虬髯客傳，旨在說明李世民是眞命天子，天下應該屬於唐朝。道士說的話，表面是說棋局全盤輸了，眞正的意思是說這場爭天下的戰鬥全輸定了。言在此而意在彼，一語雙關。所以出來之後，就叫虬髯客另作他圖，不必在中國爭勝了。

4.宋江道：「你還了我招文袋。」婆惜道：「你在那裏交付與我手裏，卻來問我討？」宋江道：「忘了在你腳後小欄杆上。這裏又沒人來，只是你收得。」婆惜道：「呸！你不見鬼來！」宋江道：「夜來是我不是了，明日與你陪話。你只還了我罷，休要作耍。」婆惜道：「誰和你作耍，我不曾收得。」宋江道：「你先時不曾脫衣裳睡，如今蓋著被子睡，一定是起來鋪被時拿了。」只見那婆惜柳眉踢豎，星眼圓睜，說道：「老娘拿是拿了，只是不還你！你使官府的人便拿我去做賊斷！」宋江道：「我須不曾冤枉你做賊。」婆惜道：「可知老娘不是賊哩！」（水滸傳第二十回）

宋江原是鄆城縣的押司，放了梁山上的强盜，首領晁蓋送給宋江金子和信，以爲答謝。宋江把信和金子放在招文袋裏，卻連袋子都落在閻婆惜手裏。宋江向她討還，兩人吵了起來，就是這段文字。「你使官府的人便拿我去做賊斷」，就是說：「我可以叫官府的人便拿你去做賊斷！」「可知老娘不是賊哩」，就是說：「可知你才是賊哩！」意思是：你和梁山强盜勾結的底細我全知道了。所以下文是：「宋江聽見這話心裏越慌。」指著和尚罵賊禿，咄咄逼人。這雙關語活畫出一個厲害的婆娘。

5.這裏寶玉又說：「不必燙暖了，我只愛喝冷的。」薛姨媽道：「這可使不得，吃了冷酒，寫字手打顫兒。」寶釵笑道：「寶兄弟，虧你每日家雜學旁搜的，難道就不知道酒性最熱？要熱吃下去，發散的就快，要冷吃下去，便凝結在內，——拿五臟去暖他，豈不受害？從此還不改了呢？快別吃那冷的了。」寶玉聽這話有理，便放下冷的，令人燙來方飲。黛玉磕著瓜子兒，只管抿著嘴笑。可巧黛玉的丫鬟雪雁走來，給黛玉送小手爐兒。黛玉因含笑問他說：「誰叫你送來的？難為他費心，那裏就冷死我了？」雪雁道：「紫娟姐姐怕姑娘冷，叫我送來的。」黛玉接了抱在懷中，笑道：「也虧你倒聽他的話。我平日和你說的，全當耳邊風；怎麼他說了，你就依得比聖旨還快呢？」（紅樓夢第八回）

「難為他費心，那裏就冷死我了？」表面說的是雪雁送手爐，骨子裏說的卻是寶釵勸寶玉不要喝冷酒。「也虧你倒聽他的話，……」幾句，表面說的是雪雁聽從紫娟，送來手爐；骨子裏卻是笑寶玉聽從寶釵，不敢喝冷酒。所以「寶玉聽這話，便知是黛玉借此奚落他。」真是借題發揮了。

6.我念大學時，一年除夕，一位同窗好友，特地到宿舍拉我去他家吃年夜飯。到達同學家，正是下午四點左右。他扭開電視，囑我自便，他便到廚房幫家人準備晚餐。

我一人在客廳坐得乏味，關了電視，走到門前散步。一眼瞥見同學的小妹，在採摘鄰家門前的花朵，急忙上前阻止。正當我對著小妹說教時，突然一位小姐的女高音從背後傳來：「嘿！誰要你採我家的花？」我回頭一看，只見學生模樣的她，不屑似地瞪我一眼，隨即砰地一聲把窗子合上。

我深感委屈，回到學校，寫了一封信，請同學轉交給她，向她說明理由及代小妹道歉。不久得到她的回音，從此魚雁不絕。

翌年除夕前兩天，我接到她的信：「……家人和我都非常歡迎你來我家過年，我家的花正等著你來採。……」如今已結婚，做了一個孩子的爸爸。我家的女主人就是那位瞪我一眼的她。（東南：怒目緣。六十三年一月十四日中央副刊）

「我家的花正等著你來採」，待嫁女兒心，全在這句雙關語中。彷彿畫龍點睛，頓使整篇短文，鮮活而充滿趣味。雙關語的功用，是不可忽視的。

以上所述，是字音、詞義、句意的雙關；其他還有整篇文、整首詩，都用雙關修辭法的。像王安石的遊褒禪山記，就是借遊山說明為學的道理。其中大都是雙關的議論。如：「入之愈深，其進愈難，而其見愈奇。」「夫夷以近，則遊者眾；險以遠，則至者少；而世之奇偉瑰怪非常之觀，常在於險遠而人之所罕至焉。故非有志者不能至也。」劉基的尙節亭記，由亭周的竹，寫竹的節，到人的立節，整篇都是雙關語。又如駱賓王的在獄詠蟬詩，每一聯都寫蟬，也每一聯都說自己；杜甫的古柏行，整首詩寫孔明廟前的古柏，又寫孔明這個人。

雙關法是多方面的，它在修辭裏扮演著一個不可缺少的角色。

第十八章 統一

雙關是一個字、詞或句，關顧兩種意義；統一是兩個或兩個以上的字、詞、句，調和在同一的氣氛下，使上下文有和諧一致的美感，沒有突兀、矛盾的缺點。好像國畫：仕女圖，總以紅樓、豔花爲背景；而茅屋、柴扉中，就安置扶杖的村翁，在夕陽斜照裏，等待牧童歸來。無論富貴、貧窮，總要使整個畫面勻稱自然，統一融和，才能引人欣賞。

字句的統一，大致是使用同類詞語來表達。說得具體些，就是怎樣的名詞，就用怎樣的動詞，以及這一類形容詞、副詞來配合。上下關連調適。篇章的統一，作者須有一個中心意念，運用的材料，或主或副，描述的情景，或顯或隱，都繞著這個中心，烘托這個意念。作品就能感人，流傳千古。現在分說如下。

一、字句的統一

許地山的落花生有一句話：

1.父親的話，現在還印在我的心版上。

後來的人，也學他的口氣，寫道：

2.老師的話，開啓了我的心扉。

3.你的話，撥動了我的心絃。

這是用什麼動詞，配什麼名詞。用「印」就配上「心版」，用「開啓」就配上「心扉」，用「撥動」就配上「心絃」，調和統一。這淺顯的道理，稍有文學天賦的人都懂。但是也常有人造出似是而非的句子：

4.一個青年，如果沒有勇氣，就像一條船缺少了羅盤。

這個句子，在文法上沒有不通，在修辭上卻是不適。因爲沒選用性質類似的詞語，上下文關連不起來。如果把「勇氣」改成「志向」，和「羅盤」就很配合；或者把「羅盤」換做「馬達」，和「勇氣」也可相符。

臺灣諺語，有一句：

5.戇阿媽疼外孫，戇雞母孵鵪鶉。

這是很有味道的諺語。但有人把下一句說做「戇雞母孵草墩」，就缺少滋味了。上句的「外孫」是人，跟「阿媽」相連；下句應該是「鵪鶉」，才能跟「雞母」相連。用「鵪鶉」就有統一作用，用「草墩」就沒有統一作用。所以後者不如前者有味。

梁實秋先生寫的「舊」，有幾句話：

6.我有胡桃一對，祖父常常放在手裏揉動，噶咯噶咯的作響；後來又在我父親手裏揉動，也噶咯噶咯的響了幾十年。圓滑紅潤，有如玉髓，眞是先人手澤。

「手澤」兩字用在這裡，非常恰當。它雖然只是說胡桃沾了先人手上的汗水。但這個「手」字正好關連了上面祖父的手、父親的手；「澤」字又統合了上面的圓滑紅潤，有光澤的意思。而「手澤」兩字出自禮記，又是現成的。

白居易長恨歌云：

7.春寒賜浴華清池，溫泉水滑洗凝脂；侍兒扶起嬌無力，始是新承恩澤時。

第四句「恩澤」兩字，和前例所說的「手澤」完全異趣，但這個「澤」字也十分恰當。因爲第一句有「浴」和「池」，第二句有「溫泉水滑」和「洗」，第四句必然該用「恩澤」。如果用「恩惠」、「恩德」，雖然意義相同，聲律也合，但絕沒有「恩澤」好。而且「恩澤」一詞也早已有了，用在這裡非常自然。

8.物質的泉水如是，心靈的泉水亦然：當你將心中的一切俗務沈澱，讓心靈掙脫七情六慾的枷鎖，名利現實的羈絆，讓明澈的思維與情緒由心湖升起，無論是澎湃的思潮，或涓涓的情致，發爲一首詩，一篇文，或一支歌，都是一種珍貴的泉水，可以耐人品嘗，而滋養人的性靈。（殷穎：品泉）

這一段話用了不少跟水有關的字、詞，和題目十分配合。其中「沈澱」、「心湖」、「澎湃」、「思潮」等，無疑是特地選用，以調適整段文意的。看上去和諧一致。相反的，如果矯揉造作，勉强拿一些類似的字來湊合，那就不好。司馬相如上林賦，形容水，有「潏潏淈淈，湁潗鼎沸」的句子；形容山，有「深林巨木，嶄巖嵾嵯」的句子。都是勉强找一些有關水或山的字來湊合的。這只是生硬的堆砌，不是自然的統一。統一，固然要選用類似的字詞，但也要顧到自然的配合。

9.林花謝了春紅，太匆匆，無奈朝來寒雨晚來風。胭脂淚，相留醉，幾時重？自是人生長恨水長東。

李煜相見歡詞：

本詞上半闋的「紅」字，和下半闋的「胭脂」以及「醉」字，都有統一作用。佘雪曼先生說「醉」字用得最好，好在「醉」字本身又有紅色的意味，和血淚、林花的色彩正合；又說後主鍊字，不求工而自工。不求工而自工，就是自然；自然地統一起來，看上去就非常順適。

趙友培先生的文藝書簡，談寫作志願，有一句話：

10.他們很多從年輕時就教書，一天天，一月月，一年年，把青春付與白筆。

「白筆」就是粉筆，作者爲什麼不用粉筆而用白筆？因爲「白」字可以跟上面的「青」字統一，句子顯得更好。

洪昇長生殿獻髮一齣，楊妃被逐出宮門時，唱道：

11.不提防爲着橫枝，陡然把連理輕分。

楊妃介紹虢國夫人給玄宗，玄宗和她接近，楊妃生妬，被逐出宮門。「橫枝」是指虢國夫人。作者爲什麼要用橫枝來作譬？因爲要跟下句的「連理」統一。也就是長恨歌所寫的：「在地願爲連理枝。」

艾雯女士寫的「路」，其中有幾句說：

12.一滴血，一滴汗，血汗滲透了泥沙，浸蝕了巖石，在人的力量下，公路平坦地展開了。

用字十分調和，「血」、「汗」是液體，「滲透」、「浸蝕」是液體的動詞，這是作者故意選用的。

林海音女士描寫她丈夫何凡先生的書桌（題名即爲「書桌」），十分雜亂的情況，說：

13.我眞不知道當他要寫或讀的時候，是要怎樣刨開桌面上的一片荒蕪，好給自己展開一塊耕耘之地。

她用「刨開」、「荒蕪」、「耕耘之地」等同類詞語，鮮活地描繪出一個有趣的形象來。用的也是統一手法。

二、篇章的統一

劉長卿逢雪宿芙蓉山詩：

1.日暮蒼山遠，天寒白屋貧；柴門聞犬吠，風雪夜歸人。

一首託意深遠的詩，一幅著色平淡的畫。「白屋」是貧家的住處，現成的詞語（見漢書蕭望之傳），在色采上剛好跟「雪」字相連，在意義上也跟「蒼山」近似。日暮天寒，白屋柴門，是同一類景象，同一類素材，整首詩表現一種氣氛——清遠淡雅。但也有一點小小的溫暖，那就是犬吠聲和夜歸人。看起來是一幅畫，讀起來是一首詩，令人悠然神往。因爲它非常調和，非常統一。採同類材料，用同類字詞，能情景交融，意境統一。范仲淹寫的嚴子陵先生祠堂記，最後有四句歌：

2.雲山蒼蒼，江水泱泱，先生之風，山高水長。

「先生之風」的「風」字本來是「德」字，是李太伯替他改做「風」字的。謝疊山的文章規範說：「范文正公作嚴先生祠堂記，適李太伯在坐。曰：『公此文一出名世，只一字未妥。』公曰：『何字？』曰：『「先生之德」不如改「先生之風」。』公欣然改之。蓋太伯因見記中有『貪夫廉，懦夫立』六字，遂思伯夷、柳下之風一段，因得『風』字也。」洪邁容齋五筆卷五，也載著這個故事。不過他說李泰伯（洪書「太」作「泰」）提議改字的理由，卻不是想到孟子書上「故聞伯夷之風者，頑夫廉，懦夫有立志」的文字，而是說「雲山、江水之語，於義甚大，於詞甚溥；而『德』字承之，乃似趢趚。擬換作『風』字，如何？」所謂「乃似趢趚」，是說德字局器太小，迫促不舒，不如改為「風」字。謝疊山的推測沒有錯，洪邁的記述也不會有誤，兩個人所說的都是對的。但是從統一的修辭法來講，「德」字是萬萬比不上「風」字的。前兩句的「雲山」、「江水」，後一句的「山高水長」，都是大自然的景物，中間忽然插進一個「德」字，實在很不調和。——也就是所謂「趑趄」。改為「風」字，就十分和諧自然了。「風」字的意義固然是風範、風格，仍是道德的意思，但它的字面卻是自然物的一種，能和雲、山、江水融合無間。所以這「風」字是改得極好的。

蘇軾的赤壁賦，是七月望日，明月高照之下，清風徐來之時，泛舟長江之上。除正寫月出風來、水光接天等實景外，又附寫明月之詩、馮虛御風、逝者如水等有關材料。使整篇文章都沈浸在風清月白、水天交融的情景中，剔透玲瓏，不可捉摸。他形容洞簫的聲音，就說：

3.舞幽壑之潛蛟，泣孤舟之嫠婦。

他說到曹操的詩，就引用：

4.月明星稀，烏鵲南飛。

他說到人生的短暫與渺小，就說：

5.寄蜉蝣於天地，渺滄海之一粟。

這都是很明顯的有意的安排。譬如說，粟在倉廩，不在滄海。為什麼不說「渺倉廩之一粟」，而說「渺滄海之一粟」？因為在這篇文章裏，「倉廩」萬萬不及「滄海」。不僅是境域的大小，還有情景的統一。

蘇軾胸懷寬濶，又兼天才高妙，思想與造物共遊，所以赤壁賦所表現的宇宙和人生，渾然成爲一體。作者的修養，就表現在作品裏。有眞修養，就有眞作品。他的意念是一致的，他的作品自然也是一致的。一篇作品，不管說的是什麼事情，用的是什麼材料，他總是用那個意念把它們貫通起來的。陶淵明歸去來辭，寫棄官歸家，目的是要表出他不願意在污濁的亂世做官，要回到醇樸的鄉村做隱士。所謂心不爲形役，覺今是而昨非，已說得很明白。他敍述回家後觀賞景色的那一段，說：

6. 雲無心以出岫，鳥倦飛而知還。景翳翳以將入，撫孤松而盤桓。

表面是描寫眼前景色，實際是表現心中意念。白雲出岫，是說他出山去當彭澤縣令了。但這不是有意營求，而只是無心試作，所以不到三個月，就像羇鳥倦飛，回家來了。在日光漸暗，百卉隱沒的時候，只有那棵孤松還屹立在晚風中。這棵孤松就是他自己。摩挲盤桓，自賞孤芳，可見此老氣骨的高傲，心境的寂寞了。所以下面接著就寫：「請息交以絕遊，世與我而相遺。」每一景物，每一詞語，都在表現他那個意念。所以通篇調和，首尾一致。這是心物不隔，內外合一，發爲文章，傳世不朽。

文天祥起兵抗元，屢戰屢敗，最後在五坡嶺（在廣東海豐）被張弘範俘虜，帶往南海，在舟中寫過零丁洋詩：

7.辛苦遭逢起一經，干戈落落四周星。山河破碎風拋絮，身世飄零雨打萍。皇恐灘頭說皇恐，零丁洋裡歎零丁。人生自古誰無死，留取丹心照汗青。

眼見河山破碎。自歎身世飄零，奔波跋涉，到了皇恐灘（贛江險灘名）而感皇恐，到了零丁洋（廣東外海名）而覺零丁，這固然是觸景生情，寫出這樣的詩句，但主要是由於胸懷忠義，念茲在茲，就無時無地，流露在字裏行間了。心中有至意，筆下吐眞言，風格和淵明辭異曲，但作法統一和諧卻與淵明辭同工。在流傳的文獻中，曾說張弘範命文天祥寫信招降張世傑，文天祥隨即寫這首詩給張弘範。末兩句本來是：「人生自古誰無死，留取聲名照汗青。」現在的本子，「聲名」換作「丹心」，大約是文天祥後來改的。改「聲名」爲「丹心」，和「汗青」相應，成爲極其諧合調融的佳句。

劉大白的新詩自然的微笑，第一段寫道：

8.隱隱的曙光一線，在黑沈沈的長夜裏突然地破曉；霎時烘成一抹錦也似的朝霞，彷彿沈睡初醒的孩兒，展開蘋果也似的雙頰，對着我微笑。

第三段寫道：

9.錦也似的平湖，映着胭脂也似的落照，忽然幾拂輕風，皺起紗也似的波紋，彷彿曲終舞罷的女郎，把面罩籠著半嬌半倦的臉兒，對著我微笑。

第一段描寫早晨曙光的美，特寫鏡頭是朝霞；第三段描寫薄暮晚景的美，特寫鏡頭是落照。而朝霞和落照，同樣都是紅色。但朝霞用錦來作比，配上蘋果似的孩兒的雙頰；落照用胭脂來作比，配上舞女半嬌半倦的臉兒。錦不一定是紅色，蘋果卻一定是紅的；所以第一段描寫朝霞，錦是形容它的明亮，蘋果是形容它的紅豔。而朝霞與孩兒都是新生的象徵，氣氛十分調和。第三段描寫落照，用胭脂形容它的紅豔，而胭脂和舞女是很配合的。曲終舞罷，半嬌半倦，正是紅日奄奄快下山的樣子，所以情景也十分一致。要是倒過來，拿孩兒的蘋果雙頰來譬喻傍晚的落照，拿舞女的胭脂臉兒來譬喻早晨的朝霞，那還成話嗎？所以選用譬喻，也要考慮到整個氣氛的調和。這就是統一和諧了。

三、不調和統一的字句

作家們爲了刻意求工，常選用特別的字眼，以表示奇勝。但如果和上下文氣氛不調和，即使於經典有據，也不一定妥當。歐陽修瀧岡阡表：

「回顧乳者劍汝而立於旁，因指而歎曰……」

這句文章裏的「劍」字，本來是「抱」字，後來改爲「劍」字。歐陽修居士外集卷十二先君墓表（舊注：此乃瀧岡阡表初稿，其後刪潤頗多，題曰瀧岡阡表），作「抱」，那是他四十七歲時的作品；文忠公集卷二十五瀧岡阡表作「劍」字，這是他六十四歲寫的。可見是後來才改的。禮記曲禮：「負劍辟咡詔之，則掩口而對。」鄭玄注：「負，謂置之於背；劍，謂挾之於旁。」孔穎達疏：「劍，謂挾於脅下，如帶劍也。」歐陽修就是根據曲禮的文字，把「抱」字改為「劍」字的。經書，固然是文化寶典，但也並不是絕對的金科玉律，每一個字都無可訾議。（曲禮文字有疏略處，已見「前言」。）曲禮用「劍」字形容抱小孩，並不值得取法。把小孩「挾於脅下如帶劍」，恐怕從古到今都沒有這樣的姿勢。而最主要的是這個「劍」字，對於歐陽修的父親在書房裏，跟妻子、奶媽、幼兒說話的氣氛，很不調和。一個殺氣騰騰的「劍」字，加在一個四歲的嬌兒（那時歐陽修是四歲）的頭上，是很不相稱的。雖然洪邁說後人不曉歐陽公用曲禮舊義，竟改「劍」為「抱」，實在可歎（見容齋隨筆卷五）；現在也有人認為用「抱」字太熟見，改為「劍」字比較新鮮特殊（黃遵憲拜曾祖母李太夫人詩：「劍兒大父旁」也學這用法）。但是站在統一的角度來看，還是用「抱」字來得融和自然。

傅庚生的中國文學欣賞舉隅，批評陸次雲的費宮人傳，說：

> 陸次雲作費宮人傳，記明神宗殉國時，費宮人託為長平公主刺殺李闖愛將羅某，及另有魏宮人沈御河以身卒節事，題材頗有戲劇性，文甚鍊而辭亦哀。惟文中有一段云：
>
> 「李自成射承天門，將入宮。魏宮人大呼曰『賊人入內，我輩必受辱，有志者早為計！』奮身躍入御河。須臾，從之者盈三百。翠積脂凝，河水為之不流，而香且數日也。」
>
> 此段內『翠積脂凝，而香且數日也』十字，極儇薄，與文情不稱。蓋寫悲烈之事蹟不容雜以打情罵俏、低級趣味之語句。若刪此十字，但云『須臾，從之者盈三百，河水為之不流』，何

等簡潔，何等沈痛，是好端端一篇文字，竟爲此十字斷送也。

這段評論，很有見地。莊嚴的文章裏，攙進俏皮話，就破壞了統一。

從前的中學國文課本，曾經選過某女作家的春晨頌，主題是讚頌春天早晨的可愛。裏面有這樣的句子：

柔和明朗的光波照耀著山野人家，照耀著都市層樓。暢開了那些早起者顫動的心扉，溫暖了那些酣睡者寂寞的夢境。

春天的早晨，山野人家早已起來，都市層樓還在酣睡，這是事實。但是早起的鄉下人，朝氣蓬勃，揮鋤下田，沒有恐懼畏縮，哪會心扉顫動？都市人昨夜燈紅酒綠，今晨正好酣睡，他們的夢境哪會寂寞？即使寂寞，也用不著去溫暖他。接著又寫道：

清風來了，森林在原野抖動，溪流在山澗激奔。吹啊！吹醒那些醉生夢死的行屍走肉，吹散那陣烈燄薰天的血雨腥風！

溪流因清風吹拂而激奔，已無道理；森林因清風吹拂而抖動，尤爲惡劣。這種描寫和清新明美的春晨，極不調和。至於吹醒行屍走肉，吹散血雨腥風，卻是把一幅美麗潔淨的春晨畫，變成猙獰可怖的地獄圖了。

可見一篇文章總要有個中心意念。由這個中心意念來採擇有關材料，使用同類詞語，均衡地布置起來，統一地表現出來。不是胡亂湊些詞句，無病發些呻吟，就可算是一篇作品。

寫悽情語，不宜用過剛字；寫悲烈事，不應作打情罵俏語；寫明媚景，不該有猙獰厲鬼相。不調和，不均勻，破壞了文辭的統一性，就不是藝術品。

筆者以爲，從小處說，是一個句子裏，選用同類的字詞，使意義聯貫起來；從大處看，是整篇文章，在一個意念的涵蓋下，融合起來。這就是統一的作用。

第十九章 曲繞

說話的人，爲了表示謙卑、怨憤、感慨，或向人有所請求，心裏的意思不直說，卻轉個彎說話，叫做「婉曲」。一般修辭書，都有這一格。還有少數修辭書，把繞個彎來表示斥責、嘲譴的說話，另立一格，叫做「折繞」。筆者以爲婉曲和折繞，應用的對象雖有不同，但兩者的基本修辭法是一樣的。所以把它們合併，稱爲「曲繞」。

修辭的方法是多方面的，有的時候要直抒胸臆，噴薄而出。梁啓超贊美古詩箜篌引「公無渡河，公竟渡河！墮河而死，其奈公何」，筆力萬鈞，動人心魄，稱它爲奔放式寫法。而有的時候要隱約深婉，曲折暗示。司馬光欣賞杜甫春望詩「國破山河在，城春草木深。感時花濺淚，恨別鳥驚心」的句子，他說：「山河在，明無餘物矣；草木深，明無人矣。花鳥，平時可娛之物，見之而泣，聞之而恐，則時可知矣。」他認爲：「古人爲詩，貴於意在言外，使人思而得之。」不直接道破，讓讀者「思而得之」，有時比強迫別人接受還有效果。這就是曲繞修辭法的好處。

一、示敬的曲繞

為表示尊敬別人，謙抑自己，轉個彎稱謂對方，是曲繞辭的一種。例如：

1.齊侯未入竟，展喜從之，曰「寡君聞君親舉玉趾，將辱於敝邑，使下臣犒執事。」（左傳僖公二十六年）

「執事」就是屬下供使令的人，用以稱呼齊侯。又有稱為「下執事」的：

2.越王許諾，乃命諸稽郢行成於吳，曰：「寡君句踐使下臣郢不敢顯然布幣行禮，敢私告於下執事曰：『……敢忘天王之大德，而思邊陲之小怨，以重得罪於下執事？……』……」（國語吳語）

兩個「下執事」都是尊稱吳王夫差的。又有稱為「侍御者」的：

3.恐侍御者之親左右之說，而不察疏遠之行，故敢以書報，唯君之留意焉。（戰國策燕策，樂毅報燕惠王書。）

「侍御者」是侍候燕惠王的人，樂毅用來尊稱燕惠王。樂毅又稱惠王為「足下」：

4.恐抵斧質之罪，以傷先王之明，而又害於足下之義，故遁逃奔趙。（同右例）

「足下」一詞，相傳為介之推逃祿，燒死綿山，晉文公伐木製屐，呼「足下」以為悼念。這說法不一定可靠。恐是供人使喚，替人跑腿的意思。因而曲繞為對君長的尊稱。除本例外，又如范雎用它稱秦昭王，酈食其用它稱漢王，張良用它稱項王等。

到戰國末年，秦國又出現「陛下」一詞。因秦國的統一天下，後來就成爲皇帝的標準尊稱：

5.（呂不韋）間曰：「陛下嘗軔車於趙矣，趙之豪傑得知名者不少。今大王反國，皆西面而望大王，無一介之使以存之，臣恐其皆有怨心。」（戰國策秦策）

「陛下」稱秦孝文王。陛下本是階下的意思。秦國有「陛楯郎」，是拿著武器站在階下的衞士（見史記滑稽傳）。所以陛下本是階下的衞士，用來尊稱帝王。諸侯及太子稱「殿下」，也是這種用法；又稱人爲「閣下」，都是這種意義。

稱國王爲侍御者、陛下，推其原因，是表示不敢跟對方直接說話，請侍候的人，或階下衞士轉達。進而就把侍候的人，階下衞士，當作國王的尊稱。是以卑爲尊，轉了一個大彎的曲繞辭。

二、辭拒的曲繞

辭退別人，拒絕請求，都很容易得罪人，說話的口氣，就要宛轉，要藉助曲繞辭。例如：

1.鄭穆公使視客館，則束載厲兵秣馬矣。使皇武子辭焉。曰：「吾子淹久於敝邑，唯是脯資餼牽竭矣。爲吾子之將行也，鄭之有原圃，猶秦之有具囿也，吾子取其麋鹿，以閒敝邑，若何？」杞子奔齊，逢孫、楊孫奔宋。（左傳僖公三十三年）

本是秦國留駐鄭國以爲協防的杞子、逢孫、楊孫，卻做了秦國偷襲鄭國的內應者，所以鄭穆公派皇武子辭退他們。但是他不能直接說：「你們走吧！」只能繞個彎兒，說我們沒有物資可以供養你們了，你們回到自己國家去獵食麋鹿，且讓我們生養休息一下吧！這是一種曲繞的外交辭令，當然是暗示逐客的意思。

2.夫差行成曰：「寡人之師徒，不足以辱君矣，請以金玉子女賂君之辱。」句踐對曰：「昔天以越予吳，而吳不受命；今天以吳予越，越可以無聽天之命而聽君之令乎！吾請達王甬、句東，吾與君爲二君乎！」（國語越語）

夫差戰敗，向句踐求和，希望保留一片土地，奉祀宗廟。而句踐的答覆是，要把他送到甬江、句章以東，看待他像另一個國君。甬江注入東海，甬江以東，已是舟山群島。所謂「吾請達王甬、句東，吾與君爲二君」，事實上是把他放逐到島上，孤處海中，像拿破崙被囚禁在西西里島一般。這只是一句曲繞的美麗的外交辭令。夫差也懂得他的意思，所以說：「寡人請死，……越君其次也。」

3.後朞年，齊王謂孟嘗君曰：「寡人不敢以先王之臣爲臣。」孟嘗君就國於薛……。（戰國策齊策）

孟嘗君曾爲齊湣王之相，又爲襄王之相。襄王要辭退孟嘗君，所以說：「不敢以先王之臣爲臣。」其實這是一種推託的曲繞辭。好像公司老闆要辭退一個員工，總是說：「您太辛苦了，應該休息一下。」梁實秋先生在「駱駝」一文裏說：「我嘗想：公文書裏罷黜一個人的時候，常用『人地不宜』四字，總算是一個比較體面的下臺的藉口。」

聽到被辭退、被拒絕的曲繞辭的人，雖然心裏不愉快，也只好自認倒楣，知難而退了。

三、抒憤的曲繞

表示怨憤，軟中帶硬，有時也用曲繞辭：

1.子以君師辱於敝邑，不腆敝賦，以犒從者。畏君之震，師徒橈敗。吾子惠徼齊國之福，不泯其社稷，使繼舊好。惟是先君之敝器、土地不敢愛，子又不許。請收合餘燼，背城借一。敝邑之幸，亦云從也；況其不幸，敢不唯命是聽。（左傳成公二年）

晉軍攻齊，齊人戰敗，頃公派賓媚人到晉國軍營求和。「不腆敝賦，以犒從者」，意思是說敝國薄弱的士兵，跟貴國軍隊作戰。是十分宛轉的說法。「請收合餘燼，背城借一」，看似軟弱，其實軟中帶硬，謙辭後面有拳頭，叫人聞而生畏。左傳多曲繞辭，外交辭令尤其如此。又如：

2.（惠公）曰：「寡人不佞，能合其眾，而不能離也。君若不還，無所逃命。」秦伯使公孫枝對曰：「君之未入，寡君懼之；入而未定列，猶吾憂也；苟列定矣，敢不承命！」（左傳僖公十五年）

夷吾賴秦穆公之力，入晉為君，是謂惠公。惠公不報秦恩，又不出糴以救秦饑，穆公伐晉，惠公迎戰。公孫枝不直接責備晉惠公的忘恩負義，只委宛地說明：當年你未回晉國，我們替你擔憂；

現在定位了，哪敢不承命決戰！宛轉地表示心中的憤怒，比疾言厲色的斥責，還有力量。

3.孟明稽首曰：「君之惠，不以纍臣釁鼓，使歸就戮於秦。寡君之以爲戮，死且不朽；若從君惠而免之，三年將拜君賜。」（左傳僖公三十三年）

秦晉崤之戰，孟明等三帥被俘；因文嬴之請，晉襄公釋俘。既而悔之，使陽處父追孟明。孟明所說的「三年將拜君賜」，實際意義是：「三年之後，再來報仇。」跟前面所舉的「不腆敝賦，以犒從者」，同是曲繞辭。

4.其後人上書告勃欲反，下廷尉。廷尉下其事長安，逮捕勃治之。勃恐，不知置辭。吏稍侵辱之。勃以千金與獄吏，獄吏乃書牘背示之，曰：「以公主爲證。」……文帝既見絳侯獄辭，乃謝曰：「吏方驗而出之。」於是使使持節赦絳侯，復爵邑。絳侯既出，曰：「吾嘗將百萬軍，然安知獄吏之尊乎！」（史記絳侯周勃世家）

周勃賄賂獄吏，獄吏指示辦法，請公主作證（公主是文帝的女兒，周勃的媳婦），乃得脫罪。周勃不直說國法的嚴峻，獄吏的貪殘，卻說今天才知道曾統百萬軍的大將，還不如一個獄吏高貴哩！怨憤之意，因曲繞辭而顯露無遺。

四、責備的曲繞

批評一個國家，責罵一個人，固然可以青筋暴露，大聲直吼；但也可以旁敲側擊，轉彎抹角地罵。而且後者的效果往往勝於前者。因爲後者比較含蓄，容易爲讀者接受。例如：

1.（虞公）弗聽，許晉使。宮之奇以其族行，曰：「虞不臘矣。在此行也，晉不更舉矣。」……冬十二月丙子朔，晉滅虢，虢公醜奔京師。師還，館於虞，遂襲虞，滅之。（左傳僖公五年）

虞公答應晉國借路去伐虢，宮之奇勸諫，虞公不聽。宮之奇說明「脣亡齒寒」的道理之後，又說：「虞不臘矣。」是說虞國不再作年終的臘祭了。等於說，虞國在年底以前就會滅亡。這是一種曲繞的批評。

2.蹇叔哭之，曰「孟子，吾見師之出，而不見其入也！」公使謂之曰：「爾何知！中壽，爾墓之木拱矣。」（左傳僖公三十二年）

蹇叔反對秦穆公遠道伐鄭。穆公罵他的話，等於說：「老糊塗，你懂得什麼？」如果拿孔子罵原壤「老而不死是爲賊」的話來比較，更可知道這是曲繞辭了。

3.（吳王）弗聽。（伍員）退而告人曰：「越十年生聚，而十年教訓，二十年之外，吳其爲沼乎！」（左傳哀公元年）

「吳其爲沼乎」，是說吳國的宮室將會變成池沼，國家亡了。這跟宮之奇所說的「虞不臘矣」一樣，是曲繞辭。只是時間緩急不同而已。

4.（吳）王聞之，使賜之屬鏤以死。（伍員）將死，曰：「樹吾墓檟，檟可材也，吳其亡乎！

」（左傳哀公十一年）

伯嚭譖伍員，夫差賜伍員死。伍員所說的「檟可材也，吳其亡乎」，是說吳國必將滅亡的曲繞辭。史記吳太伯世家和伍子胥列傳，都說：「樹吾墓上以梓，令可以爲器。」器，正義解爲棺材。那麼本句的「材」，當亦爲棺材之意。除曲繞外，且有雙關意，意謂可作吳王的棺材。

5.武松睜起眼來，道：「武二是個頂天立地，噙齒戴髮男子漢，不是那等敗壞人倫的豬狗！嫂嫂休要這般不識廉恥！倘有些風吹草動，武二眼裏認得是嫂嫂，拳頭卻不認得是嫂嫂！再來，休要恁地！」（水滸傳第二十三回）

這是武松嫂嫂挑逗武松，武松教訓嫂嫂的一段話。「武二眼裏認得是嫂嫂」，是表面上客氣的虛假話；「拳頭卻不認得是嫂嫂」，是骨子裏不客氣的實在話，意思是：要揍人了。這是用曲繞辭罵人。

五、嘲謔的曲繞

曲繞也有用於嘲謔的。轉個彎嘲弄人，使人啼笑皆非；有時也會刺人，使人無辭可對。例如：

1.子入太廟，每事問。或曰：「孰謂鄹人之子知禮乎？入太廟，每事問。」子聞之曰：「是禮也。」（論語八佾篇）

鄹是魯國的縣邑，孔子的父親叔梁紇曾在那裡做官。所以「鄹人之子」，就是「叔梁紇的兒子」

的意思。不直說孔子的名字，而曲說「叔梁紇的兒子」，是嘲笑的意思。

2.子路宿於石門。晨門曰：「奚自？」子路曰：「自孔氏。」曰：「是知其不可而爲之者與？」（論語憲問篇）

孔子明知天下滔滔，力不能濟，但還是栖栖遑遑，不肯寧處。因此，「知其不可而爲之者」就成爲孔子的代號，也有譏嘲的意思。

3.後孟嘗君出記，問門下諸客：「誰習計會，能爲文收責於薛者乎？」馮諼署曰：「能。」孟嘗君怪之，曰：「此誰也？」左右曰：「乃歌夫長鋏歸來者也。」孟嘗君笑曰：「客果有能也，吾負之，未嘗見也。」請而見之。（戰國策齊策）

馮諼到孟嘗君門下做食客，自言一無所能。但三次高歌「長鋏歸來乎」，要求食有魚，出有車，且有以爲家。左右都笑他貪而不知足，給他的外號是：「歌夫長鋏歸來者」。如果直說，就是：馮諼。

4.旦（鶯鶯）云：「有人墻角吟詩。」紅（紅娘）云：「這聲音便是那二十三歲不曾娶妻的傻角。」（西廂記酬韻）

「二十三歲不曾娶妻的傻角」，就是張君瑞。在前一齣「借廂」裏，張君瑞碰到紅娘，他自我介紹姓名籍貫，並且說：「年方二十三歲，正月十七日子時建生，並不曾娶妻。」紅娘就笑他：「誰問你來？」因此聽他吟詩，就說出那樣的「傻角」來，而不直說張君瑞。

5.后：你忘了我了嗎？

漢：憑著十字架起誓，我沒有忘記你；你是王后，你的丈夫的兄弟的妻子，你又是我的母親，——但願不是。（莎士比亞：漢姆萊脫）

漢姆萊脫的叔父謀殺哥哥，誘娶嫂嫂，已見前映襯篇第二項第十四例。「你的丈夫的兄弟的妻子」，這一句曲繞辭，笑盡他母親的無能與無恥，可說是謔而虐了。

6.相傳有人愛寫字，尤其是愛寫扇子。後來腿壞，以至無扇可寫。人問其故，原來是大家見了他就跑，他追趕不上了。如果字眞寫到好處，當然不需腿健，但寫字的人究竟是腿健者居多。（梁實秋：寫字）

「寫字的人究竟是腿健者居多」，是一句曲繞辭，直說了就是：「寫字的人究竟是寫不好的居多。」寫不好偏要替人寫，人見他就跑，人跑他就追，追人需要腿健。這句曲繞辭是夠挖苦的了。

六、感歎的曲繞

如用曲繞辭寫心中的感歎，因爲它有一種烘雲托月，吞吐而出的姿態，意味也特別深長。例如：

1.顏淵死，子哭之慟。從者曰：「子慟矣！」曰：「有慟乎？非夫人之爲慟而誰爲！」（論語先進篇）

「非夫人之爲慟而誰爲」，直說了就是：「我當爲此人哀慟。」但曲說更爲傷痛，也表現出孔子對顏淵特別鍾愛。

2.舊苑荒臺楊柳新，菱歌清唱不勝春。只今惟有西江月，曾照吳王宮裏人。（李白：蘇臺覽古）

詩人們對於時間的推移，歷史的演變，非常敏感，尤其當他憑弔古跡的時候。這首詩三、四兩句是慨歎歷史的無情，人生的無常。但他不說當年在這蘇臺上酣歌醉舞的吳宮美人，如今已杳無踪影了，卻說：「只今惟有西江月，曾照吳王宮裏人。」即所謂：「今人不見古時月，今月卻曾照古人。」短促的人生，怎能跟終古的宇宙相比呢！陸游楚城詩：「一千五百年間事，只有灘聲似舊時。」借水聲的不變，烘托楚國早已成爲歷史陳迹。也是曲繞的手法。

3.宮門長閉舞衣閒，略識君王鬢已斑。卻羨落花春不管，御溝流得到人間。（李建勳：宮詞）

這首詩寫深宮怨。但它沒說身在宮禁，不見天日的痛苦，只說羨慕落花，可從御溝自由自在地流到人間。借花作襯，鬱悶之氣，自然溢於言表。唐人紅葉題詩：「聊題一片葉，寄與有情人。」也婉曲地說身居深宮，寄情紅葉，那一種寂寞無奈的心緒，十分感人。

4.黯鄉魂，追旅思，夜夜除非好夢留人睡。（范仲淹：蘇幕遮詞）

沈際飛草堂詩餘正集云：「人但言睡不得爾，『除非好夢』，反言愈切。」反言愈切，就是從反面曲說，更加深切動人。

5.香冷金猊，被翻紅浪，起來慵自梳頭。任寶奩塵滿，日上簾鉤。生怕離懷別苦，多少事，欲說還休。新來瘦，非干病酒，不是悲秋。……（李清照：鳳凰臺上憶吹簫）

這首詞是李清照跟趙明誠結婚之後，趙將往太學讀書，生怕別離之苦之時寫的。新來瘦，既非病酒，又非悲秋，自然是爲離愁別緒纏繞所致。陳廷焯白雨齋詞話說：「『新來瘦』三語，婉轉曲折，煞是妙絕。」這是說曲繞辭別具深致。以曲繞辭寫感慨，有較多的絃外之音，令人尋思。

曲繞辭，用於稱呼，能表示禮敬；用於辭拒，能不傷和氣；用於抒憤，無怨毒之性；用於責備，無暴戾之聲；用於嘲謔，有使人不得反脣相譏之功；用於感慨，有一唱三歎，餘音繞耳之妙：所以是修辭法的一種。

第二十章 諱 飾

諱飾近似曲繞，其實跟曲繞不同。曲繞是繞個彎說話，以表達尊敬、憤怒、嘲謔等意思；而諱飾雖也是繞個彎說話，但主要是爲了避忌不吉、不雅，不好意思明白說出來；也有屬於個人特殊的忌諱，而用別的話來裝飾的。

民間俗語，往往忌諱不吉利的同音字。青年男女相識不送傘，因傘和散同音；人有喜慶事不送鐘，因鐘和終同音：這是一般人的忌諱。船家吃魚不翻身，商人歇店稱打烊，這是某些行業對某些話語的忌諱。舊時稱屙屎爲出恭，今人稱廁所爲一號：這是對不雅事物的諱飾。舊時稱吸鴉片爲橫眠（吸鴉片是一榻二人，相對橫眠，中置烟燈，各執烟槍而吸），今人稱打牌爲方城之遊：這可說是對不正當事情的諱飾了。

其次，還有因難以啓齒而諱飾的，因封建制度而諱飾的等等。但以避忌不吉的爲最多。

一、避忌不吉的諱飾

人人怕死，所以對死特別忌諱。除了對死的同音字儘可能避免外（如兒童四歲，說成兩雙歲），對死的意義更造設許多諱飾辭。如：

1. 孔子蚤作，負手，曳杖，消搖於門，歌曰：「泰山其頹乎！梁木其壞乎！哲人其萎乎！」既歌而入，當戶而坐。子貢聞之，曰：「泰山其頹，則吾將安仰？梁木其壞，哲人其萎，則吾將安放？夫子殆將病也！」遂趨而入。夫子曰：「爾來何遲也！夏后氏殯於東階之上，則猶在阼也；殷人殯於兩楹之閒，則與賓主夾之也；周人殯於西階之上，則猶賓之也。而丘也，殷人也，予疇昔之夜，夢坐奠於兩楹之閒。夫明王不興，而天下其孰能宗予，予殆將死也！」蓋寢疾七日而沒。（禮記檀弓篇）

楊樹達中國修辭學，引黃生之言，認爲子貢說孔子「夫子殆將病也」，是弟子尊敬老師，不敢直言其死而諱飾的。這話很有道理，因爲孔子自己說，就是「予殆將死也」。明是一種意義的兩種說法。

2. 左師公曰：「老臣賤息舒祺，最少，不肖，而臣衰，竊愛憐之。願令得補黑衣之數，以衛王宮。沒死以聞。」太后曰：「敬諾。年幾何矣？」對曰：「十五歲矣。雖少，願未及塡溝壑而託之。」……「今媼尊長安君之位，而封之以膏腴之地，多予之重器，而不及今令有功於國，一旦山陵崩，長安君何以自託於趙？老臣以媼爲長安君計短也。故以爲其愛不若燕后。」（戰國策趙策）

帝王之死，諱飾爲「山陵崩」，是以山陵喻帝王，崩喻死，有尊敬的意思。秦策也有「王之春秋高，一旦山陵崩，太子用事」等語。自己死，諱飾爲「塡溝壑」，同孟子所說的「老羸轉乎溝壑」，有謙抑的意思。

3.燕王乃使人讓樂毅，且謝之曰：「先王舉國而委將軍，將軍爲燕破齊，報先王之讎，天下莫不振動，寡人豈敢一日而忘將軍之功哉？會先王棄群臣，寡人新即位，左右誤寡人；寡人使騎劫代將軍，爲將軍久暴露於外，故召將軍，且休計事。……」（戰國策燕策）

「棄群臣」諱言燕昭王之死。

4.范雎既相，王稽謂范雎曰：「事有不可知者三，有不可奈何者亦三。宮車一日晏駕，是事之不可知者一也；君卒然捐館舍，是事之不可知者二也；使臣卒然塡溝壑，是事之不可知者三也。宮車一日晏駕，君雖恨於臣，無可奈何；君卒然捐館舍，君雖恨於臣，亦無可奈何；使臣卒然塡溝壑，君雖恨於臣，亦無可奈何！」（史記范雎傳）

「晏駕」諱飾秦昭王之死。裴駰集解引韋昭的話說：「凡初崩爲『晏駕』者，臣子之心，猶謂宮車當駕而晚出。」「捐館舍」諱飾范雎之死。捐館舍爲捐棄館舍，不再住在屋裏。戰國策趙策已有「今奉陽君捐館舍，大王乃今然後得與士民相親」的話。「塡溝壑」是王稽自諱死亡，義同例二。

5.已而呂后問：「陛下百歲後，蕭相國即死，令誰代之？」上曰：「曹參可。」（史記高祖本紀

6.梁孝王朝，因昆弟燕飲。是時上未立太子，酒酣，從容言曰：「千秋之後傳梁王。」太后驩）。（史記魏其侯傳）

「百歲後」、「千秋之後」，都是諱言死。

7.（衛）律曰：「蘇君，律前負漢歸匈奴，幸蒙大恩，賜號稱王，擁眾數萬，馬畜彌山，富貴如此。蘇君今日降，明日復然。空以身膏草野，誰復知之？」武不應。（漢書蘇武傳）

「以身膏草野」是屍體做了野草的肥料，也是諱言死。

8.茗烟道：「秦大爺不中用了。」寶玉聽了，嚇了一跳，忙問道：「我昨兒才瞧了他，還明明白白的，怎麼就不中用了呢？」（紅樓夢第十六回）

「不中用」是快要死的諱飾。

9.來到靈堂，她先向校長道歉來晚了，又忙著這裡那裡打招呼。人們排著長隊，輪流瞻仰李素眞女士最後的遺容。她吩咐別人隨時入殮，不必等她在旁邊，她要看看左右兩排長長的花圈，像在陽明山賞花。

「素眞去得安詳。」朋友們這麼說。（王令嫻：生的歎息）

10.我們都不怕「走」。走就走，誰先走，誰就在那邊把房子找好，錢夠的話，把房子買好。剩下的事，就是在天堂機場等待另外一個人就是了。（子敏：半人）

「去」和「走」都諱言死。

其他諱言死的，還有翹辮子、口眼閉、兩腳直、嗚呼哀哉等，但大都帶有諧謔的意味。像胡適先生寫差不多先生的死：「不上一點鐘，差不多先生就一命嗚呼了。」

諱言死，也諱言棺材。例如：

11.鳳姐兒低了半日頭，說道：「這個就沒法兒了！你也將一應的後事給他料理料理，沖一沖也好。」尤氏道：「我暗暗的叫人預備了。——就是那件東西，不得好木頭，且慢慢的辦著吧！」（紅樓夢第十一回）

「那件東西」指棺材，諱飾的說法。

12.母親睡覺的牀，是一個紫紅色的大匣子，蓋上了紫紅色的蓋子。（季薇：淡紫的秋）

「睡覺」諱言死，「牀」指棺材，「大匣子」、「蓋子」也是指棺材和棺蓋。

諱言棺材，有時也諱言墳墓。例如：

13.釋之免冠頓首謝曰：「……今盜宗廟器而族之，有如……萬分之一，假令愚民取長陵一抔土，陛下何以加其法乎？」（史記張釋之傳）

「取長陵一抔土」，爲諱飾盜開長陵先帝墓。集解引張晏的話說：「不欲指言，故以取土譬也。」索隱說：「蓋不欲言盜開長陵及說傷迫近先帝故也。」國父黃花岡烈士事略序：「顧自民國肇造，變亂紛乘，黃花岡上一坏土，猶湮沒於荒烟蔓草間。」一坏土，同一抔土，指烈士之墓，也是諱飾辭。（「有如……萬分之一」句，刪節處應有「掘高祖墓」字樣，因忌諱而從缺。惟係吃澀而中斷，與前飛白格第一項第七例略同。）

14.王使人問疾，醫來。孟仲子對曰：「昔者有王命，有采薪之憂，不能造朝，今病小愈，趨造於朝，我不識能至否乎？」（孟子公孫丑篇）

朱注：「采薪之憂，言病不能采薪，謙辭也。」這句謙辭實爲生病的諱飾辭。禮記曲禮作「負薪之憂」，義同。

15.勰悲泣對曰：「……豈謂上靈無鑒，復使聖躬違和，萬國所懸，蒼生繫氣，寢興之勞，豈申茶蓼？」（魏書彭城王傳。彭城王元勰，字彥和。與劉勰同名字。）

「違和」諱飾生病，有敬人之意。今人也常說「政躬違和」、「貴體違和」等。

避凶求吉，是一般人的心理，老年人尤其如此。除死亡、棺、墓外，其他不利之言，也儘量諱飾。如：

16.她一邊小心謹慎地捧著碗碟等放進櫥中，一邊嘴裏不停地唸：「瓶瓶碗碗，瓶瓶碗碗。」就是「平平安安，平平安安」的意思，家鄉話「安」「碗」同音。如果油、鹽、醬、醋用完了，她絕不說「完了」或「沒有」二字，她一定說「用好了」，或「不有了」。而把「好」字、「有」字的聲音提得好高，拉得好長，表示樣樣都有，事事都美好。數數遇到「四」，一定說「兩雙」，絕不說「四」，因爲聲音不好聽。（琦君：春節遇兒時）

這種諱飾，近似迷信，但是也逼眞地寫出一個老婦人求吉利的心理。這種心理，普遍地存在民間，例如：

17.苦鈴樹，據當地人說，因爲他的果實像鈴鐺而味兒苦，所以這樣命名。「苦鈴」在臺灣話和「可憐」的音相近，因而變成了可憐樹。有些人家避忌在住宅附近長這種樹。（梁容若：苦楝）

這就是民間避忌不吉利語音的一例。

二、不便明說的諱飾

除了避凶心理外，還有一些不好意思明說或不雅的話，也用諱飾辭。如：

1.上初即位，富於春秋，蚡以肺腑爲京師相，非痛折節以禮詘之，天下不肅。（史記魏其武安侯列傳）

「上」就是漢武帝，即位時爲十六歲（見孝武本紀集解），年歲尚幼，而說作「富於春秋」，爲諱飾之辭。集解引顏師古云：「謂年幼也。齒曆方久，故云『富於春秋』也。」說皇上年幼，不好意思，就用未來歲月甚多來諱飾。

2.白水暮東流，青山猶哭聲。莫自使眼枯，收汝淚縱橫；眼枯即見骨，天地終無情。（杜甫：新安史）

「新安吏」寫安史亂時朝廷徵兵甚急。右列數句，是描寫役男和家人作別時號哭的情形。「天地」兩字，諱言「朝廷」。杜詩鏡銓引杜臆說：「不言朝廷，而言天地，諱之也。」因爲說朝廷無情，犯了忌諱，不好意思。

3.邊庭流血成海水，武皇開邊意未已。（杜甫：兵車行）

「兵車行」寫唐玄宗屢伐吐蕃，國內徵兵不止的故事。說玄宗好戰喜功，不好意思。就拿「武皇」來諱飾了。杜詩鏡銓說：「不敢斥言，故託言漢武以諷。」白居易長恨歌第一句：「漢皇重色思傾國，御宇多年求不得。」也因爲不好意思直指唐玄宗，就用「漢皇」來諱飾。其實整篇詩寫的都是玄宗和楊妃的故事。

4.衍口未嘗言錢，婦令婢以錢繞牀下，衍晨起，不得出。呼婢曰：「舉卻阿堵物！」（晉書王衍傳）

王衍因爲不肯說錢字，所以用「阿堵物」來諱飾錢。「阿堵」是晉代方言，意思是這個、那個，同指示代名詞。晉書顧愷之傳，愷之畫人不點睛。他說：「傳神寫照，正在阿堵中。」「阿堵」是指眼睛。「阿堵物」只是說這些東西，並非專指錢。後世才專作錢的代名詞。

5.扁鵲名聞天下。過邯鄲，聞貴婦人，即爲帶下醫；過雒陽，聞周人愛老人，即爲耳目痺醫；來入咸陽，聞秦人愛小兒，即爲小兒醫：隨俗爲變。（史記扁鵲列傳）

「帶下醫」指醫治婦女病。舊時諱言婦女病，所以用「帶下」代替。

6.「眞忙?」他的問號滿臉掛著:「是忙著起長城吧?」

「哈哈,又給你識破了!我畢竟是個不善於說謊的好丈夫,每次都騙不過你。太太,只八圈,衛生一下就回來。如何?」(王令嫻:球)

「起長城」是打麻將的諱飾辭。因爲事關賭博,難以明說,就用它來諱飾。

還有一種諱飾,可以說是封建制度的產物。如漢武帝名徹,漢人就把蒯徹改成蒯通;唐高祖名淵,唐人就把陶淵明改爲陶泉明。他們認爲天子之名必須避諱。有些無法改換的字,那又怎麼辦呢?譬如唐太宗名世民,「民」字可改爲「人」字,例如魏徵諫太宗十思疏:「怨不在大,可畏惟人。」「人」字實因避「民」字而改的;但是「世」字就很難改換了,於是又想出一個辦法:缺筆。把普通的「世」字寫成「丗」形。甚至把古書上的「葉」字寫成「葉」字(如論語上的「葉公」,唐石經作「葉公」),以表示避諱。孔子名丘,改寫成「丠」字,又讀成「某」音,也是由這種忌諱觀念而來的。再進而對於先人名字的同音字,也避忌稱說。韓愈的「諱辯」裏,說李賀舉進士,毀謗他的人說,李賀的父親名晉肅,李賀不該舉進士。韓愈提出申辯說:「父名晉肅,子不得舉進士;若父名仁,子不得爲人乎?」這眞是可笑的俗諱,但當時確有很多人如此。這種諱飾,一直到滿清王朝結束,才不受人重視而成爲歷史陳跡。

除封建式的避諱沒什麼意義外,其他的諱飾,對語辭的美化作用,是不可缺少的要素;對說話人口氣的描述，民間習俗的傳眞，也有相當的幫助。所以諱飾也不失爲修辭的一種方法。

第二十一章　倒　反

嘴裏說的話，跟心裏想的意思，正好相反；字面上表出的意義，跟文中所指的主旨，完全相背：叫做倒反辭。父母稱女兒爲丫頭，稱兒子爲小犬，是倒反辭。史記荆軻傳：「得趙人徐夫人匕首。」索隱說：「徐姓，夫人名，謂男子也。」本省舊習，對於寶愛的獨生子，取名「查某」（女人），甚至「乞食」（乞丐）。都是說話和心意相反的倒反辭。列子寓言，移山的愚公，是眼光遠大，百折不撓，最聰明的人。稱他爲愚公，是推闡老子「大巧若拙」的意思。而反對移山的智叟，卻是短視近利，屈於環境，最愚笨的人。稱他爲智叟，含有「大愚若智」的意思。這是字面和文旨相背的倒反辭。

大致說來，倒反辭的功用約有四種：一、表示親暱；二、表示尊敬；三、表示諷勸；四、表示嘲笑。現在分別說明如下。

一、表示親暱

這一類倒反辭是嘴裏笑罵，心裏疼愛，或者可以稱它爲「口非心是」。例如：

1.懷抱摟著俏冤家，搵香腮，悄語低低話。（溫庭筠：雙調新水令）

「冤家」是指最親愛的情人。

2.門外猧兒吠，知是蕭郎至，剗襪下香階，冤家今夜歸。（唐無名氏：醉公子詞）

本例的「冤家」是指丈夫。後來戲劇裏常用它暱稱丈夫。

3.你借與我半間兒客舍僧房，與我那可憎才居止處門兒相向。（西廂記借廂）

「可憎才」是最可愛的人，指鶯鶯。酬簡一折，張生見鶯鶯到來，唱道：「猛見他可憎模樣，早醫可九分不快。」「可憎模樣」也是倒反辭。

4.王夫人說：「……我就只一件不放心，我有一個孽根禍胎，是家裏的混世魔王，今日因往廟裏還願去，尚未回來，晚上你看見就知道了。」（紅樓夢第三回）

「混世魔王」是王夫人暱稱兒子寶玉的倒反辭。

5.黛玉聽了，睜開眼睛起身，笑道：「眞眞你就是我命中的魔星，請枕這一個。」說著，將自己的枕頭推給寶玉，又起身將自己的再拿了一個枕上。（紅樓夢第十九回）

「魔星」是黛玉對寶玉的暱稱，倒反辭。

6.一席話說的倪繼祖一言不發，惟有低頭哭泣。李氏心下為難，猛然想起一計來，須如此，這冤家方能回去。想罷說道：「孩兒不要啼哭。我有三件，你要依從，諸事辦妥，為娘的必

隨你去。如何？」倪繼祖連忙問道：「那三件？請母親說明。」（三俠五義第七十二回）

這一例的「寃家」是指兒子倪繼祖，也是倒反辭。

二、表示尊敬

這一類倒反辭，表面說的不好聽，其實卻是尊敬。也可以說是「口非心是」。例如：

1.武王曰：「予有亂十人。」（論語泰伯篇）

「亂」就是「亂臣」的意思。馬融說亂是治的意思。那麼亂臣就是治臣了。但說文乙部，許愼說：「亂，不治也。从乙𤔔。」段玉裁還特別注明：「亂，本訓不治。……轉注之法，乃訓爲治。如武王曰：『予有亂十人』是也。」這可能是武王因爲尊敬他們而倒說的。孟子說：「孔子成春秋，而亂臣賊子懼。」那就是眞正的意思了。

稱天子爲陛下，諸侯爲足下，也可說是由曲繞而成爲倒反的尊稱。老子說：「是以侯王自謂孤、寡、不穀，此非以賤爲本邪？」這是不敢自誇的倒反辭，在老子看來，卻是賤者在上了。

2.河曲智叟笑而止之曰：「甚矣，汝之不慧！以殘年餘力，曾不能毀山之一毛，其如土石何！」（列子湯問篇）

在智叟看來，愚公想以殘年餘力移山，確實「不慧」；但作者本意，卻是要借智叟的口，反襯出一位最堅强、最可敬的聰明老人。所以與其說愚公「不慧」，倒毋寧說愚公「極慧」。

3.我掩卷凝思了半天，我想在中國找不出這樣一個笨人來。也就是說，在這種笨人不能產生之前，我們所謂的科學，還是抄襲的，短見的，實用的，也就是說，眞正的科學是不會產生的。（陳之藩：實用呢？還是好奇呢？）

所謂「笨人」，是指英國科學家尼丹約瑟那樣的人，以半生時間跑完中國，又沈浸在劍橋的書海裏，去發掘中國的科學史。表面說的是「笨人」，內心是尊敬他那種爲科學而科學的精神。反面的意思是：如中國只有講實用的「聰明人」，眞正的科學是不會產生的。

4.各位請閉上眼睛仔細想想，您可能爲了這樣情況下的三百元而做這種傻事——苦候兩個多小時？思考良久，我個人認爲她們是四個小天使。（復民：天使情操。六十九年四月十五日中央副刊）

作者是寫四個小女孩在電話亭邊撿到三百元，苦候兩小時以待失主。作者雖說她們做了傻事，其實是贊美的意思。

三、表示諷勸

這一類倒反辭，表面說的是贊同的話，而眞正的意思是要勸諫的。應該說它是「口是心非」。例如：

1.景公使圉人養所愛馬，馬病死。公怒，令人操刀，解養馬者。是時晏子侍前，左右執刀而進，晏子止之，而問於公曰：「古時堯舜支解人，從何軀始？」公瞿然曰：「從寡人始。」遂不支解。（晏子春秋內篇。韓詩外傳也有類似記載。）

晏子的話，表面是說堯舜也支解人，只是不知從哪裏開始。其實眞正的意思是說堯舜賢君，從不支解人，景公支解人，就不是賢君了。這句倒反辭，立即使景公覺悟，自責說：「從寡人始。」達到諷諫的效果。

2.齊景公出弋昭華之池，顏鄧聚主鳥而亡之。景公怒，而欲殺之。晏子曰：「夫鄧聚有死罪四，請數而誅之。」景公曰：「諾。」晏子曰：「鄧聚爲吾君主鳥而亡之，是罪一也；使吾君以鳥之故而殺人，是罪二也；使四國諸侯聞之，以吾君重鳥而輕士，是罪三也；天子聞之，必將貶絀吾君，危其社稷，絕其宗廟，是罪四也。此四罪者，故當殺無赦，臣請加誅焉。」景公曰：「止。此亦吾過矣，願夫子爲寡人敬謝焉。」（韓詩外傳卷九。晏子春秋卷七，「顏鄧聚」作「燭鄒」。）

晏子的話，表面上是數說顏鄧聚有四種罪，實際上卻是說景公如殺無罪之士，將貽笑諸侯，激怒天子。是用倒反辭諷諫國君。類似的故事又見劉向說苑：

3.景公有馬，其圉人殺之。公怒，援戈將自擊之。晏子曰：「此不知其罪而死，臣請爲君數之，令知其罪而殺之。」公曰：「諾。」晏子舉戈而臨之，曰：「汝爲吾君養馬而殺之，而罪當死；汝使吾君以馬之故殺圉人，而罪又當死；汝使吾君以馬故殺人聞於四鄰諸侯，汝罪又

當死。」公曰：「夫子釋之，夫子釋之，勿傷吾仁也。」（說苑正諫）

這和韓詩外傳所記的，大同小異。大概是因爲傳聞異辭，各有所得吧。運用倒反辭達到諷諫的效果是一樣的。

4.楚莊王之時，有所愛馬，衣以文繡，置之華屋之下，席以露牀，啗以棗脯。馬病肥死，使群臣喪之，欲以棺槨大夫禮葬之。左右爭之，以爲不可。王下令曰：「有敢以馬諫者，罪至死。」優孟聞之，入殿門，仰天大哭。王驚而問其故。優孟曰：「馬者王之所愛也。以楚國堂堂之大，何求不得？而以大夫禮葬之，薄，請以人君禮葬之。」王曰：「何如？」對曰：「臣請以雕玉爲棺，文梓爲槨，楩楓豫章爲題湊，發甲卒爲穿壙，老弱負土，齊、趙陪位於前，韓、魏翼衛其後，廟食太牢，奉以萬户之邑。諸侯聞之，皆知大王賤人而貴馬也。」王曰：「寡人之過一至於此乎！爲之奈何？」（史記滑稽列傳）

優孟不但贊成楚莊王以大夫禮葬馬，還誇大其辭，建議以人君禮葬馬。推到極點，露出一句「諸侯聞之，皆知大王賤人而貴馬」，使莊王恍然大悟。他說的原來是反語，這反語實在比左右力爭有效得多。

5.始皇議欲大苑囿，東至函谷關，西至雍、陳倉。優旃曰：「善。多縱禽獸於其中，寇從東方來，令麋鹿觸之足矣。」始皇以故輟止。（史記滑稽列傳）

擴大苑囿，麋鹿觸敵，用倒反辭諷諫，比孟子說的「園囿汙池沛澤多，而禽獸至。及紂之身，天下又大亂」的正論，有效得多。

6.二世立，又欲漆其城。優旃曰：「善。主上雖無言，臣固將請之。漆城雖於百姓愁費，然佳哉！漆城蕩蕩，寇來不能上。即欲就之，易爲漆耳，顧難爲蔭室。」於是二世笑之，以其故止。（史記滑稽列傳）

優孟、優旃都是倡優，這些人聰明機智，詼諧百出，所作的諷諫，也很合治國的大道，只是不作正言，從反面說話而已。五代史伶官傳，也有一則優伶以反語勸諫國君的故事：

7.莊宗好畋獵，獵於中牟，踐民田。中牟縣令，當馬切諫爲民請。莊宗怒，叱縣令去，將殺之。伶人敬新磨知其不可，乃率諸伶走追縣令，擒至馬前，責之曰：「汝爲縣令，獨不知我天子好獵邪？奈何縱民稼穡以供賦稅？何不饑汝縣民，而空此地，以備吾天子之馳騁？汝罪當死。」因前請急行刑。諸伶共唱和之。莊宗大笑，縣令乃得免去。

用倒反辭諷諫，是順著被諫者本來的意向，導向一個可笑的荒謬的結局，讓被諫者自已覺悟而幡然中止。保留了他的面子，所諫也就成功了。

四、表示嘲笑

這一類倒反辭，表面說的是贊美、誇獎的話，實際卻是取笑、貶斥的意思。也應該說它是「口是心非」。例如：

1.懿公即位，好鶴，淫樂奢侈。九年，翟伐衛，衛懿公欲發兵，兵或畔。大臣言曰：「君好鶴，鶴可令擊翟。」翟於是遂入，殺懿公。（史記衛康叔世家）

優旃說「令麋鹿觸敵」，是諷諫，在苑囿還沒擴大之前；衛臣說「鶴可令擊翟」，是嘲笑，已在懿公好鶴，與鶴乘軒（見左傳閔公二年）之後。鶴不能作戰，而衛臣說可使鶴擊翟，是倒反辭。

2.景公置酒於泰山之陽，酒酣，公四望其地，喟然嘆，泣數行而下，曰：「寡人將去此堂堂國者而死乎？」左右佐哀而泣者三人，曰：「吾，細人也，猶將難死，而況公乎？棄是國也而死，其孰可爲乎？」晏子獨搏其髀，仰天而大笑曰：「樂哉，今日之飲也！」公怫然怒曰：「寡人有哀，子獨大笑，何也？」晏子對曰：「今日見怯君一，諛臣三人，是以大笑。」公曰：「何謂諛怯也？」晏子曰：「夫古之有死也，令後世賢者得之以息，不肖者得之以伏。若使古之王者毋知有死，自昔先君太公至今尚在，而君亦安得此國而哀之？……至老尚哀死者，怯也；左右助哀者，諛也。怯諛聚居，是故笑之。」公慙。（晏子春秋外篇）

晏子見景公及左右怕死而大笑：「樂哉，今日之飲也！」是用倒反辭來嘲笑的。見怯君與諛臣，本非可喜之事，而又大笑，也是倒反辭。

晏子春秋舊題係晏嬰編著，近世學者以爲是戰國時人搜集晏子遺文墜事，編輯而成。書中固多莊論，但也有不少諧趣。韓詩外傳、劉向說苑，頗多這一類記述。可見晏子這個人，雖持身十分嚴謹，但說話卻非常有趣，深明修辭三昧哩！

3.孫定爲人最鯁直，……只要周全人，……轉轉宛宛，在府上說知就裏，稟道：「此事果是屈了林冲，只可周全他。」府尹道：「他做下這般罪，高太尉批仰定罪，定要問他『手執利刃，故入節堂，殺害本官』，怎周全得他？」孫定道：「這南衙開封府不是朝廷的，是高太尉家的！」（水滸傳第七回）

孫定如正說「這南衙開封府是朝廷的，不是高太尉家的」，就是據理力爭；現在倒反說，就是嘲笑辭，笑府尹不顧朝廷法制，只管討好高太尉。

4.鄆哥道：「……那西門慶須了得，打你這般二十個。若捉他不著，反吃他一頓好拳頭。」（金瓶梅第五回）

這是鄆哥對武大說的話。「好拳頭」是「惡拳頭」的倒反辭。

5.惜春冷笑道：「我雖年輕，這話卻不年輕。你們不看書，不識字，所以是獃子，倒說我糊塗！」尤氏道：「你是狀元！第一才子！我們糊塗人，不如你明白。」（紅樓夢第七十五回）

尤氏說惜春是狀元、第一才子，是表面誇贊，實際嘲笑的倒反辭。

6.日前掐死了一個丫鬟，尚未結案；今日又殺了一個家人；所有這些喜慶事情，全都出在尊府。（三俠五義第三十七回）

把倒楣事說成喜慶事，是嘲笑的倒反辭。

7.差不多先生差不多要死的時候，一口氣斷斷續續地說道：「活人同死人也差……不多，凡事只要……差……差……不多……就……好了，……何必……太……太認眞呢？」他說完了這句格言，就絕了氣。（胡適：差不多先生傳）

「格言」是意義良美，足以訓世的嘉言。這裡卻把差不多先生臨死時的胡塗遺言說做格言，是嘲笑的倒反辭。文末又說，大家稱贊差不多先生「是一位有德行的人」，給他「圓通大師」的法號。也是倒反辭。其實整篇文章就是嘲笑中國人凡事只求差不多的性格的。

8.我那時眞是聰明過分，總覺得他說話不大漂亮，非自己插嘴不可。但他終於講定了價錢，就送我上車。他給我揀定了靠窗門的一張椅子，我將他給我做的紫毛大衣鋪好座位，他囑我路上小心，夜裏要警醒些，不要受涼；又囑託茶房好好照應我。我心裏暗笑他的迂，他們只認得錢，託他們直是白託！而且我這樣大年紀的人，難道還不能料理自己嗎？唉！我現在想想，那時眞是太聰明了。（朱自清：背影）

「聰明過分」、「太聰明」，就是愚笨的倒反辭。愚笨得連父親的愛都體會不到，反說他迂。這是自我嘲笑。

9.在我住的這一個古老的城裏，乞丐這一種光榮的職業似乎也式微了。……說老實話，這群乞丐，無益稅收，有礙市容，所以難免不像捕捉野犬那樣的被捉了去。餓死的餓死，老成凋謝，繼起無人，於是乞丐一業逐漸衰微。（梁實秋：乞丐）

乞丐並非職業，更不光榮，所以「光榮的職業」一語是倒反辭。「老成凋謝」只形容年高德劭的人去世，這裡說老丐死了，也是倒反辭。有嘲笑意味的倒反辭。

倒反修辭法，大抵出於睿智之心，詼諧之口。表示親暱的，由於情深難言，就用個倒反辭代替；表示尊敬的，因爲某些偉大的人，不容易形容，又有許多投機取巧的人和他相反，用倒反辭烘托，更覺意味深長；表示諷勸的，因爲正面諫諍，有損尊貴者的面子，少有效果，甚至引來殺身之禍，運用倒反辭，就能化解一切，得到圓滿的結果；表示嘲笑的，因爲正面譏刺，比較尖銳，容易傷人，運用倒反辭，等於轉個彎兒，較能謔而不虐，幽默可愛。所以倒反在修辭上占有一席之地。

下篇　形式的整齊與變化

第二十二章　對　偶

對偶是上下句成雙成偶地對立。不但字數相等，而且詞性相同，如名詞對名詞，動詞對動詞，形容詞對形容詞等。而詞性雖然相同，但字面卻又各異。如「花明」對「柳暗」，「吳宮花草」對「晉代衣冠」，「星垂平野闊」對「月湧大江流」等。它是我國特有的修辭法。因為我國文字是以形表義的方塊字，形體方正，一字一音，很容易整齊地排列，造成相對的形式，因而產生對偶的句子。其他拼音文字便辦不到了。文字的先天條件早已具備，對偶的句子也就早已產生了。先秦古書，就有很多這一類句子。例如：

1. 水流溼，火就燥。（易經乾文言）
2. 滿招損，謙受益。（書經大禹謨）
3. 誨爾諄諄，聽我藐藐。（詩經大雅抑篇）
4. 君子坦蕩蕩，小人長戚戚。（論語述而篇）

5.選賢與能，講信修睦。（禮記禮運篇）

6.天而既厭周德矣，吾其能與許爭乎？（左傳隱公十一年）

7.聖人不死，大盜不止。（莊子胠篋篇）

8.生則天下歌，死則天下哭。（荀子解蔽篇）

不過這些都是很自然的對偶句子。本來無意於對偶而自然對偶，尤見天趣盎然（如第六條）。其中上下句有一二字相同的，不僅不礙事，反更樸質可愛（如第八條）。漢魏人作賦，就有意對偶了。如：

9.左據函谷二崤之阻，表以太華終南之山；右界褒斜隴首之險，帶以洪河涇渭之川。（班固：西京賦）

這是一、三句對偶，二、四句對偶，所謂「隔句對」（說見後）。兩句一組，又近似排比。

10.其形也，翩若驚鴻，婉若遊龍；榮曜秋菊，華茂春松；髣髴兮若輕雲之蔽月，飄颻兮若流風之迴雲。（曹植：洛神賦）

這是每一組上下句對偶，所謂「正名對」（說見後）。六句三組，也是排比。

有意對偶，就極力避免用相同的字。班固西都賦的句子，「左據」對「右界」，「阻」對「險」，「表」對「帶」，「山」對「川」，已十分工整了。曹植洛神賦的句子，不但意義相對，而且注意到聲調的互偶了。如「秋菊」對「春松」，「蔽月」對「廻雲」；而「髣髴」與「飄颻」是雙聲和疊韻相對了。

一、對偶與駢文詩詞曲

六朝盛行駢儷文，對偶造句，尤爲常見。劉勰文心雕龍，駢四儷六，錦心繡口，幾乎整部書都用對偶句寫成。如原道第一，開宗就寫：

1.文之爲德也大矣！與天地並生者何哉？夫玄黃色雜，方圓體分；日月疊壁，以垂麗天之象；山川煥綺，以鋪地理之形。此蓋道之文也。……傍及萬品，動植皆文：龍鳳以藻繪呈瑞，虎豹以炳蔚凝姿。雲霞雕色，有踰畫工之妙；草木賁華，無待錦匠之奇。夫豈外飾，蓋自然耳。……

鍾嶸詩品序，駢散兩用，文極矯健。其中偶句時見，十分華美。如中間說到詩可以託義寄情的一段：

2.若乃春風春鳥，秋月秋蟬，夏雲暑雨，冬月祁寒，斯四候之感諸詩者也。嘉會寄詩以親，離群託詩以怨。至於楚臣去境，漢妾辭宮；或骨橫朔野，或魂逐飛蓬；或負戈外戍，殺氣雄邊；塞客衣單，孀閨淚盡。又士有解佩出朝，一去忘返；女有揚蛾入寵，再盼傾國。凡斯種種，感蕩心靈，非陳詩何以展其義，非長歌何以騁其情？

王勃滕王閣詩序、駱賓王討武曌檄，是最爲膾炙人口的駢儷文，通篇都對偶成文。其中名句很多，如：

3.落霞與孤鶩齊飛，秋水共長天一色。漁舟唱晚，響窮彭蠡之濱；雁陣驚寒，聲斷衡陽之浦。

4.公等或居漢地，或叶周親；或膺重寄於話言，或受顧命於宣室；言猶在耳，忠豈忘心？一坏之土未乾，六尺之孤何託？

駢體文盛行於六朝，但以後歷代都有，尤其是章表碑記，大都用駢體，對偶成文。如蘇軾到昌化軍謝表，就是著名例子之一：

5.伏念臣頃緣際會，偶竊寵榮。曾無毫髮之能，而有丘山之罪；宜三黜而未已，跨萬里以獨來。恩重命輕，咎深責淺。……子孫慟哭於江干，已爲死別；魑魅逢迎於海上，寧許生還？……

……

駢辭聯句，齊發筆端，胸中抑鬱，如層波疊浪，洶湧而出。想見此老以垂暮之年，遠謫海南島，是多麼悲哀的事了。

古體詩格律較寬，句子不講對偶，但其中也有穿插偶句的。研究古體詩的人，認爲這樣更好。例如張九齡的五言古體詩感遇之二：

6.蘭葉春葳蕤，桂花秋皎潔；欣欣此生意，自爾爲佳節。誰知林棲者，聞風坐相悅。

一、二兩句就是很工整的對偶。白居易的七言古體詩長恨歌：

7. 歸來池苑皆依舊，太液芙蓉未央柳；芙蓉如面柳如眉，對此如何不淚垂？春風桃李花開日，秋雨梧桐葉落時。……夕殿螢飛思悄然，孤燈挑盡未成眠。遲遲鐘鼓初長夜，耿耿星河欲曙天。……

「春風」、「秋雨」，「遲遲」、「耿耿」兩聯，都是很好的對偶句。

律詩以格律嚴格而得名。其中頷聯（第三、四句）、頸聯（第五、六句），必須對偶（注）。而且是詞性相對，平仄相嵌，講究得非常精細。例如：

8. 單車欲問邊，屬國過居延，征蓬出漢塞，歸雁入胡天。大漠孤烟直，長河落日圓。蕭關逢候騎，都護在燕然。（王維：使至塞上）

這首五律，其中「大漠」、「長河」一聯，除了詞義、音律完全相對外，還有直線、圓周，形象的相對；上升、下落，動態的相對：一切都是對偶的。杜甫「送張十二參軍赴蜀州因呈楊五侍御」詩：「兩行秦樹直，萬點蜀山尖。」「兩行」對「萬點」「直」對「尖」，也是幾何圖形的相對。

9. 花近高樓傷客心，萬方多難此登臨。錦江春色來天地，玉壘浮雲變古今。北極朝廷終不改，西山寇盜莫相侵。可憐後主還祠廟，日暮聊爲梁父吟。（杜甫：登樓）

這是一首很好的七律，尤其是「錦江」、「玉壘」一聯，更是杜甫的名句。

至於絕句，有人說是截取律詩中的四句而成。這正可說明絕句的句法和對偶。如果是截取律詩的首、頷兩聯，就是三、四兩句對偶。如：

10.移舟泊烟渚，日暮客愁新。野曠天低樹，江清月近人。（孟浩然：宿建德江）

如果是截取頸、尾兩聯，就是一、二兩句對偶，如：

11.岐王宅裏尋常見，崔九堂前幾度聞。正是江南好風景，落花時節又逢君。（杜甫：江南逢李龜年）

如果是截取中間頷、頸兩聯，就整首都對偶了。如：

12.白日依山盡，黃河入海流。欲窮千里目，更上一層樓。（王之渙：登鸛雀樓）

如果是截取首、尾兩聯，就全不對偶了。

詩演變而爲詞，句子有了長短，所以詞又稱長短句。但詞裏也有對偶的，例如：

13.江南好，風景舊曾諳。日出山花紅勝火，春來江水綠如藍，能不憶江南？（白居易：憶江南）

14.門隔花深夢舊遊，夕陽無語燕歸愁，玉纖香動小簾鉤。落絮無聲春墮淚，行雲有影月含羞，東風臨夜冷於秋。（吳文英：浣溪沙）

憶江南詞「日出」、「春來」二句對偶，浣溪沙詞「落絮」、「行雲」二句對偶。長短句裏夾對偶，錯落中有整齊，可說倍見精神。

詞又變而爲曲，句子也長短不齊。不過曲裏也有對偶，例如：

15.錦貂裘，生改盡漢宮妝！我則索看昭君模樣。舊恩金勒短，新恨玉鞭長。本是對金殿鴛鴦，

分飛翼，怎承望。（馬致遠：昭君出塞。雙調新水令）

「舊恩」、「新恨」二句對偶。

16.柳梢淡淡鵝黃染，波面澄澄鴨綠添。及時膏雨細廉纖。門半掩，春睡殢人甜。（王和卿：喜春來）

17.黃蘆岸白蘋渡口，綠楊隄紅蓼灘頭。雖無刎頸交，卻有忘機友。點秋江白鷺沙鷗。傲煞人間萬戶侯，不識字烟波釣叟。（白樸：沈醉東風）

喜春來一首，「柳梢」、「波面」二句對偶，沈醉東風一首，「黃蘆岸」、「綠楊隄」二句對偶，「刎頸交」、「忘機友」二句也對偶。元曲沒有入聲，平仄可以相押，這和詩詞裏對偶句必須平仄相嵌的情形有些不同。但對偶句和長短句互用，仍有錯綜變化之美。

二、對偶的種類

對偶由來已久，形式種類也就多了。唐人上官儀有六對、八對的說法；日本人研究唐人的對偶，更分爲二十九種。分類太多，實嫌瑣碎。從形式上說，主要的大致可分爲下列四種：

1.正名對：正正相對，上句言天，下句說地之類。如：江間波浪兼天湧，塞上風雲接地陰。（杜甫：秋興八首之一）

律絕詞曲裏的對偶，都是這一類。

2.隔句對：第一句與第三句對，第二句與第四句對。也就是奇句和奇句相對，偶句和偶句相對。例如：清文滿篋，非惟芍藥之花；新製連篇，寧止蒲萄之樹。九日登高，時有緣情之作；萬年公主，無非誄德之辭。（徐陵：玉臺新詠序）

辭賦駢文，常見這種形式的對偶。如前舉班固賦、劉勰文等。

3.長句對：一連串的短語，構成一個長句，上下兩個長句相對。如：

臣聞聖人之行法也，如雷霆之震草木，威怒雖盛，而歸於欲其生；人主之罪人也，如父母之譴子孫，鞭撻雖嚴，而不忍致之死。（蘇軾：乞常州居住表）

這種長句對，偶見於駢散相糅的文篇中。

4.當句對：一個句子裏上下兩個短語，自爲對偶，如：

豈必連闥洞房，南陽樊重之第；綠墀青瑣，西漢王根之宅？（庾信：小園賦）

「連闥」和「洞房」對偶，「綠墀」和「青瑣」對偶，都在一句之內。錢大昕說他的祖父評論庾信哀江南賦：「陸士衡聞而拊掌，是所甘心；張平子見而陋之，固其宜矣。」以「甘心」對「拊掌」，以「宜矣」對「陋之」，也是一句之中，自相爲對。當句對是最短的對偶，王勃滕王閣詩序裏用得最多。洪邁容齋續筆卷三說：「唐人詩文，或於一句之中，自成對偶，謂之當句對。……王勃宴滕王閣序，若『襟三江而帶五湖，控蠻荆而引甌越』，『龍光牛斗』，『徐孺陳蕃』，『騰蛟起鳳』，『紫電青霜』，『鶴汀鳧渚』，『桂殿蘭宮』……之類是也。」

對偶，除了在形式上有種種變化以外，在意義上也有種種借代。因爲每一個對偶要找到適切的「對象」，而又無損文義，有時難免「技窮」。補救的辦法，就是借代。像李商隱錦瑟詩「滄海月明珠有淚，藍田日暖玉生烟」一聯，自來解說紛紜。朱光潛認爲是一種象徵的寫法，他說：「珠未嘗有淚，玉更不能生烟。但滄海月明，珠光或似淚影，藍田日暖，玉霞或似輕烟。只是想像揣擬之詞，以此意暗示悲哀。」（朱光潛：文藝心理學）這聯詩的對偶，也有「象徵」的成分。「滄海」對「藍田」，是借「滄」爲「蒼」，以與「藍」相對；「有淚」對「生烟」，是借「淚」爲「水」，以與「烟」相對。清人宋琬湖上雜詩云：「曲塘容舴艋，衰柳臥鵜鶘。」「舴艋」是一種小船，但這裏又借作昆蟲蚱蜢，以便跟下句「鵜鶘」相對。這是借義對。詩詞對偶，無巧不備。杜甫曲江詩：「酒債尋常行處有，人生七十古來稀。」以「尋常」對「七十」，因爲「尋常」是度量衡的名稱，所以和數字相對。又前舉江南逢李龜年詩：「岐王宅裏尋常見，崔九堂前幾度聞。」「尋常」對「幾度」，也是一樣。王安石有句云：「自喜田園安五柳，但嫌尸祝擾庚桑。」以「庚桑」對「五柳」，因「庚」爲十天干之第七，也是數字。劉禹錫陋室銘：「談笑有鴻儒，往來無白丁。」借「鴻」爲「紅」，以與「白」相對。是借音作對。錢大昕又指出有借雙聲疊韻爲對的。他說唐人詩「一重一掩吾肺腑，山鳥山花吾友于」，「友于」不是歇後語「兄弟」的意思，而是雙聲詞，與「肺腑」雙聲詞作對。又說王勃滕王閣詩序：「蘭亭已矣，梓澤丘墟。」「已矣」與「丘墟」是疊韻作對。（丘、墟，古同韻。見十駕齋養新錄卷十六）

到了後蜀，孟昶在除夕書寫「新年納餘慶，佳節號長春」的桃符貼在寢門上，開始有了楹聯。（見梁章鉅：楹聯叢話）以後對聯越來越多，有許多極具匠心的名聯流傳後世。這是我國文字的特色，也可說是對偶文學的登峯造極了。

三、對偶的優缺點

對偶的好處是：勻稱、平衡、圓滿；還有映襯作用。因為兩方面都說到，理充詞足，看起來十分穩妥；因為類似的材料並排在一起，襯辭儷句，看起來十分豐贍；因為偶語駢聯，很容易紅花綠葉，互相輝映。有時候還覺得它像八駿同馳，氣勢雄壯；百官齊列，場面堂皇煊赫哩！

但是自然萬物，有偶也有單；人間世事，有雙至，也有獨來。行星並列環行，太陽只有一個；人有兩耳兩目，口鼻卻只有一具；豌豆的葉子對生，南瓜的葉子互生；青年結婚，雙雙步入禮堂；老年去世，單獨告別人間。作文也應如此，當偶就偶，不當偶就不偶。當偶而不偶，還看不出缺點來；不當偶而偶，卻容易看出矯揉造作態。律詩中間兩聯必須對偶，這是格律。自然成對而傳誦千古的固然很多，但是強拼硬湊，斧鑿痕很明顯的也不少。許渾的咸陽城東樓詩：

一上高樓萬里愁，蒹葭楊柳似汀洲。溪雲初起日沈閣，山雨欲來風滿樓。鳥下綠蕪秦苑夕，蟬鳴黃葉漢宮秋。行人莫問當年事，故國東來渭水流。

「山雨欲來風滿樓」，是渾然天成的名句；「溪雲初起日沈閣」，卻是人工造作的物品；「蟬鳴黃葉漢宮秋」，是自然佳景，妙手偶得；「鳥下綠蕪秦苑夕」，卻是憑空構想，勉强拼湊。（「日沈閣」意思晦澀，「綠蕪」不是秋景，鳥亦不在「日夕」時下「綠蕪」。）此中消息，稍一尋思，就可知道。原因是律詩中間兩聯必須對偶，不得不如此。李商隱隋宮詩頷聯：「玉璽不緣歸日角，錦帆應是到天涯。」以「日角」對「天涯」，十分工巧。但是「日角」只是額上骨隆起如日，帝王之相，借此代唐高祖，就冷僻拙澀不自然了。

當然，偉大的詩人，胸中丘壑，筆下龍蛇，隨意驅遣，即是好詩。像「讀書破萬卷，下筆如有神」的杜甫，許多律詩對句，都很工穩自然；但是也有一部分詩人，是偶然想到一個好句，便去尋覓另一個句子把它湊和起來，成爲一聯，由一聯擴充爲二聯，再加頭接尾，成爲一首。這樣拼湊而能自然，就不容易了。相傳晏殊看到落花，想得「無可奈何花落去」一個好句，寫在壁上，想不出下句；後來他的屬吏王琪補上了「似曾相識燕歸來」一句，成爲一聯名句。（見復齋漫錄）雖爲兩人合作，卻天衣無縫，該是很難得了。

文心雕龍麗辭篇，雖然說對偶的辭句，珠聯璧合，有煥麗光華的優點，但是也說：「張華詩稱『遊雁比翼翔，歸鴻知接翮。』劉琨詩言：『宣尼悲獲麟，西狩泣孔丘。』若斯重出，即對句之駢枝也。」他又說反對爲優，正對爲劣。正對的舉例是張載的七哀詩「漢祖想枌榆，光武思白水」，這兩句也是因爲重複了，所以「爲劣」。屈原哀郢辭：「心絓結而不解兮，思蹇產而不釋。」上下句完全重複，因爲辭必儷句；王粲登樓賦學了它：「心悽愴以感發兮，意忉怛而憯惻。」上下句也只是一個意思，因爲賦必偶語。同樣意思，重複地說，實在是對偶辭的缺點。駢儷文尤其如此。王勃滕王閣詩序：「豫章故郡，洪都新府」，兩句只說得一個地名——南昌；「馮唐易老，李廣難封。屈賈誼於長沙，非無聖主；竄梁鴻於海曲，豈乏明時」，連用四個人物，不過自歎時運不齊。駱賓王討武曌檄：「霍子孟之不作，朱虛侯之已亡。燕啄皇孫，知漢祚之將盡；龍漦帝后，識夏庭之遽衰。」列述四個故事，也只是說武后亡唐。過分講求對偶，就會辭溢乎情，華而不實；就會犧牲內容，遷就表面。有時因求對偶句的整齊，不惜故意增減字數的。像曹丕與吳質書：「昔伯牙絕弦於鍾期，仲尼覆醢於子路；痛知音之難遇，傷門人之莫逮。」鍾期就是鍾子期的減字。歐陽修眞州東園記：「臺，吾望以拂雲之亭；池，吾俯以澄虛之閣；水，吾泛以畫舫之舟。」畫舫之舟就是畫舫的增字。這都是爲了對偶句（歐文是排偶句）字數的整齊。曹文的減字，沒人批評；歐文的增字，就有人說是一種語病。（邵博聞見後錄：「曾南豐讀歐陽公晝錦堂記『來治於相』，眞州東園記『泛以畫舫之舟』二語，皆以爲病。」）增字之後，措詞重複，就成爲語病了。

甚至因造作對詞，有不顧事實，不合文法的。如王文以「雄州霧列」對「俊釆星馳」，星馳已屬罕見，霧列更匪夷所思；駱文以「踐元后於翬翟」對「陷吾君於聚麀」，上句謂武氏自登后座，文法乖違。這就是韓愈之所以要提倡古代的散文，反對當時的駢儷文；胡適文學革命，揭出八不主義，爲什麼要列上「不講對仗」這一條了。

四、散中帶偶最精神

對偶，有它的好處，也有它的缺點。當偶就偶，不當偶就不偶，順其自然，不勉强湊對，就只有好處，沒有缺點。大致說來，散文中穿插偶句，特別有味。如：

1. 蓋鍾子期死，伯牙終身不復鼓琴。何則？士爲知己者死，女爲悅己者容。若僕大質已虧缺矣，雖才懷隨、和，行若由、夷，終不可以爲榮，適足以見笑而自點耳。（司馬遷：報任安書）
2. 今國家所以奉西北之虜者，歲以百萬計。奉之者有限，求之者無厭，此其勢必至於戰，戰者必然之勢也。不先於我，則先於彼；不出於西，則出於北。所不可知者，有遲速遠近，而要以不能免也。（蘇軾：教戰守策）
3. 然杭人遊湖，止午、未、申三時；其實湖光染翠之工，山嵐設色之妙，皆在朝日始出，夕舂未下，始極其濃媚。月景尤不可不看，花態柳情，山容水意，別是一種趣味。此樂留與山僧遊客受用，安可爲俗士道哉！（袁宏道：西湖雜記）
4. 每當風生竹院，月上蕉窗，對景懷人，夢魂顚倒。（沈復：浮生六記）
5. 詞人者，不失其赤子之心者也。故生於深宮之中，長於婦人之手，是後主爲人君所短處，亦即爲詞人所長處。（王國維：人間詞話）
6. 諸君聽我這段話，切勿誤會，以爲我用道德觀念來選擇趣味。我不問德不德，只問趣不趣。

（梁啓超：學問之趣味）

7. 一陣騷動，胡亂穿起，有的寬衣博帶如稻草人，有的細腰窄袖如馬戲丑，大體是赤著身體穿一層薄薄的西裝褲。凍得涕泗交流，雙膝打戰，那時的情景足當得起「沐猴而冠」四個字。（梁實秋：衣裳）

8. 悲觀之下的詩人，歌喉是淒楚的。強者在高聲喊冤，弱者在低聲呼痛。而共同的目標，卻不知所之。（陳之藩：迷失的時代）

9. 你走你的陽關道，我過我的獨木橋，咱們分道揚鑣吧！（某生作文）

文學作品，不能不用人工雕琢，但要雕琢得自然。天然美勝過斧鑿痕，才是眞正的藝術品。對偶修辭，尤其如此。

（注）律詩的頷聯、頸聯，在原則上必須對偶，但也有一些變例：可以少到只有一聯對偶，也可以多到四聯都對偶。如果只有一聯對偶，就必定用於頸聯（第五、六句）。如王維的五律輞川閒居贈裴秀才廸，只有頸聯「渡頭餘落日，墟里上孤烟」對偶；崔顥的七律黃鶴樓，也只有頸聯「晴川歷歷漢陽樹，芳草萋萋鸚鵡洲」對偶。說見王力「漢語詩律學」。

第二十三章 排比

對偶的擴大，就是排比。從形式看，排比類似對偶。因此有人把兩者併做一格，稱爲「排偶」。但仔細分析起來，兩者還是不同。因爲對偶的兩句，必須字數相等，排比卻不一定；對偶的句意要力求相對，排比的句意卻是相並的；對偶要極力避免字面相同，律詩發達後，還講究平仄相嵌，排比卻往往字面相同，至於平仄更不計較了。

一、排比的形式

排比的形式，有兩句並列的，如：

1. 不憤不啓，不悱不發。（論語述而篇）
2. 自暴者不可與有言也，自棄者不可與有爲也。（孟子離婁篇）
3. 唯不求利者爲無害，唯不求福者爲無禍。（淮南子全言訓）

但這不是對偶，因為它字面多同，句意相並。

有的排比用很多短句，組成一個長句，用兩個長句並列起來。如：

4. 或生而知之，或學而知之，或困而知之，及其知之，一也；或安而行之，或利而行之，或勉強而行之，及其成功，一也。（禮記中庸哀公問政章。句中有層遞的意思。）

有的排比用四句並列成兩組。如

5. 其政悶悶，其民醇醇；其政察察，其民缺缺。（老子第五十八章）

6. 夫離法者罪，而諸先生以文學取；犯禁者誅，而群俠以私劍養。（韓非子五蠹）

有用六句並列成三組的，那必然是排比。如：

7. 絕聖棄智，民利百倍；絕仁棄義，民復孝慈；絕巧棄利，盜賊無有。（老子第十九章）

8. 所謂平天下在治其國者，上老老，而民興孝；上長長，而民興弟；上恤孤，而民不倍。是以君子有絜矩之道也。（禮記大學）

有用八句並列成四組，必然也是排比。如：

9. 天下多忌諱，而民彌貧；朝多利器，國家滋昏；人多伎巧，奇物滋起；法令滋彰，盜賊多有。（老子第五十七章）

10. 無惻隱之心，非人也；無羞惡之心，非人也；無辭讓之心，非人也；無是非之心，非人也。（孟子公孫丑篇）

有用更多的句子，並列成組的，都該認定爲排比。如：

11.溫良者，仁之本也；敬慎者，仁之地也；寬裕者，仁之作也；孫接者，仁之能也；禮節者，仁之貌也；言談者，仁之文也；歌樂者，仁之和也；分散者，仁之施也。（禮記儒行篇）

12.昔西伯拘羑里，演周易；孔子厄陳蔡，作春秋；屈原放逐，乃著離騷；左丘失明，厥有國語；孫子臏腳，而論兵法；不韋遷蜀，世傳呂覽；韓非囚秦，說難孤憤；詩三百篇，大抵聖賢發憤之所作爲也。（史記太史公自序）

綜上所述，可看出排比的形式，大都是兩個（或以上）短語或句子，組成一組；又以兩組或更多組並列起來；但也有一句一組，在兩句以上而並列起來的。如：

13.志於道；據於德；依於仁；游於藝。（論語子罕篇）

14.德之不脩；學之不講；聞義不能徙；不善不能改：是吾憂也。（同前）

15.富貴不能淫；貧賤不能移；威武不能屈：此之謂大丈夫。（孟子滕文公篇）

16.詖辭知其所蔽；淫辭知其所陷；邪辭知其所離；遁辭知其所窮。（孟子公孫丑篇）

排比的形式雖各有差別，但它有一個共同的原則：整齊。

二、排比的功用

用排比法作文，最容易說得面面俱到，無懈可擊。周洽是它的好處之一。如韓非子定法：

1.今申不害言術，而公孫鞅爲法。術者，因任而授官，循名而責實，操殺生之柄，課群臣之能者也，此人主之所執也。法者，憲令著於官府，賞罰必於民心，賞存乎愼法，而罰加乎姦令者也，此人臣之所師也。君無術，則弊於上；臣無法，則亂於下。此不可一無，皆帝王之具也。

作者把「術」和「法」作並列說明，十分周到融洽。

用排比法作文，最容易說得綿密翔實，曲盡其義。朱熹注四書，最喜用排比的句式，如注大學「物格而后知至」句：

2.物格者，物理之極處無不到也；知至者，吾心之所知無不盡也。

注中庸「小德川流，大德敦化」句說：

3.小德者，全體之分；大德者，萬殊之本。川流者，如川之流，脈絡分明，而往不息也；敦化者，根本盛大，而出無窮也。

注論語「愼終追遠，民德歸厚」句說：

4.愼終者，喪盡其禮；追遠者，祭盡其誠。民德歸厚，謂下民化之，其德亦歸於厚。蓋終者，人之所易忽也，而能謹之；遠者，人之所易忘也，而能追之：厚之道也。

注孟子「惻隱之心」、「羞惡之心」、「辭讓之心」、「是非之心」四句說：

5.惻，傷之切也；隱，痛之深也；羞，恥己之不善也；惡，憎人之不善也；辭，解使去己也；讓，推以與人也；是，知其善而以爲是也；非，知其惡而以爲非也：人之所以爲心，不外乎是四者，故因論惻隱而悉數之。

條分縷析，剖解入微。又如經緯交錯，絲絲入扣。這是因爲他善用排比，使人覺得圓融縝密，毫無罅漏。

用排比作文，像森嚴的壁壘，密匝的陣伍，能產生無瑕可擊的力量。例如：

6.墨子見染素絲者而歎曰：「染於蒼則蒼，染於黃則黃，所以入者變，其色亦變；五入而以爲五色矣。故染不可不慎也。」非獨染絲然也，國亦有染。舜染於許由、伯陽，禹染於皋陶、伯益，湯染於伊尹、仲虺，武王染於太公望、周公旦：此四王者所染當，故王天下，立爲天子，功名蔽天地，舉天下之仁義顯人，必稱此四王者。夏桀染於干辛、歧踵戎，殷紂染於崇侯、惡來，周厲王染於虢公長父、榮夷終，幽王染於虢公鼓、祭公敦：此四王者所染不當，故國殘身死，爲天下僇，舉天下之不義辱人，必稱此四王者。……（呂氏春秋仲春紀當染）

八位國王並列在一起，說明近朱者必赤，近墨者必黑的道理，理充辭足。正反兩面都說到，又有映襯作用。

如果層遞修辭法（見第二十五章），如七級浮圖，節節高起；那麼排比修辭法，似長江巨浪，滾滾而來。李斯諫逐客書：

7.今陛下致昆山之玉，有隨和之寶，垂明月之珠，服太阿之劍，乘纖離之馬，建翠鳳之旗，樹靈鼉之鼓。此數寶者，秦不生一焉，而陛下說之，何也？必秦國所生然後可，則是夜光之璧，不飾朝廷；犀象之器，不為玩好；鄭衛之女，不充後宮；而駿馬駃騠，不實外廄；江南金錫不為用，西蜀丹青不為采。……

看似許多珠寶、良馬、美人，陳列於前，光耀奪目；其實是運用大批人物，展開扇形的攻擊陣勢，聲威逼人。接著，又寫道：

8.臣聞地廣者粟多，國大者人眾，兵彊者士勇。是以泰山不讓土壤，故能成其大；河海不擇細流，故能就其深；王者不卻眾庶，故能明其德。是以地無四方，民無異國，四時充美，鬼神降福：此五帝三王之所以無敵也。……

這種大規模的排山倒海式的攻擊，終於使得英明強悍的秦王政也招架不住：立即取消逐客令。

用排比作文，也像對偶那樣，容易表現富麗堂皇、燦爛熠耀的氣象。例如：

9.百僚先置，位以職分；自上下下，具惟命臣。襲春服之萋萋兮，接游車之轔轔，微風生於輕幰兮，纖埃起於朱輪。……於是閶闔洞啟，參塗方馹。常伯陪乘，太僕秉轡；后妃獻穜稑之種，司農撰播殖之器；挈壺掌升降之節，宮正設門閭之蹕。天子乃御玉輦，蔭華蓋……（文選・潘岳：藉田賦）

本文寫晉武帝「藉田」（天子親耕以勸農）典禮的場面。先是百官就列，車馬成群；接著天子出宮，侍從奔忙。作者以排比的方式，寫盛大的景觀。晉人沿漢賦遺風，大抵如此。

用排比作文，也能表現出質實樸茂的一面。例如：

10.季孫行父禿，晉郤克眇，衛孫良夫跛，曹公子手僂，同時而聘於齊。齊使禿者御禿者，使眇者御眇者，使跛者御跛者，使僂者御僂者。（春秋穀梁傳成公元年）

11.（蘇秦）歸至家，妻不下紝，嫂不爲炊，父母不與言。蘇秦喟然歎曰：「妻不以我爲夫，嫂不以我爲叔，父母不以我爲子，是皆秦之罪也。」（戰國策秦策）

12.東市買駿馬，西市買鞍韉，南市買轡頭，北市買長鞭。（木蘭詩）

穀梁傳的一例，看似重複，其實必須這樣寫，才能明白地畫出一幅滑稽可笑的場面；戰國策的一例，看似煩贅，可是必如此寫，才能寫出蘇秦家人的勢利相，和蘇秦的惟利祿是求；木蘭詩的一例，看似呆板，但民歌多用這種寫法，以表現它的質樸可愛。這也是排比的好處。

三、排比與格言

格言式的文章，多數以排比的方式表現。像：

1.讀書，見一件好事，則便思量：「我將來必定要行。」見一件不好的事，則便思量：「我將來必定要戒。」見一個好人，則思量：「我將來必要與他一般。」見一個不好的人，則思量：「我將來切休要學他。」則心地自然光明正大，行事自然不會苟且，便爲天下第一等人矣

。（楊繼盛：諭子書）

2.居家戒爭訟，訟則終凶；處世戒多言，言多必失。（朱柏廬：治家格言）

3.人有喜慶，不可生妒忌心；人有禍患，不可生喜幸心。（同右）

4.持身不可太皎潔，一切污辱垢穢，要茹納得；與人不可太分明，一切善惡賢愚，要包容得。（洪自誠：菜根譚）

5.君子之心如天青日白，不可使人不知；君子之才如玉韞珠藏，不可使人易知。（同右）

6.讀經宜冬，其神專也；讀史宜夏，其時久也；讀子宜秋，其致別也；讀諸集宜春，其機暢也。（張潮：幽夢影）

7.因雪想高士；因花想美人；因酒想俠客；因月想好友；因山水想得意詩文。（同右）

8.春風如酒；夏風如茗；秋風如烟；冬風如薑芥。（同右）

諭子書是楊繼盛臨刑前夕寫的遺囑。他自己雖說「殊欠倫序」，其實結構井然，是家書裏的好文章。治家格言和菜根譚，都是修身養性、勸人爲善的文字。治家格言略有文章形式，菜根譚完全是條列式的嘉言。幽夢影是以精短的韻語化文字，寫文人對風景、人物、詩文等的欣賞態度，不全是格言，卻都是妙論。也是分條列述。所以大都以對偶、排比的形式出現。其中也有逐句推進的層遞，和互相對照的映襯，以及首尾反復的回文，讀起來十分雋永有味。

四、排比的變化

排比因許多類似的句子並列在一起，難免顯得呆板。所以作者常用錯綜法（見第二十八章）來調劑它。譬如：

1. 故人不獨親其親，不獨子其子；使老有所終，壯有所用，幼有所長，矜寡孤獨廢疾者皆有所養；男有分，女有歸。貨惡其棄於地也，不必藏於己；力惡其不出於身也，不必爲己。……（禮記禮運篇）

本段排比修辭，各有長短不同的句子，是用伸縮文身來錯綜。前述一項第十二和三項第七兩例末句加長，也是這種作用。又如：

2. 昔仲宣獨步於漢南，孔璋鷹揚於河朔，偉長擅名於青土，公幹振藻於海隅，德璉發跡於北魏，足下高視於上京。當此之時，人人自謂握靈蛇之珠，家家自謂抱荊山之玉。（曹植：與楊德祖書）

列述六位作家，在六個地區聞名文壇，是排比的寫法。本可用同一動詞述說到底，但爲了避免呆板，用「獨步」、「鷹揚」、「擅名」、「振藻」、「發跡」、「高視」六個不同的動詞，以抽換詞面來錯綜。排比而有變化，就更加漂亮了。

還有一種排比，句子雖不十分整齊，但在結構上，卻顯然是排比。例如：

3.大王信行臣之言，死不足以爲臣患，亡不足以爲臣憂，漆身而爲厲，被髮而爲狂，不足以爲臣恥。五帝之聖而死，三王之仁而死，五伯之賢而死，烏獲之力而死，賁育之勇而死：死者，人之所必不免也。處必然之勢，可以少補於秦，此臣所大願也，臣何患乎？伍子胥橐載而出昭關，夜行而晝伏，至於菱水，無以餬其口，膝行蒲伏，乞食於吳市，卒興吳國，闔閭爲霸。使臣得進謀如伍子胥，加之以幽囚不復見，是臣說之行也，臣何憂乎？箕子、接與漆身而爲厲，被髮而爲狂，無益於殷、楚。使臣得同行於箕子、接與，可以補所賢之主，是臣之大榮也，臣又何恥乎？（戰國策秦策）

這一段范雎至秦，遊說昭王以取信的話，也是運用排比修辭以增加力量。一開始就以「死不足以爲臣患，亡不足以爲臣憂，厲狂不足以爲臣恥」三事爲綱領而作排比。接著，「五帝之聖而死……臣何患乎」，闡明「死不足以爲臣患」之意；「伍子胥橐載而出昭關……臣何憂乎」，闡明「亡不足以爲臣憂」之意；「箕子、接與漆身而爲厲……臣又何恥乎」，闡明「厲狂不足以爲臣恥」之意。句子雖排比少而參差多，但在結構上卻是很整齊的排比。

4.在沁涼如水的夏夜中，有牛郎織女的故事，才顯得星光晶亮；在群山萬壑中，有竹籬茅舍，才顯得詩意盎然；在晨曦的原野中，有抽重的老牛，才顯得純樸可愛。祖國的山河，不僅是花木，還有可歌可泣的故事，可吟可詠的詩歌。……（陳之藩：失根的蘭花）

前三句，雖然字數多少不一，句子長短不齊，但也確實是排比。

排比，句式整齊，句數又多，往往顯得呆板，所以要用錯綜法來調劑它。

排比，雖不及對偶的鉤心鬥角的巧思，但比對偶更有懾人心魂的說服的力量。原因是它比較濶大、雄壯、周洽而自然。不過，不必要的排比太多，再加繁縟的描寫，也是令人厭的。水滸傳述說一位人物的出現，對於他身上的衣飾，往往很仔細地作排比式的描寫。例如：

> 前面擺著四五對紅紗燈籠，照著馬上那個大王：頭戴撮尖乾紅凹面巾；鬢傍邊插一枝羅帛像生花；上穿一領圍花體挽羢金繡綠羅袍；腰繫一條稱狼身鎖金包肚紅搭膊；着一雙對掩雲跟牛皮靴；騎一匹高頭捲毛大白馬。（第四回）

看水滸傳的人，看到這些地方，會感到厭煩，常常跳越過去。這固然是描寫太瑣碎，讀者不耐煩在那些描花繡草間尋究；但也因不必要的排比太多，臃腫的形象令人厭。西遊記，對於盛大的景觀，大都改用文言，以對偶、排比兼夸飾的方式，作濃麗的描寫。像第四回孫悟空初見天宮，第十二回唐太宗駕臨道場大會等。紅樓夢，對於器物、衣飾的描寫，也常用這種手法。像第三回林黛玉進入榮國府，王熙鳳出現在她眼前時，王氏身上穿紅着綠、珠光寶氣的打扮，也寫得過於穠縟華豔。讀者看到這些地方，常覺不耐。這樣的排比，卻是弄巧反成拙了。

第二十四章 複疊

複疊是同樣的字、詞、句，接二連三地重複使用的修辭法。一般修辭書，都談到這一格，但是各書的見解卻不一致。陳望道的修辭學發凡，把複疊分成複詞和疊字兩項。複詞如：

1.君君，臣臣，父父，子子。（論語顏淵篇）

疊字如：

2.屋頂的炊烟，——絲絲，裊裊，團團，片片——直接上青天。（佚名氏：西窗晚望）

複詞是兩個字，字形同，詞性不同，如「君君」（其實等於轉品）。疊字是兩個字字形、詞性完全相同，如「絲絲」。該書又有「反復」一格，它又分連接反復、隔句反復兩項。連接反復的例子如：

3.子曰：「視其所以，觀其所由，察其所安，人焉廋哉！人焉廋哉！」（論語為政篇）

隔句反復的例子如：

4.子曰：「天何言哉！四時行焉，百物生焉，天何言哉！」（論語陽貨篇）

徐芹庭先生的修辭學發微，不稱複疊，而把這一類修辭法，分爲複詞、類字、疊字三格。他的複詞、疊字的界說和舉例，跟陳書的一樣；而類字格是利用陳騤文則裏的一句話：「文有數句用一類字，所以壯文勢，廣文義也。」因而定出類字格。這一格是許多重疊的短語或句子，其中有一、二個字是相同的。如：

5.可欲之謂善，有諸己之謂信，充實之謂美，充實而有光輝之謂大，大而化之之謂聖，聖而不可知之謂神。（孟子盡心篇）

6.到如今，始惜月滿，花滿，酒滿。（宋祁：浪淘沙）

他並且引用文則所舉的四十四條類字的例子，作爲參考。現在舉兩條如下：

7.「之」法：孟子曰：「勞之，來之，匡之，直之，輔之，翼之。」

8.「可以」法：論語：「詩，可以興，可以觀，可以群，可以怨。」

徐書也有反復格，這一格的界說和舉例，和陳書完全相同。

黃慶萱先生的修辭學，不稱複疊，而稱類疊。他把類疊分爲疊字、類字、疊句、類句四項。他所說的疊字，跟陳書、徐書的一樣；他所說的類字，跟徐書的一樣，而且也引了陳騤文則裏四十多條類字的例子；他所說的疊句，就是陳書的連接反復；他所說的類句，就是陳書的隔句反復。所以黃書沒有反復格。

大致說來，這方面的修辭法，黃書把它歸併成一類，是對的。但名稱，不妨一如舊貫，稱它爲複疊。筆者認爲：疊字是字的連接複疊，類字是字的隔離複疊；疊句是句子的連接複疊，類句是句子的隔離複疊。歸納起來，都是複疊。現在說明如下：

一、字的連接複疊

字的連接複疊，就是一般所謂的疊字（或稱重言）。例如：

1.肅肅兔罝，椓之丁丁。赳赳武夫，公侯干城。（詩經周南兔罝）

2.人又誰能以身之察察，受物之汶汶者乎？寧赴常流而葬乎江魚腹中耳！又安能以皓皓之白，而蒙世之溫蠖乎？（史記屈原列傳）

3.木欣欣以向榮，泉涓涓而始流。（陶潛：歸去來辭）

4.人生代代無窮已，江月年年望相似。（張若虛：春江花月夜）

5.斜暉脈脈水悠悠，腸斷白蘋洲。（溫庭筠：夢江南）

6.綠依依牆高柳半遮，靜悄悄門掩清秋夜，疏剌剌林梢落葉風，慘離離雲際穿窗月。（西廂記驚夢）

7.不幸園裏螞蟻過多，梧桐的枝幹，爲蟻所蝕，漸漸的不堅牢了。一夜雷雨，便將它的上半截

劈去，只剩下一根二丈多高的樹身，立在那裡，亭亭有如青玉。（蘇雪林：禿的梧桐）

8.沿著荷塘是一條曲折的小煤屑路。這是一條幽僻的路，白天也少人走，夜晚更加寂寞。荷塘四面，長著許多樹，蓊蓊鬱鬱的。路的一旁，是些楊柳和一些不知道名字的樹。沒有月光的晚上，這條路上，陰森森的有些怕人。今晚卻很好，雖然月光也還是淡淡的。（朱自清：荷塘月色）

二、字的隔離複疊

字的隔離複疊，就是徐書、黃書所說的類字。例如：

1.行者，牽者，奔者，涉者，陸者，翹者，顧者，鳴者，寢者，訛者，立者，齕者，飲者，溲者，陟者，降者，痒磨樹者。……（韓愈：畫記）

2.山林之畏隹，大木百圍之竅穴，似鼻，似口，似耳，似枅，似圈，似臼，似窐者，似污者。（莊子齊物論）

3.父兮生我，母兮鞠我，拊我，畜我，長我，育我，顧我，出入腹我。（詩經小雅蓼莪）

利用同一個字，造成許多同類的詞（第一例）、語（第二例）、句（第三例），前後複疊起來。看來好像是疊詞、疊語、疊句，其實是以那個字做線索，使這些詞、語、句複疊起來。應該說是字的隔離複疊。

也有用兩個字來作隔離複疊的，如：

4.不自見，故明；不自是，故彰；不自伐，故有功；不自矜，故長。（老子第二十二章）

5.宮室得其度，量鼎得其象，味得其時，樂得其節，車得其式，鬼神得其饗，喪紀得其哀，辯說得其黨，官得其體，政事得其施。（禮記仲尼燕居）

也有用三個字來作隔離複疊的，如：

6.法象莫大乎天地，變通莫大乎四時，懸象著明莫大乎日月，崇高莫大乎富貴，備物致用，立成器以爲天下利，莫大乎聖人。（周易繫辭）

也有用三個字、兩個字一同來隔離複疊的，如：

7.假如是花，那不是罌粟，而是玫瑰；假如是鳥，那不是鴟鴞，而是夜鶯；假如是天象，那不是暴雨，而是彩虹；假如是宗教，那不是撒旦，而是安琪兒；假如是天空，它是明朗遼濶，而非重濁低沈。（胡品清：六弦琴語）

也有用四個字來作隔離複疊的，如：

8.故君子不可以不修身；思修身，不可以不事親；思事親，不可以不知人；思知人，不可以不知天。（中庸）

這種隔離複疊的字，好像一種粘着劑，把許多詞粘在一起，把許多短語粘在一起，造成同時湧現的現象，而以多取勝。又把許多句子粘在一起，造成排比的現象，如第七例，造成層遞的現象，如第八例。它的功用可不少呢。

三、句的連接複疊

句的連接複疊，陳書和徐書稱為連接反復，黃書稱為疊句。如：

1. 伯牛有疾。子問之，自牖執其手，曰：「亡之！斯人也，而有斯疾也！斯人也，而有斯疾也！」（論語雍也篇）
2. 顯譽成於僚友，德行立於己志。若致聲稱，亦有榮於所生。可不深念耶！可不深念耶！（鄭玄：戒子益恩書）
3. 少年不識愁滋味，愛上層樓，愛上層樓，為賦新詞強說愁。（辛棄疾：羅敷媚）
4. 盼望著，盼望著！東風來了，春天的腳步近了。（朱自清：春）
5. 雁兒們在雲空裏飛，看她們的翅膀，看她們的翅膀，有時候紆廻，有時候匆忙。（徐志摩：雁兒們）

四、句的隔離複疊

句的隔離複疊，陳書和徐書稱為隔離反復，黃書稱為類句。如：

1.豈曰無衣？與子同袍。王于興師，脩我戈矛，與子同仇。

豈曰無衣？與子同澤。王于興師，脩我矛戟，與子偕作。

豈曰無衣？與子同裳。王于興師，脩我甲兵，與子同行。（詩經秦風無衣）

詩經裏很多這一類隔離複疊的句子。它常常是整篇詩的骨架。論語裏也有這一類句式，如：

2.賢哉回也！一簞食，一瓢飲，在陋巷，人不堪其憂，回也不改其樂。賢哉回也！（雍也篇）

3.女安則爲之！夫君子之居喪，食旨不甘，聞樂不樂，居處不安，故不爲也。今女安，則爲之。（陽貨篇）

一章是歎賞顏淵，一章是責備宰我。首尾複疊，有加重語氣的作用。孟子裏也有這一類句子，例如：

4.故王之不王，非挾太山以超北海之類也；王之不王，是折枝之類也。（梁惠王篇）

5.瞽瞍底豫而天下化，瞽瞍底豫而天下之爲父子者定。（離婁篇）

俞樾古書疑義舉例，古人行文不避繁複例，說：「兩『王之不王』、兩『瞽瞍底豫』，若省其一，讀之便索然矣。」可見文中複疊用句，有它的必要。

這種隔離複疊的句子，也有粘合劑的作用，使一篇詩或文的各段各章粘合起來，成爲一個完整的結構。例如：

6\. 黃鵠參天飛，半道鬱徘徊。腹中車輪轉，君知思憶誰？
黃鵠參天飛，半道還哀鳴。三年失群侶，生離傷人情。
黃鵠參天飛，凝翮爭風回。高翔入玄闕，時復乘雲頹。
黃鵠參天飛，半道還後渚。欲飛復不飛，悲鳴覓群侶。（古樂府・黃鵠曲）

這是每一章的第一句的重疊，使整首詩組合起來。又如：

7\. 鴥彼晨風，鬱彼北林。未見君子，憂心欽欽。如何如何，忘我實多！
山有苞櫟，隰有六駮。未見君子，憂心靡樂。如何如何，忘我實多！
山有苞棣，隰有樹檖。未見君子，憂心如醉。如何如何，忘我實多！（詩經秦風晨風）

這首詩是棄婦望與夫重聚，因餘情縈繞，故文辭一唱三歎。但每章末二句的重疊，也有使整首詩組合起來的作用。

陶淵明的「閑情賦」，有十個願望，每個願望的第一句，都是「願在×而爲×」；杜甫的「乾元中寓居同谷縣作歌七首」，每一首歌的末了，都是「嗚呼×歌兮歌××」。也可看作在章首或章末，利用隔離複疊的句子來組織。這樣的複疊，也別有意義。

五、詳說連接複疊的疊字

複疊裏，以連接複疊的疊字，用得最爲廣泛，討論的人也最多。顧炎武日知錄卷二十二「詩用疊字」條說：「詩用疊字最難。衞詩：『河水洋洋，北流活活；施罛濊濊，鱣鮪發發；葭菼揭揭，庶姜孽孽。』連用六疊字，可謂複而不厭，賾而不亂矣。古詩：『青青河畔草，鬱鬱園中柳；盈盈樓上女，皎皎當窗牖。娥娥紅粉妝，纖纖出素手。』連用六疊字，亦極自然，下此即無人能繼。」

詩經裏的疊字非常普遍，那些詩人們運用疊字，好像並不「最難」。一開始就有關雎篇的「關關雎鳩」、葛覃篇的「維葉萋萋」、卷耳篇的「采采卷耳」；螽斯篇也連下「詵詵兮」、「振振兮」、「薨薨兮」、「繩繩兮」、「揖揖兮」、「蟄蟄兮」六組十二個疊字，看他也是毫不費力的樣子。因爲詩經裏疊字很多，所以清人王筠著了毛詩重言一書。

古詩十九首，除了「青青河畔草」一首外，「迢迢牽牛星」一首，也有十二個疊字。那是：「迢迢牽牛星，皎皎河漢女。纖纖擢素手，札札弄機杼。……盈盈一水間，脈脈不得語。」其他十一首中，各有「行行重行行」、「青青陵上柏」、「長路漫浩浩」、「眾星何歷歷」、「冉冉孤生竹」、「悠悠涉長道」、「白楊何蕭蕭」、「蕭蕭愁殺人」、「凜凜歲之暮」、「一心抱區區」、「明月何皎皎」等，也都使用疊字。這種修辭法實在太普遍了。

唐詩中用疊字也常見，如：

1. 樹樹皆秋色，山山惟落暉。（王績：野望）
2. 晴川歷歷漢陽樹，芳草萋萋鸚鵡洲。（崔顥：黃鶴樓）
3. 浩浩風起波，冥冥日沈夕。（韋應物：夕次盱眙縣）

4.山寂寂兮無人，又蒼蒼兮多木。群龍兮滿朝，君何為兮空谷？（王維：送友人歸山）

楊慎分析杜甫七律中用疊字的方式，說：「詩中疊字最難下，唯少陵用之獨工。今按七律中，有用之句首者，如『娟娟戲蝶過閒幔，片片輕鷗下急湍』是也；有用之句尾者，如『信宿漁人還泛泛，清秋燕子故飛飛』是也；有用之上腰者，如『宮草霏霏承委佩，爐烟細細駐遊絲』是也；有用之下腰者，如『穿花蛺蝶深深見，點水蜻蜓款款飛』是也。聲諧義恰，句句帶仙靈之氣，眞不可及矣。」（升庵詩話）

詞用疊字，也是常見。如：

5.紛紛墜葉飄香砌，夜寂靜，寒聲碎。眞珠簾捲玉樓空，天淡銀河垂地。年年今夜，月華如練，長是人千里。（范仲淹：御街行）

6.渡頭楊柳青青，枝枝葉葉離情。此後錦書休寄，畫樓雲雨無憑。（晏幾道：清平樂）

疊字用得最多的一首詞，要數李清照的聲聲慢了：

7.尋尋覓覓，冷冷清清，淒淒慘慘戚戚。乍暖還寒時候，最難將息。三杯兩盞淡酒，怎敵他晚來風急。雁過也，正傷心，卻是舊時相識。　滿地黃花堆積，憔悴損，如今有誰堪摘？守著窗兒，獨自怎生得黑？梧桐更兼細雨，到黃昏點點滴滴。這次第，怎一個愁字了得！

張端義貴耳集評論本詞說：「易安秋詞聲聲慢，此乃公孫大娘舞劍手。本朝非無能詞之士，未曾有一下十四疊字者。後疊又云：『梧桐更兼細雨，到黃昏點點滴滴。』又使疊字，俱無斧鑿痕。

……婦人中有此文筆，殆間氣也。」徐釚詞苑叢談也說：「首句連下十四疊字，眞似大珠小珠落玉盤。」他們對這首詞所下的疊字，是極口讚譽了。

戲曲裏也常用疊字，如：

8.渺渺山頭路，鱗鱗山上田，繞篷窗六曲屛風面。（喬吉：慶東原）

9.雲冉冉，草纖纖，誰家隱居山半崦。（張可久：迎仙客）

用得很多而又很好的，要算西廂記酬韻裏的一段：

10.側著耳朵兒聽，躡著腳步兒行，悄悄冥冥，潛潛等等，等我那齊齊整整，嬝嬝婷婷，姐姐鶯鶯。

共用二十個疊字，而且相當自然。張生對鶯鶯，大都稱「小姐」，這裡改爲「姐姐」，分明是爲了配合疊字而用的。

六、詳說連接複疊的疊句

其次是連接複疊的疊句，也是値得討論的。因爲它也十分普遍，而且富有情感。喜、怒、哀、樂，都可藉這種疊句表達出來。論語行文簡潔，但全書五百餘章中，有十五章使用疊句。現在約舉數例如下：

1.子貢曰：「有美玉於斯，韞匵而藏諸？求善賈而沽諸？」子曰：「沽之哉！沽之哉！我待賈

者也！」（子罕篇）

疊用兩句「沽之哉」，孔子用世之意，已溢於言表；同時他對於子貢的善於說譬，也不禁喜形於色。

2.子見南子，子路不說。夫子矢之曰：「予所否者，天厭之！天厭之！」（雍也篇）

疊用兩句「天厭之」，孔子對於子路的態度，實在有些生氣了。

3.顏淵死。子曰：「噫！天喪予！天喪予！」（先進篇）

顏淵之死，實爲孔子最悲傷的事情。從「天喪予！天喪予」的疊句裏，可看出孔子頓足捶胸，悲慟欲絕的神情。

4.子在陳，曰：「歸與！歸與！吾黨之小子狂簡，斐然成章，不知所以裁之。」（公冶篇）

孔子抱救世熱忱，周遊列國；但生不逢辰，一籌莫展。適衞，過宋，厄於陳蔡之間，連吃飯都成問題。終於意興闌珊，只想回鄉從事教學了。「歸與！歸與！」一種無可奈何的落寞之情，在讀者眼前展現無餘。

論語裏，凡使用疊句的，都是感情洋溢的地方；這正可說明疊句是很能表現感情的。

司馬遷因李陵案而受腐刑，這是刻骨鏤心的奇恥大辱。他在報任少卿書裏，談到這件事：

5.嚮者，僕常廁下大夫之列，陪外廷末議；不以此時，引綱維，盡思慮，今已虧形爲掃除之隸，在闒茸之中；乃欲仰首伸眉，論列是非，不亦輕朝廷，羞當世之士耶！嗟乎！嗟乎！如僕，尚何言哉！尚何言哉！

在史記太史公自序裏，又談到這件事：

6.七年，而太史公遭李陵之禍，幽於縲紲，乃喟然而歎曰：「是余之罪也夫！是余之罪也夫！身毀不用矣！」

從這些感歎的疊句裏，可看出司馬遷一肚子的怨憤，無時或忘。

7.嗟吁涕洟而告之曰：「嗚呼傷哉！繄何人？繄何人？吾龍場驛丞餘姚王守仁也。……」（王守仁：瘞旅文）

8.翩翩少年，弱不禁風；皤皤老成，尸居餘氣。無三年能持續之國的，無百人能固結之法團。嗚呼！有國如此，不亡何待哉！不亡何待哉！（梁啓超：論毅力）

疊用「繄何人」，充分流露傷痛之情。傷此人卻又是自傷。

9.有此四力而用之於善，則可以福億兆人；有此四力而用之於惡，則可以毒萬千載。而此四力之最易寄者，惟小說，可愛哉小說！可畏哉小說！（梁啓超：論小說與群治之關係）

梁啓超自稱「筆鋒常帶感情」，喜用疊句，也是條件之一。「可愛哉小說」兩句，其中換了一個字，但還是疊句。

七、各種複疊的混合使用

以上是分項舉例。一般說來，用複疊形式寫作詩文的，大都以上述各項混合使用。或兩種、三種、四種，用在一塊兒。不但不礙事，而且更能增加詩文的效果。例如：

1.蒹葭蒼蒼，白露爲霜。所謂伊人，在水一方。遡洄從之，道阻且長；遡游從之，宛在水中央。

蒹葭淒淒，白露未晞。所謂伊人，在水之湄。遡洄從之，道阻且躋；遡游從之，宛在水中坻。

蒹葭采采，白露未已。所謂伊人，在水之涘。遡洄從之，道阻且右；遡游從之，宛在水中沚。（詩經秦風蒹葭）

這篇詩全以複疊的形式構成。「蒼蒼」、「淒淒」、「采采」等是疊字；「所謂伊人」、「遡洄從之」、「遡游從之」等是隔離複疊的句子。事實上每章只換了幾個字，像「水中央」、「水中坻」、「水中沚」等。說它是章與章的連接複疊，也未始不可。就這麼迴環反復，讀來餘音繞耳，使人對詩中的「伊人」，嚮往不已。詩經，大部分的篇章，都是複疊的形式。它，可說是我國這部最早的詩歌總集的基本結構。

2.見安排著車兒、馬兒，不由人熬熬煎煎的氣。有甚麼心情將花兒、靨兒，打扮的嬌嬌滴滴的媚。準備著被兒、枕兒，則索昏昏沈沈的睡。從今後衫兒、袖兒，都揾溼做重重疊疊的淚。兀的不悶殺人也麼哥！兀的不悶殺人也麼哥！久已後書兒、信兒，索與我恓恓惶惶的寄。（西廂記哭宴）

這是鶯鶯餞別張生的一段唱辭。其中有疊字，如「熬熬煎煎」等；也有隔離疊用的字，如「車兒、馬兒」的「兒」字等；也有疊句，如「兀的不悶殺人也麼哥」兩句。這些複疊的字句，寫盡鶯鶯的纏綿繾綣，萬種柔情。

3. 蘇隄橫亙白隄縱：

橫一長虹，縱一長虹。

跨虹橋畔月朦朧：

橋樣如弓，月樣如弓。

青山雙影落橋東：

南有高峯，北有高峯。

雙峯秋色去來中：

去也西風，來也西風。

△　△　△

厚敦敦的軟玻璃裏，
倒映著碧澄澄的一片晴空：
一疊疊的浮雲，
一隻隻的飛鳥，
一彎彎的遠山，
都在晴空倒映中。
湖岸上，葉葉垂楊葉葉風，
湖面上，葉葉扁舟葉葉蓬，
掩映著一葉葉的斜陽，
搖曳著一葉葉的西風。（劉大白：西湖秋泛）

這兩首漂亮的寫景新詩，完全以複疊的形式構成。第一首主要是疊句：「橫一長虹，縱一長虹」、「橋樣如弓，月樣如弓」、「南有高峯，北有高峯」、「去也西風，來也西風」等，各是連接疊句，只是換個字而已。而「橫一長虹，縱一長虹」，又說明蘇隄和白隄，在意義上也是複疊。以下三句也一樣。第二首，主要是疊字：「敦敦」、「澄澄」、「疊疊」、「隻隻」、「彎彎」、「葉葉」等，都是疊字。後半首連用六組十二個「葉」字，而且用它作爲斜陽和西風的量詞，確實是大膽的嘗試，讀來沒有堆砌生硬的感覺，也眞不易了。用疊字造句，又以疊句的形式組成，整首詩就像一幅幅畫景，一幕幕出現了。

4. 蝴蝶和蜜蜂們帶著花朵的蜜糖回家了，
羊隊和牛群告別了田野回家了，
火紅的太陽也滾著火輪子回家了。
當街燈亮起來，向村莊道過晚安，
夜就輕輕地來了。
來了，來了！
從山坡上輕輕地爬下來了；
來了，來了！
從椰子樹梢上輕輕地爬下來了。
撒了滿天的珍珠和一個又圓又白的玉盤。

△　△　△

朦朧地，山巒靜靜地睡了，
朦朧地，田野靜靜地睡了。

只有窗外瓜架上的南瓜還醒著，
　伸長了藤蔓輕輕地往屋頂上爬；
只有綠色的小河還醒著，
　低聲歌唱著溜過彎彎的（注）小橋；
只有夜風還醒著，
　從竹林裏跑出來，
　跟著提燈的螢火蟲，
　在美麗的夏夜裏愉快地旅行。（楊喚：夏夜）

這是一首非常可愛的新詩。在意境上，是擬人的寫法；在形式上，卻是複疊的設計。其中有不少疊字，像「輕輕」、「靜靜」、「彎彎」；也有隔離複疊的字，像「只有」、「只有」；有疊句，像「朦朧地，山巒靜靜地睡了」兩句；也有隔離複疊的句子，像「來了，來了」兩句。其他也都以複疊的形式出現。像夜色一步步地接近，像夜風一陣陣地吹來。柔和輕悄，情景配合得恰到好處，恬靜宜人。

複疊的好處是，用在論說，能增加文章的氣勢；用在抒情，能給人一種情韻迴環、風致緜邈的感覺。讀起來也就言有盡而意無窮了。

〔注〕疊字還可加頭接尾，仍是一個詞的。像前面所舉的「陰森森」、「厚敦敦」、「碧澄澄」，本首詩所舉的「輕輕地」、「靜靜地」、「彎彎的」。也有兩個不疊的字化成兩組疊字的，如「蓊鬱」化成「蓊蓊鬱鬱」，「齊整」化成「齊齊整整」，「冷清」化成「冷冷清清」等。

第二十五章　層遞

用兩種以上的事物，造句作文，作有秩序，等距離，層層遞進的形式的，稱爲層遞。層遞的順序，由小到大，由輕到重，由淺到深，由低到高，由末到本，層層遞增的，可稱爲順層遞；如果層遞的順序，由大到小，由重到輕，由深到淺，由高到低，由本到末，層層遞減的，可稱爲倒層遞。順層遞的重點，一定在最後一句話；倒層遞的重點，大都也在最後一句話，但也有把重點擺在最先一句話的。重點在最後一句，是層層遞增；重點在最先一句，是層層遞減。作者層層遞接，讀者層層跟隨，心隨文轉，因而入勝。如是敍事，很容易接受那事物；如是說理，會十分信服他的理論；如是抒情，就完全付出同情。層遞，是一種很有力量的修辭法。

一、先說順層遞

順層遞的例子，如：

1. 知之者，不如好之者；好之者，不如樂之者。（論語雍也篇）

這是三層。以「樂之者」的精神最可佩。從文字的形式看，層遞類似頂眞(見第二十七章)，如本例的「好之者，好之者」。其實不同。頂眞重在上下句文字的銜接，不計較意義的輕重淺深之分；層遞重在上下句意義相遞，不計較文字是否關連。

2.苗而不秀者，有矣夫！秀而不實者，有矣夫！(論語子罕篇)

也是三層。據說這話是孔子感歎顏淵的。可見自始至終，成長一位全人也眞不易。

3.可與共學，未可與適道；可與適道，未可與立；可與立，未可與權。(論語子罕篇)

四層。權是衡量輕重，適得其中。和孔子所稱贊的「中」，孟子所歌頌的「時」相近似，是很高的境界。

4.天時不如地利，地利不如人和。(孟子公孫丑篇)

三層。孟子爲了說明得道者多助，失道者寡助的理論，所以把「人和」作爲最後的重點，而以天時、地利作爲它的階梯。

5.古之欲明明德於天下者，先治其國；欲治其國者，先齊其家；欲齊其家者，先修其身；欲修其身者，先正其心；欲正其心者，先誠其意；欲誠其意者，先致其知；致知在格物。物格而后知至，知至而后意誠，意誠而后心正，心正而后身修，身修而后家齊，家齊而后國治，國治而后天下平。(大學篇)

從「明明德於天下」到「致知在格物」，八層。看似由大到小，倒層遞；其實它說的是由末到本，是順層遞。從「物格而后知至」到「國治而后天下平」，也是八層。看似由小到大，順層遞；其實它說的是由本到末，倒層遞。一廻環，共有十六層。儒家由內而外，從倫理到政治的理想，發揮無遺。

6.在下位，不獲乎上，民不可得而治矣；獲乎上有道，不信乎朋友，不獲乎上矣；信乎朋友有道，不順乎親，不信乎朋友矣；順乎親有道，反諸身不誠，不順乎親矣；誠身有道，不明乎善，不誠乎身矣。（中庸篇）

六層。從治民、獲上推向誠身、明善，也是由末到本的順層遞。

7.荊人有遺弓者而不肯索。曰：「荊人遺之，荊人得之，又何索焉？」孔子聞之曰：「去其『荊』而可矣。」老聃聞之曰：「去其『人』而可矣。」故老聃則至公矣。（呂氏春秋貴公）

三層。孔子的意思，只說「人遺之，人得之」，就可以了；老子的意思，只說「遺之，得之」，就可以了。看似遞減的倒層遞，在意義上卻是由私至公的順層遞。

8.玉曰：「天下之佳人，莫若楚國；楚國之麗者，莫若臣里；臣里之美者，莫若臣東家之子。東家之子，增之一分則太長，減之一分則太短；……」（宋玉：登徒子好色賦序）

四層。由天下、楚國、臣里，集中到東家。以形容東家之子，國色天香，天下無雙。

9.北之晉，西適豳，東極吳，南至楚、越之交，其間名山水而州者以百數，永最善；環永之治百里，北至於浯溪，西至於湘之源，南至於瀧泉，東至於黃溪東屯，其間名山水而村者以百

數，黃溪最善。（柳元：遊黃溪記）

由全國說到永州，由永州說到黃溪，三層。這是學宋玉登徒子好色賦序的修辭法的。

10.藏書不難，能看爲難；看書不難，能讀爲難；讀書不難，能用爲難；能用不難，能記爲難。（張心齋：幽夢影）

五層。不過只要說到「能用」，句意已足；再加「能記」，似有蛇足之嫌。

二、再說倒層遞

倒層遞也有很多例子，如：

1.是故君子先愼乎德。有德此有人，有人此有土，有土此有財，有財此有用。德者，本也；財者，末也。（大學篇）

五層。這是遞減的倒層遞。由本到末，由重到輕。重點在第一句的「德」。

2.唯天下至誠，爲能盡其性；能盡其性，則能盡人之性；能盡人之性，則能盡物之性；能盡物之性，則可以贊天地之化育；可以贊天地之化育，則可以與天地參矣。（中庸篇）

五層。由中心的誠，向外擴張到天地，推己及人、及物。是倒層遞。重點在第一句的「誠」。

3.故失道而後德，失德而後仁，失仁而後義，失義而後禮。夫禮者忠信之薄，而亂之首也。（老子第三十八章）

五層。道家學說，以道爲最高，德次之；輕視仁義，尤鄙棄禮。乃是對儒家學說的一種反動。且不論其學說如何，在修辭卻是遞減的倒層遞。重點在第一句的「道」。

4.善建者不拔，善抱者不脫，子孫以祭祀不輟。修之於身，其德乃眞；修之於家，其德乃餘；修之於鄉，其德乃長；修之於邦，其德乃豐；修之於天下，其德乃普。（老子第五十四章）

五層。本章所說的，卻跟禮記大學所說的類似，以「修之於身」爲本，推而之於家、鄉、邦、天下。是倒層遞。只是老子所說的「德」，和儒家所說的「德」含義不同。以上的倒層遞，重點在第一句。

5.東郭子問於莊子曰：「所謂道，惡乎在？」莊子曰：「無所不在。」東郭子曰：「期而後可。」莊子曰：「在螻蟻。」曰：「何其下耶？」曰：「在稊稗。」曰：「何其愈下耶？」曰：「在瓦甓。」曰：「何其愈下耶？」曰：「在屎溺。」東郭子不應。莊子曰：「夫子之問也，固不及質。正獲之問於監市履狶也，每下愈況。」（莊子知北遊）

四層。莊子爲了說明道無所不在，從動物的螻蟻，降低到植物的稊稗，再降低到無生物的瓦甓，再降低到廢物的屎溺。這樣每下愈況，正表示道在萬物，無物非道。這是他說話的主旨。重點在末句。

6.左右皆曰賢，未可也；諸大夫皆曰賢，未可也；國人皆曰賢，然後察之；見賢焉，然後用之。左右皆曰不可，勿聽；諸大夫皆曰不可，勿聽；國人皆曰不可，然後察之；見不可焉，然後去之。左右皆曰可殺，勿聽；諸大夫皆曰可殺，勿聽；國人皆曰可殺，然後察之；見可殺焉，然後殺之。故曰「國人殺之也」。（孟子梁惠王篇）

本段分「賢」、「不可」、「可殺」三小節，是排比；每一小節有「左右」、「諸大夫」、「國人」三層，由親及疏，是倒層遞。這雖然是孟子勸齊宣王用人用刑都要愼重，但也是孟子民主思想最具體的發揮，所以重點在最末一層的「國人」。

7.顧自民國肇造，變亂紛乘，黃花岡上一坏土，猶湮沒於荒煙蔓草間。延至七年，始有墓碣之建修；十年，始有事略之編纂。而七十二烈士者，又或有記載而語焉不詳，或僅存姓名而無事蹟，甚者且姓名不可考。如史載田横事，雖以史遷之善傳游俠，亦不能爲五百人立傳，滋可痛已！（孫文：黃花岡烈士事略序）

有姓名有事略的爲一層，有姓名無事略的爲二層，連姓名都沒有的爲三層。由詳至略，倒層遞。但「滋可痛已」的是犧牲生命而不知姓名的人。所以重點在末句。

以上的倒層遞，重點在最後一句。

三、整段整篇的層遞

有的文章，整段甚至整篇，都以層遞的方式構成。例如：

1.今有一人，入人園圃，竊其桃李。衆聞則非之，上爲政者得則罰之。此何也？以虧人自利也。至攘人犬豕雞豚者，其不義又甚入人園圃，竊桃李。是何故也？以虧人愈多。苟虧人愈多，其不仁茲甚，罪益厚。至入人欄廄，取人馬牛者，其不仁義又甚攘人犬豕雞豚。此何故也？以其虧人愈多。苟虧人愈多，其不仁茲甚，罪益厚。至殺不辜人也，扡其衣裘，取戈劍者，其不義又甚入人欄廄，取人馬牛。此何故也？以其虧人愈多。苟虧人愈多，其不仁茲甚矣，罪益厚。當此，天下之君子，皆知而非之，謂之不義；今至大爲攻國，則弗知非，從而譽之，謂之義：此何謂知義與不義之別乎？（墨子非攻上）

整段話都以層遞的方式組成。從一開始的竊其桃李，到攘人犬豕，取人馬牛，殺不辜人，最後爲攻人之國。由小到大，由輕到重，充分說明攻國的不仁不義，發揮他的非攻主張。又如：

2. 莊辛至。襄王曰：「寡人不能用先生之言，今事至於此，爲之奈何？」莊辛對曰：「臣聞鄙語曰：『見兔而顧犬，未爲晚也；亡羊而補牢，未爲遲也。』臣聞昔湯、武以百里昌，桀、紂以天下亡。今楚國雖小，絕長續短，猶以數千里，豈特百里哉？

「王獨不見夫蜻蛉乎？六足四翼，飛翔乎天地之間，俛啄蚊虻而食之，仰承甘露而飲之。自以爲無患，與人無爭也；不知夫五尺童子，方將調飴膠絲，加己乎四仞之上，而下爲螻蟻食也。

「夫蜻蛉其小者也，黃雀因是以。俯噣白粒，仰棲茂樹，鼓翅奮翼。自以爲無患，與人無爭也；不知夫公子王孫，左挾彈，右攝丸，將加己乎十仞之上，以其類爲招。晝游乎茂樹，夕調乎酸鹹。倏忽之間，墜於公子之手。

「夫黃雀其小者也，黃鵠因是以。游於江海，淹乎大沼；俯噣鱔鯉，仰嚙菱衡；奮其六翮，而凌清風，飄搖乎高翔，自以爲無患，與人無爭也；不知夫射者，方將修其碆盧，治其矰繳，將加己乎百仞之上，被礛磻，引微繳，折清風而抎矣。故晝游乎江河，夕調乎鼎鼐。

「夫黃鵠其小者也，蔡靈侯之事因是以。南游乎高陂，北陵乎巫山，飲茹溪之流，食湘波之魚，左抱幼妾，右擁嬖女，與之馳騁乎高蔡之中，而不以國家爲事；不知夫子發方受命乎靈王，繫己以朱絲而見之也。

「蔡靈侯之事其小者也，君王之事因是以。左州侯，右夏侯，輦從鄢陵君與壽陵君，飯封祿之粟，而載方府之金，與之馳騁乎雲夢之中，而不以天下國家爲事；不知夫穰侯方受命乎秦王，塡黽塞之內，而投己乎黽塞之外。」

襄王聞之，顏色變作，身體戰慄。於是乃以執珪而授之爲陽陵君，與之淮北之地也。（戰國策楚策，莊幸說楚襄王）

整篇文章，都以層遞的方式構成。從蜻蛉說到黃雀、黃鵠，從黃鵠說到蔡靈侯、楚襄王；由小至大，由物及人；前三層爲譬喻，後二層爲事實：層層遞進。說得楚襄王完全覺悟了逸樂誤國的道理，發揮很大的說服力。

四、層遞用於記敘、議論、抒情

層遞修辭法適合記敘、論說、抒情各種文體。用於記敘文的，如：

1.昔巴律西，法蘭西著名之美術家也。嘗憫法國磁器之粗拙，欲改良之，築竈以試驗者數年，家資盡罄；再築竈而益以薪，又復失敗。已無復二度築竈之資，猶復集土器三百餘，附窰以試驗之。歷一日夜不交睫，曾無尺寸功。如是殆十年，卒爲第四度最後之大試驗，乃作竈於家，磚石築造，皆躬自任。閱七八月竈始成。乃摶土製器，塗藥入竈。火熱一晝夜間，坐其旁以待旦。其妻持朝食供之，終不忍離。至第二日，質終未融。日沈西，又不去，待之。於是蓬首垢面，憔悴無人形。如是者三日、四日、五日、六日，相續至七日，未一假寐，而功遂不就。自茲以往，調新質而搗煉之，坐守十餘日、二十日以爲常。最後一度，質既備，火既焚，熱既熾，功將成矣，薪忽告竭，而火不能滅也。巴律西爽然自失，傷其功之將墮，乃拔園籬之木以代之；猶不足，碎其桌及椅，投諸火；猶不足，碎其榻；猶不足，碎其門。妻子以爲狂，號於室而奔告於其鄰。未幾，所燒之質既融，色光澤，儼然良器矣。（梁啓超：論毅力）

這一段敘述巴律西試驗瓷器，從一日夜不交睫，到五七日未假寐，到坐守一、二十日，層層遞進；最後一次試驗，因柴薪不足，竟拔籬木以代，繼而碎桌椅以代，碎牀榻以代，甚至碎門戶以代，也是層層遞進。巴律西不屈不撓的恆心，可驚可愕的毅力，躍然紙上了。這是層遞修辭法用於記敍文的。

層遞修辭法，也可用於論說文，如：

2.以今日而論，世界用電之人，已不爲少，然能知電者有幾人乎？每遇新創製一電機，則舉世從而用之。如最近之大發明爲無線電報，不數年即已風行全世；然當研究之時代，費百十年之工夫，竭無數學者之才智，各貢一知，而後得成全此無線電之知識。及其知識眞確，學理充滿，而乃本之以製器，則無所難矣；器成而以之施用，則更無難矣。是今日用無線電以通信者，人人能之也；而司無線電機以應人之通信者，亦不費苦學而能也；至於製無線電機之工匠，亦不過按圖配置，無所難也；其最難能可貴者，則爲研究求無線電知識之人。學識之難關一過，則其他之進行，有如反掌矣。（孫文：電學與知難行易）

本段是借無線電的學理研究和它的技術應用，說明知難行易的道理。學理充滿後，製器即無難，器成後施用更無難。三層。由深到淺，倒層遞。接著說，利用無線電通訊，人人能之；司理無線電，亦無須苦學；製造無線電機亦不難；最難爲研究無線電學理的人。四層。用、司、製，屬於「行」；只有研究屬於「知」。由淺到深，順層遞。廻環複疊，倒順兩層遞，充分說明知難行易的道理。這是層遞修辭法用於論說文的。

層遞修辭法，也可用於抒情文，如：

3.太上不辱先，其次不辱身，其次不辱理色，其次不辱辭令；其次詘體受辱，其次易服受辱，其次關木索、被箠楚受辱，其次剔毛髮、嬰金鐵受辱，其次毀肌膚、斷肢體受辱，最下腐刑極矣！（司馬遷：報任少卿書）

這一段話看似說明文，其實是抒情文。先說四層「不辱」，再說六層「受辱」，層層遞進。當最後說到「最下腐刑極矣」，作者一肚子的怨憤，已不可遏抑，一瀉而出；讀者讀到這一句，也自然廢書長歎，爲他一掬同情之淚了。

層遞是等距離地一層層增加或減少，到最後一層時，使人有登峰造極或直下深淵的感覺。讀者往往因此而血脈僨張或爽然若失，完全以作者的意見爲意見，以作者的感情爲感情了。

第二十六章　回　文

回文，大致可分爲回文句和回文詩兩類。回文句是上下的句子，詞彙大都相同，而詞序的排列相反，成爲回環往復的形式。回文詩是整首詩可以順讀，也可以倒讀，也是回環往復的形式，不過字數句數加多了。

一、回文句

回文句的產生是很自然的。它的運用，在求句意的周到綿密，無懈可擊。所以大都用在說理方面，而分條列述的語錄式文體中尤其常見。例如：

1.日往則月來，月往則日來。寒往則暑來，暑往則寒來。（易經繫辭下）

這說明時序的周而復始，循環不息。

2.學而不思則罔，思而不學則殆。（論語爲政篇）

這說明爲學當學思並重，不可偏廢。

3.父爲子隱，子爲父隱，直在其中矣。（論語子路篇）

這說明父子天倫，應互相迴護。

4.所惡於上，毋以使下；所惡於下，毋以事上。所惡於前，毋以先後；所惡於後，毋以從前。所惡於右，毋以交於左；所惡於左，毋以交於右：此之謂挈矩之道。（大學）

這說明推己及人的道理，是並列式的回文。

5.是故財聚則民散，財散則民聚。（同右）

6.仁者以財發身，不仁者以身發財。（同右）

這說明財與民不可得兼，是對照式的回文。

7.在上位不陵下，在下位不援上。（中庸第十四章）

這說明上下相處之道。

8.自誠明，謂之性；自明誠，謂之教。誠則明矣，明則誠矣。（中庸第二十一章）

這是子思爲闡明天道、人道而說的話，互爲因果的回文。

9.不仁哉，梁惠王也。仁者，以其所愛及其所不愛；不仁者，以其所不愛及其所愛。（孟子盡心篇）

這說明仁君、暴君的分別，也是對照式的回文。

老子書裏回文特別多。他大概是爲了說明他所發現的宇宙、人生等循環不已、相反相成的特殊哲理，因而運用「正言若反」的回文技巧，以表達他的理念。如：

10.天下有始，以爲天下母。既得其母，以知其子；既知其子，復守其母。沒身不殆。（第五十二章）

老子認爲天地本源的道是母，天地萬物是子。如此觀察，互相印證，就可明曉。

11.知者不言，言者不知。（第五十六章）

聰明的人不多言，多言的人不聰明。對照式的回文。

12.禍兮福之所倚，福兮禍之所伏。（第五十八章）

這是互爲因果的回文。淮南子根據這句話寫出塞翁失馬的故事。

13.大國者，下流。天下之交，天下之牝。牝常以靜勝牡，以靜爲下。故大國以下小國，則取小國；小國以下大國，則取大國。（第六十一章）

無論大國小國，謙下者有福。

14.信言不美，美言不信。善者不辯，辯者不善。知者不博，博者不知。（第八十一章）

這段話也就是忠言逆耳、木訥近仁、學貴專精的意思。但他以回文的方式表出，便有對照的作用，聽起來更加理充辭足。

15.唐且謂信陵君曰：「臣聞之曰，事有不可知者，有不可不知者；有不可忘者，有不可不忘者。」信陵君曰：「何謂也？」對曰：「人之憎我也，不可不知也；吾憎人也，不可得而知也。人之有德於我也，不可忘也；吾有德於人也，不可不忘也。……」（戰國策魏策）

這說明人與人之間的恩怨關係，也是對照式的回文。

16.臣無祖母，無以至今日；祖母無臣，無以終餘年。（李密：陳情表）

這說明親子之間撫育和反哺的意義，也是互為因果的回文。

17.顧人之常情，由儉入奢易，由奢入儉難。（司馬光：訓儉示康）

這是司馬光引用張文節的話，也是對照式的回文。

18.吾聞之申包胥曰：「人定者勝天，天定亦能勝人。」（蘇軾：三槐堂銘）

這說明天人的關係。史記伍子胥傳作：「人眾者勝天，天定亦能破人。」

19.江畔何人初見月，江月何年初照人？（張若虛：春江花月夜）

20.古人不見今時月，今月卻曾照古人。（李白：把酒問月）

這兩句回文以設問的口氣表現，說明時間的亙遠。

21.誰人共，一帶青山送。乘風列子，列子乘風。（盧摯：殿前歡）

這兩句回文慨歎人生有限，宇宙無窮。

22.霓裳弄，酒後黃鶴送。山翁醉我，我醉山翁。（貫雲石：殿前歡）

元曲殿前歡，末二句有不少是回文。貫雲石還有「酸齋笑我，我笑酸齋」的句子；張可久也有這樣的句子。

23.文章是案頭之山水，山水是地上之文章。（張潮：幽夢影）

文章曲折如山水，山水明秀如文章，這兩句回文引人遐思。

24.文章是有字句之錦繡，錦繡是無字句之文章。（同右）

上一句是很好的隱喻，足以表現文章的華美；下一句也是隱喻，只是把錦繡看作文章，似乎俗了一點。但回文的形式還是整齊的。

25.時代考驗青年，青年創造時代。（蔣公嘉言）

這兩句回文閎肆莊嚴，比「英雄造時勢，時勢造英雄」更有意義。

26.有村舍處有佳蔭，有佳蔭處有村舍。（徐志摩：我所知道的康橋）

這兩句回文說明村舍和佳蔭相間，康橋風景極美。

27.……

重新下水，

再團再鍊再調和，

再捏一個你，
再塑一個我。
那其間，那其間：
我身子裏也有了你，
你身子裏也有了我。（劉大白：管夫人我儂詞）

劉大白說這首我儂詞是元代管夫人寫的。她的丈夫趙子昂要娶妾，管夫人做了這首詞，說明夫婦的感情，趙子昂讀了，就打消了娶妾的念頭。這是一首詞的後半首，末兩句回文充分說明夫婦的親情。

28.同書（孺子歌圖）另一首歌：
玲瓏塔，塔玲瓏，
玲瓏寶塔十三層。
這首歌主要是「玲瓏」一個詞。前兩行是顚倒的重疊，後一行還是重疊前兩行。……（朱自清：歌謠裏的重疊）

朱自清所說的「顚倒」，其實就是回文。「玲瓏塔」三個字（末句加「寶」字），作三重回文，念起來天趣盎然。

29.記得有一回路過師大，見該校「兒童教育研究社」也有過同樣的心聲，呼籲同學們：

犧牲你的享受，
享受你的犧牲。

謹以「享受犧牲」的抱負，與全國大專同學共勉。（中央日報副刊，茶陵：校園海報）

這兩句回文命意甚高，文字極好。尤其「享受你的犧牲」一句，比「既以與人已愈多」更明白，比「施比受更有福」更耐人尋味。現在已有很多人在使用它了。

以上所舉的回文，只有少數是抒情文，大部分是說理文字。上下回環往復，或並列，或對照，或互爲因果，十分周至圓融。而且大都出於自然，無矯揉造作態；雖少數有人工雕琢痕，也能接近自然。所以看起來不費力，讀起來有滋味。

二、回文詩

回文的極度運用，就發展成回文詩。回文詩是一首詩，可以順讀，可以倒讀，甚至可以從任何一個字開始讀起。回環往復，首尾無端。因此是一首詩，兩首詩，甚至許多首詩。這就全靠人工造作了。修辭書大都舉蘇伯玉妻的「盤中詩」和竇滔妻的「璇璣圖」爲例。宋桑世昌編「回文類聚」，清朱存孝作序說：

詩體不一，而回文尤異。自蘇伯玉妻盤中詩爲肇端，竇滔妻璇璣圖而大備。

相傳蘇伯玉爲漢代人，出使西蜀，久久不歸，他的妻子住在長安，思念丈夫，因此作了一首盤中詩。盤中詩作圓形排列，它的讀法是：從中心點讀起，接第二圈時向右轉；第二圈讀完，接第三圈時向左轉；這樣右轉左轉，到讀完爲止。詩文及圖形如下：

1.山樹高，鳥鳴悲。泉水深，鯉魚肥。空倉雀，常若飢。吏人婦，會夫稀。出門望，見白衣，謂當是，而更非。還入門，中心悲。北上堂，西入階，急機絞，杼聲催。長嘆息，當語誰？君有行，妾念之：出有日，還無期。結巾帶，長相思。君忘妾，未知之；妾忘君，罪當治。妾有行，宜知之。黃者金，白者玉；高者山，下者谷。姓者蘇，字伯玉。人才多，智謀足。家居長安身在蜀，何惜馬蹄歸不數。羊肉千斤酒百斛，令君馬肥麥與粟。今時人，知四足。與其書，不能讀，當從中央周四角。

嚴格地說，這不能算是回文詩。因爲它只能順讀，不能倒讀，更不能隨便從任何一個字讀起。它只是一首普通詩，作圓形的排列，以表示別情宛轉，愁腸九廻而已。

竇滔妻的璇璣圖，據晉書列女傳，說是竇滔遠徙流沙，他的妻子蘇氏思念他，織錦爲迴文旋圖詩寄給他，循環誦讀，十分悽惋。但武則天的璇璣圖序，卻說竇滔是前秦苻堅時扶風人，妻蘇氏名蕙，字若蘭。夫妻不睦。竇滔鎭守襄陽，和蘇氏斷絕音訊。蘇氏悔恨自傷，因織錦爲回文詩，五彩相宣，縱橫反復，皆成文章，稱爲璇璣圖。請人送到襄陽。竇滔看了之後，非常感動，就把她接到襄陽團聚。這兩種說法，一般人都相信後者。璇璣圖成正方形排列，縱橫各二十九行，也就是每行各爲二十九字，共八百四十一字。當時沒人知道它的讀法，唐代才女史幽探、哀萃芳，區分整理，才明曉讀法。回環反復地讀來，可得詩三千七百五十二首，眞可說洋洋大觀了。（見鏡花緣第四十一回。世界書局本，附有五彩璇璣圖。）現在以該圖右上角的方塊，四句詩的順讀、倒讀，舉例如下：

2.仁智懷德聖虞唐，貞志篤終誓穹蒼，欽所感想妄淫荒，心憂增慕懷慘傷。

倒讀就成爲：

傷慘懷慕增憂心，荒淫妄想感所欽，蒼穹誓終篤志貞，唐虞聖德懷智仁。

不過這樣的詩句，很難看出它的命意所在；甚至連文法都齟齬不順。

四庫全書總目卷一百八十七，「回文類聚」提要，說「藝文類聚」載有曹植「鏡銘」八字，回環讀之，無不成文。「雜體詩序」說晉傅咸有回文詩二首，可反復誦讀，可見回文詩由來已久。蘇東坡、王安石各有回文詩，也其來有自了。蘇東坡的回文詩，名「題織錦圖上回文三首」，是因竇滔妻的璇璣圖而作的。其中之一是：

3.紅手素絲千字錦，故人新曲九回腸；
風吹絮雪愁縈骨，淚灑縑書恨見郎。

倒讀就成爲：

郎見恨書縑灑淚，骨縈愁雪絮吹風；
腸回九曲新人故，錦字千絲素手紅。

王安石有五首回文詩，其中之一是：

4.濃露菊裳沾，勁風荷蓋動；
鐘疎雜苦吟，漏永隨長夢。

倒讀就成爲：

夢長隨永漏，吟苦雜疎鐘；
動蓋荷風勁，沾裳菊露濃。

袁枚隨園詩話，錄了一首張月槎的秋夜回文詩：

5.烟深臥閣草凝愁，冷夢驚回幾樹秋。懸壁四山雲上下，隔簾一水月沈浮。翩翩影落飛鴻雁，
皎皎光寒靜斗牛，前路客歸螢點點，邊城夜火似星流。

倒讀就成爲：

流星似火夜城邊，點點螢歸客路前。牛斗靜寒光皎皎，雁鴻飛落影翩翩。浮沈月水一簾隔，下上雲山四壁懸。秋樹幾回驚夢冷，愁凝草閣臥深烟。

納蘭性德有兩闋回文詞，詞牌都是菩薩蠻，其中一闋是：

6.客中愁損催寒夕，夕寒催損愁中客。門掩月黃昏，昏黃月掩門。翠衾孤擁醉，醉擁孤衾翠。醒莫更多情，情多更莫醒。

上下句已經回文了，整闋詞當然可以倒讀，只是不合菩薩蠻的格律罷了。徐芹庭先生修辭學發微迴文法，錄有清同治年間，御窰製茶壺上所書循環之圓形詩一首：

7.落雪飛芳樹，幽紅雨淡霞；薄日迷香霧，流風舞豔花。

倒讀就成爲：

花豔舞風流，霧香迷日薄；霞淡雨紅幽，樹芳飛雪落。

這二十個字的五言絕句，可以順著從第一字、第二字、第三字……讀起，得詩二十首；也可以倒著從第二十字、第十九字、第十八字……讀起，又得詩二十首；共得詩四十首。也可以說是回文詩的大觀了。

三、回文句和回文詩的比較

平心而論，回文詩看來非常困難而奇異，卻沒有眞正的文學價值；而回文句雖然平易近人，卻很有修辭的意義。

嚴格地說，回文詩還是一種文字遊戲。做這種「遊戲」，十分吃力，卻不討好。它雖然靠著我們方塊字的優點，和我國文法詞性多變的特性，使得一首詩，可以順讀，也可以倒讀，但是讀起來總難免味同嚼蠟，甚至不可通曉，更別說詩的意境和韻味了。這不是詩人才薄，而是回文詩的束縛實在太多了。詩，本就有格律的束縛，再加上既可順讀，又可倒讀，甚至可從任何一個字讀起，那是多不容易的事情啊！在這種情形下，必然會犧牲詩的意境和韻味。蘇伯玉妻的盤中詩可讀，有詩意，因爲它只可順讀，不可倒讀，事實上並不是回文詩。竇滔妻的璇璣圖，可作各種讀法，是眞正的回文詩。雖然武則天序贊爲「其文點畫無闕，才情之妙，超古邁今」，其實大部分只是整齊排列的散字，連文理都難連貫，和眞正的詩是有一段距離的。蘇東坡、王安石的回文詩，較有詩味，但在二人的詩集裏，只是沒沒無聞的作品罷了。張月槎的秋夜回文詩，算是難得的作品。納蘭性德的菩薩蠻詞，偶句就是單句的倒序排列，由四組回文句組成一闋詞。因爲它是回文句組成的，可讀性比較高；但也因爲它全是回文句組成的，就不及普通詞雋永有味了。至於同治茶壺上的回文詩，只要配合第一字和第十一字、第二字和第十二字，直到第十字和第二十字，同韻同調，再安排平仄，就可以從任何一個字讀起，音韻鏗鏘，像一首詩了。而詩的情意是否適切，甚至詞句是否合理而通順，就不能認眞討論了。

回文句就不是這樣了。它不像回文詩那樣文字不同，字序可順倒兩用；它上下句所用的詞彙大致相同，僅是詞序相反而已。它只能順讀，不能倒念，讀起來非常順口，聽起來十分明白，有時還有一種叫你不能不信服、不能不感動的力量。所以筆者認為它很有修辭的意義。蔡元培說了一句「讀書不忘救國，救國不忘讀書」，學校就把它作為標語；無名氏創造了一句「人人為我，我為人人」，合作社就把它作為廣告；而「善者不來，來者不善」的俗諺，更為許多人所應用而流傳不息；就可證明回文句的力量了。

回文句容易創造，容易見功，有發展的潛力，有志寫作者不妨一試；回文詩，在先天上已受了文字的限制，即使竭盡心思去創作，也難於成篇，成篇了也難以卒讀，它眞是一種難能而不可貴的文體了。

第二十七章 頂眞

上句的末字，和下句的首字相同；或前段的末句，和後段的首句相同；這樣上遞下接，蟬聯而下的修辭法，叫做「頂眞」。上下句用相同的字詞遞接，後人稱爲「聯珠格」；前後段用相同的字句遞接，後人稱爲「連環格」。所以頂眞又可細分爲二格。

以前的文人，知道有這種文體，但是沒有頂眞這個名稱，更不分聯珠格、連環格了。清梁章鉅退庵隨筆學詩六一云：「曹子建贈白馬王彪詩、顏延之秋胡行，皆次章首句蟬聯上章之尾，此本大雅文王、下武、既醉三篇章法也。而蔡中郎飲馬長城窟、晉西洲曲，復施法於一章之中，纏綿委折，而節拍更緊，遂極情文之妙。」曹植的贈白馬王彪詩，是前一章之末、後一章之首，用字相同，所謂連環格；蔡邕的飲馬長城窟，是上一句之末、下一句之首，用字相同，所謂聯珠格。梁章鉅認爲曹植效法大雅，而蔡邕又濃縮於一章之中。其實，文王、下武、既醉等篇，雖都以章與章遞接的連環格爲主，但句與句遞接的聯珠格也不是沒有，可說兩者都具備了。且看既醉篇：

既醉以酒，既飽以德。君子萬年，介爾景福。

既醉以酒，爾殽既將。君子萬年，介爾昭明。
昭明有融，高朗令終。令終有俶，公尸嘉告。
其告維何？籩豆靜嘉。朋友攸攝，攝以威儀。
威儀孔時，君子有孝子。孝子不匱，永錫爾類。
其類維何？室家之壼。君子萬年，永錫祚胤。
其胤維何？天被爾祿。君子萬年，景命有僕。
其僕維何？釐爾女士。釐爾女士，從以孫子。

從第二章起，「昭明」、「告」、「威儀」、「類」、「胤」、「僕」等，是章與章遞接的頂眞，連環格。而第三章的「令終」、第四章的「攝」、第五章的「孝子」、第八章的「釐爾女士」等，是句與句遞接的頂眞，聯珠格。所以說兩種頂眞格都具備了。

一、聯珠頂眞

曹植的贈白馬王彪詩，效法文王、下武、既醉等篇，大概沒錯。明朝王世貞在藝苑巵言裏就說它「全法大雅文武之什」；蔡邕的飲馬長城窟行，是濃縮文王等篇的連環格？還是效法它們的聯珠格？就很難說。有些句與句之間的聯珠頂眞，因需要而產生，並不一定誰效法誰。詩歌如此，散文也是如此。例如：

1.子路曰：「衛君待子而爲政，子將奚先？」子曰：「必也正名乎！」子路曰：「有是哉？子之迂也！奚其正？」子曰：「野哉，由也！君子於其所不知，蓋闕如也。名不正，則言不順；言不順，則事不成；事不成，則禮樂不興；禮樂不興，則刑罰不中；刑罰不中，則民無所措手足。故君子名之必可言也，言之必可行也。君子於其言，無所苟而已矣！（論語子路篇）

這是孔子說話的頂眞修辭，他並沒學誰。這一例所說明的因果關係，很像層遞。但層遞除了層次分明外，還有固定的等距離加重或減輕這一條件。而本例看不出有這一條件，應該是頂眞。

2.知其雄，守其雌，爲天下谿。爲天下谿，常德不離，復歸於嬰兒。知其白，守其黑，爲天下式。爲天下式，常德不忒，復歸於無極。知其榮，守其辱，爲天下谷。爲天下谷，常德乃足，復歸於樸。樸散則爲器，聖人用之，則爲官長。故大制不割。（老子第二十八章）

這是老子著書的頂眞修辭，也沒學誰。老子書裏的頂眞還有不少，如：

3.知常曰明，不知常，妄作凶。知常容，容乃公，公乃全，全乃天，天乃道，道乃久。沒身不殆。（第十六章）

4.吾不知名，字之曰道，強爲之名曰大。大曰逝，逝曰遠，遠曰反。（第二十五章）

這也是頂眞。本章末句爲：「人法地，地法天，天法道，道法自然。」在字面上是頂眞，但在意義上應該是層遞。因爲它有很明顯的等距離的級差。

5.其次致曲。曲能有誠，誠則形，形則著，著則明，明則動，動則變，變則化。唯天下至誠爲能化。（中庸第二十三章）

這是用頂眞的手法說明天人的因果關係。和前面論語的一例一樣，雖然層次分明，但沒有清楚的等距離，應屬於頂眞。

6.人有禍則心畏恐，心畏恐則行端直，行端直則思慮熟，思慮熟則得事理。行端直則無禍害，無禍害則盡天年。得事理則必成功。（韓非子解老篇）

這是韓非子解釋老子「禍兮福之所倚」句的一段話。他用頂眞法層層推論，說明爲什麼有禍能生福的道理，筆力雄健。

7.人有福則富貴至，富貴至則衣食美，衣食美則驕心生，驕心生則行邪僻而動棄理。行邪僻則身夭死，動棄理則無成功。（同右）

這是韓非子解釋老子「福兮禍之所伏」句的一段話，筆法同前例。

8.郤克曰：「……以蕭同姪子之母爲質；使耕者皆東其畝。然後與子盟。」國佐曰：「……不可。請壹戰；壹戰不克，請再；再不克，請三；三不克，請四；四不克，請五；五不克，舉國而授。」於是而與之盟。（穀梁傳成公二年）

國佐的答話，疊聯如貫珠，表明齊國的決心，十分有力。郤克讓步，與他談和。這是頂眞修辭所發揮的力量。

9.秦王謂軻曰：「取舞陽所持地圖。」軻既取圖奏之，秦王發圖，圖窮而匕首見。因左手把秦王之袖，而右手持匕首揕之。未至身，秦王驚，自引而起，袖絕；拔劍，劍長，操其室；時惶急，劍堅，故不可立拔。荆軻逐秦王，秦王環柱而走。……是時，侍醫夏無且，以其所奉藥囊提荆軻也。秦王方環柱走，卒惶急，不知所爲。左右乃曰：「王負劍！」負劍，遂拔，以擊荆軻，斷其左股。荆軻廢，乃引其匕首以擿秦王，不中，中銅柱。秦王復擊軻，軻被八創。……（史記荆軻傳）

史記荆軻傳，根據戰國策燕策寫。本段描寫，只增減幾個字，其中頂眞字，也幾乎全同。這些字使上下句一氣呵成，更顯出緊張的氣氛。

10.自余爲僇人，居是州，恆惴慄。其隙也，則施施而行，漫漫而游。日與其徒，上高山，入深林，窮迴溪；幽泉怪石，無遠不到；到則披草而坐，傾壺而醉；醉則更相枕而臥；臥而夢，意有所極，夢亦同趣；覺而起，起而歸。以爲凡是州之山水有異態者，皆我有也；而未始知西山之怪特。（柳宗元：始得西山宴遊記）

這是西山宴遊記的第一段。除末二句外，全是短句。其中「到；到」、「醉；醉」、「臥；臥」、「起；起」，是連接上下句的頂眞。黃慶萱先生「始得西山宴遊記析評」有幾句話說：「簡短的句法與登山時短促的呼吸相配合，頂眞的句法與登山時緊湊的步伐相配合。」（六十五年二月十一日中央副刊）這話說得很對。記敘文裏用頂眞，更能顯出緊湊的節奏。

以上是頂眞用在散文方面(老子書有許多韻語，但非詩歌)，下面再說頂眞用在詩歌方面：

11.青河畔草，綿綿思遠道。遠道不可思，夙昔夢見之。夢見在我傍，忽覺在他鄉。他鄉各異縣，展轉不相見。……客從遠方來，遺我雙鯉魚：呼兒烹鯉魚，中有尺素書。長跪讀素書，書中竟何如？上有加餐食，下有長相憶。(蔡邕：飲馬長城窟行)

這就是前面提到的蔡中郎飲馬長城窟。因頂眞修辭，使得思婦念遠人之情，纏綿委宛，倍見動人。陳琳的飲馬長城窟行，也有頂眞辭：

12.男兒寧當格鬥死，何能怫鬱築長城？長城何連連，連連三千里。邊城多健少，內舍多寡婦。……

這首詩是寫秦始皇築長城，民怨勞苦。「長城，長城」、「連連，連連」的頂眞，表現長城緜延無盡，文辭的形式和內容協合。

13.不知何年少，夾轂問君家：君家誠易知，易知復難忘。黃金爲君門，白玉爲君堂：堂上置尊酒，作使邯鄲倡。(漢樂府歌辭相逢行)

漢詩頗多頂眞，如有所思篇的：「聞君有他心，拉雜摧燒之。摧燒之，當風揚其灰：從今已往，勿復相思。相思與君絕，雞鳴狗吠，兄嫂當知之。」淮南王篇的：「後園鑿井銀作牀，金瓶素綆汲寒漿。汲寒漿，飲少年：少年窈窕何能賢？」前者表現眞情，後者敍述事實。

14.出門採紅蓮，採蓮南塘秋，蓮花過人頭，低頭弄蓮子，蓮子青如水。置蓮懷袖中，蓮心徹底

紅。憶郎郎不至，仰首望飛鴻。飛鴻滿西洲，望郎上青樓。樓高望不見，盡日闌干頭。闌干十二曲，垂手明如玉。（沈約：西洲曲）

這就是梁章鉅說的晉西洲曲。不過沈約是南朝梁人。頂眞修辭，情致動人。

15.楚山秦山皆白雲，白雲處處長隨君。長隨君，君入楚山裏，雲亦隨君渡湘水。湘水上，女羅衣，白雲堪臥君早歸。（李白：送劉十六歸山）

這首白雲歌，用頂眞寫友情的永恆，有綿邈不盡的意致。

16.雲鬢花顏金步搖，芙蓉帳暖度春宵；春宵苦短日高起，從此君王不早朝。……後宮佳麗三千人，三千寵愛在一身。……君臣相顧盡霑水，東望都門信馬歸。歸來池苑皆依舊，太液芙蓉未央柳；芙蓉如面柳如眉，對此如何不淚垂？……臨別殷勤重寄詞，詞中有誓兩心知。……（白居易：長恨歌）

這首敍事兼抒情的長歌裏，中間插置一些頂眞辭，正像這首七言古體詩裏，偶然夾了幾聯對偶句，特別有味。

17.簫聲咽，秦娥夢斷秦樓月。秦樓月，年年柳色，灞陵傷別。　樂遊原上清秋節，咸陽古道音塵絕。音塵絕，西風殘照，漢家陵闕。（李白：憶秦娥）

這闋詞跟李白另一闋菩薩蠻詞，在詞中爲最古；詞中用頂眞，當亦以此爲最先。「秦樓月；秦樓月」，雖分屬上下句，但白香詞譜說明須疊三字，那麼這裡必然是頂眞了。「音塵絕；音塵絕」

兩句也一樣。這兩處頂眞各押入聲，對音節的緊湊很有幫助，也增添了整闋詞的悲涼情緒。

元曲裏也有用頂眞的，如：

18.挨著靠著雲窗同坐，看著笑著月枕雙歌，聽著數著怕著愁著早四更過。四更過，情未足；情未足，夜如梭；天哪，更閏一更妨什麼！（貫雲石：紅繡鞋）

這首曲用了許多複疊和四句頂眞，寫盡兩情繾綣的神態。

但元曲裏使用頂眞最長，也最成功的，要算馬致遠的漢宮秋裏的梅花酒、收江南了：

19.呀！俺向著這迥野悲涼，草已添黃，兔早迎霜；犬褪得毛蒼，人搠起纓槍；馬負起行裝，車運著餱糧，打獵起圍場。他，他，他，傷心辭漢主；我，我，我，攜手上河梁。他部從，入窮荒；我鑾輿，返咸陽。返咸陽，過宮牆；過宮牆，遶迴廊；遶迴廊，近椒房；近椒房，月昏黃；月昏黃，夜生涼；夜生涼，泣寒螿；泣寒螿，綠紗窗；綠紗窗，不思量？呀！不思量？除是鐵心腸；鐵心腸，也愁淚滴千行。（漢宮秋雜劇第三折）

這一段寫漢元帝送走王昭君之後，對蒼涼秋景，念離情悽切，想到獨自回宮時，人去房空，寂寞難排的情景，就唱出這一段曲辭。一連串的頂眞，表現出這位大漢皇帝的纏綿悱惻，兒女情長。

二、連環頂眞

以上所說的，是頂眞裏的聯珠格，現在再說頂眞裏的連環格。詩經大雅文王、下武、既醉等篇是以連環格爲主的。前面已舉旣醉篇，現在再舉文王和下武：

1. 文王在上，於昭于天。周雖舊邦，其命維新。有周不顯，帝命不時。文王陟降，在帝左右。亹亹文王，令聞不已。陳錫哉周，侯文王孫子。文王孫子，本支百世。凡周之士，不顯亦世。世之不顯，厥猶翼翼。思皇多士，生此王國。王國克生，維周之楨。濟濟多士，文王以寧。穆穆文王，於緝熙敬止。假哉王命，有商孫子。商之孫子，其麗不億。上帝旣命，侯于周服。侯服于周，天命靡常。殷士膚敏，祼將于京。厥作祼將，常服黼冔。王之藎臣，無念爾祖。無念爾祖，聿脩厥德。永言配命，自求多福。殷之未喪師，克配上帝。宜鑒于殷，駿命不易。命之不易，無遏爾躬。宣昭義問，有虞殷自天。上天之載，無聲無臭。儀刑文王，萬邦作孚。（大雅文王）

本篇七章詩，除首章外，其餘六章連環頂眞，前章之末與後章之首字句相同（中間也有句與句頂眞的）。作者敍述文王之德，代商而起，以告後世子孫，謹愼守成。用頂眞法，有天命不易，再三叮囑之意。

2. 下武維周，世有哲王。三后在天，王配于京。

王配于京，世德作求。永言配命，成王之孚。
成王之孚，下土之式。永言孝思，孝思維則。
媚茲一人，應侯順德。永言孝思，昭哉嗣服。
昭茲來許，繩其祖武。於萬斯年，受天之祜。
受天之祜，四方來賀。於萬斯年，不遐有佐。（大雅下武）

本篇六章詩，除第四章首句外，其餘都連環頂眞。本詩贊美武王能從先人之德，啓萬世之福。頂眞修辭，有繼繼繩繩，連緜不斷之意。能使文字形式跟內容意義相合。

前面曾說曹植贈白馬王彪詩，效法文王、下武、旣醉等篇的形式，且看曹詩如何：

3. 謁帝承明廬，逝將歸舊疆。清晨發皇邑，日夕過首陽。伊洛廣且深，欲濟川無梁。汎舟越洪濤，怨彼東路長。顧瞻戀城闕，引領情內傷。

太谷何寥廓，山樹鬱蒼蒼。霖雨泥我塗，流潦浩縱橫。中逵絕無軌，改轍登高岡。修坂造雲日，我馬玄以黃。

玄黃猶能進，我思鬱以紆。鬱紆將何念？親愛在離居。本圖相與偕，中更不克俱。鴟梟鳴衡軛，豺狼當路衢。蒼蠅間白黑，讒巧令親疏。欲還絕無蹊，攬轡止踟躕。

踟躕亦何留？相思無終極。秋風發微涼，寒蟬鳴我側。原野何蕭條，白日忽西匿。歸鳥赴喬林，翩翩厲羽翼。孤獸走索群，銜草不遑食。感物傷我懷，撫心長太息。

太息將何爲？天命與我違。奈何念同生，一往形不歸！孤魂翔故域，靈柩寄京師。存者忽復過，亡沒身自衰。人生處一世，去若朝露晞。年在桑榆間，影響不能追。自顧非金石，咄唶令心悲。

心悲動我神，棄置莫復陳。丈夫志四海，萬里猶比鄰。恩愛苟不虧，在遠分日親。何必同衾幬，然後展慇懃。憂思成疾疹，無乃兒女仁。倉卒骨肉情，能不懷苦辛。

苦辛何思慮？天命信可疑。虛無求列仙，松子久吾欺。變故在斯須，百年誰能持？離別永無會，執手將何時？王其愛玉體，俱想黃髮期！收淚即長路，援筆從此辭。

曹植在黃初四年，和同母弟曹彰、異母弟曹彪同來京城朝見文帝曹丕。曹彰被曹丕下毒，暴斃京城；曹植想跟曹彪同路東歸封地，又爲奸小所阻。曹植恨兄弟無情，傷逝惜離，又憂讒懼禍，憤激而作此詩。詩用連環頂眞，表現出愁腸九曲，悲情纏結的氣氛。

在用連環頂眞爲組織形式的詩歌裏，吳偉業的圓圓曲也是傑作之一。該曲共分九段，前七段用連環頂眞來組織：

4.鼎湖當日棄人間，破敵收京下玉關。慟哭六軍俱縞素，衝冠一怒爲紅顏。紅顏流落非吾戀，逆賊天亡自荒讌。電掃黃巾定黑山，哭罷君親再相見。

相見初經田竇家，侯門歌舞出如花。許將戚里箜篌伎，等取將軍油壁車。

家本姑蘇浣花里，圓圓小字嬌羅綺。夢向夫差苑裏遊，宮娥擁入君王起。前身合是採蓮人，門前一片橫塘水。
橫塘雙槳去如飛，何處豪家強載歸？此際豈知非薄命？此時只有淚沾衣。薰天意氣連宮掖，
明眸皓齒無人惜。奪歸永巷閉良家，教就新聲傾坐客。
坐客飛觴紅日暮，一曲哀絃向誰訴？白皙通侯最少年，揀取花枝屢迴顧。早攜嬌鳥出樊籠，
待得銀河幾時渡。恨殺軍書抵死催，苦留後約將人誤。
相約恩深相見難，一朝蟻賊滿長安。可憐思婦樓頭柳，誤作天邊粉絮看。徧索綠珠圍內第，
強呼絳樹出雕欄。若非壯士全師勝，爭得蛾眉匹馬還？
蛾眉馬上傳呼進，雲鬟不整驚呼定。蠟炬迎來在戰場，啼妝滿面殘紅印。專征簫鼓向秦川，
金牛道上車千乘。斜谷雲深起畫樓，散關月落開妝鏡。

……

從崇禎帝殉國回溯到吳三桂守山海關，再回溯到吳三桂在周奎家見陳圓圓，再回溯到陳圓圓的出身，是倒敍法；然後敍述陳圓圓離開家鄉到北京，遇見吳三桂，吳三桂出征，李自成進北京，陳圓圓落賊手，幸得追回重聚，是順敍法。在倒順敍之間，用連環頂眞過接各段，使錯綜變化中秩序井然，極具巧思。

三、沒意義的頂眞

句與句之間聯珠頂眞，使得上下密接，而且有敍事緊湊，推理明確，情致委宛的效果；段與段之間的連環頂眞，使整篇結構有序，有勢如貫珠，一線相承之感。換句話說，運用頂眞，是因文意或布局的需要而採取的手段，所以它是修辭的一種方法。如果因頂眞字句的有趣，頂眞形式的別致，而不顧文意或布局是否需要，一味製造許多頂眞辭，那是爲頂眞而頂眞，沒有什麼意義了。這在聯珠頂眞方面，不難找到一些例子。如：

> 桃花冷落被風飄，飄落殘花過小橋。橋下金魚雙戲水，水邊小鳥理新毛。毛衣未濕黃梅雨，雨滴紅梨分外嬌。嬌姿常伴垂楊柳，柳外雙飛紫燕高。高閣佳人吹玉笛，笛邊鸞線掛絲縧。縧結玲瓏香佛手，手中有扇望河潮。潮平兩岸風帆穩，穩坐舟中且慢搖。搖入西河天將晚，晚窗寂寞歎無聊。聊推紗窗觀冷落，落雲渺渺被水敲。敲門借問天台路，路過西河有斷橋。橋邊種碧桃。（白雪遺音選，桃花冷落）

這首歌，有好幾本修辭書都選它作爲頂眞的例子。看它每句頂眞，而且全首的最後一字和第一字又頂眞，整首歌都循環無端，似乎十分工巧。其實它只是爲頂眞而頂眞，沒有意義的一首歌。前面寫桃花流水，紅梨嬌姿，佳人吹玉笛；後面寫舟中遊子，冷落無聊，借問天臺路。沒有一個中心主題，不表現一種意義，隨意轉接，即使再「頂眞」一百句也不難，照樣可以「常山之蛇」，首尾相應。

兒女英雄傳第三十三回，一個幫人下象棋的人，爲了暗示人「出馬」，繞着彎兒說了一大段頂眞辭

：

你豈不聞：「一桿長槍，通天徹地，地下無人事不成，城裏大姐去燒香，鄉裏娘，娘長爺短，短長捷徑，敬德打朝，朝天鐙，鐙裏藏身……理應如此，此房出租，出租的那所房子後院兒裏種著棵枇杷樹，枇杷樹底葉子像個驢耳朵，是個驢子，就能下馬。」你要是早聽我底話，怎得會輸呢？

這也是無聊的頂眞。不過在那段故事裏，本來就是庸人自炫，賣關子的一個笑話。

在俗諺民謠裏也有不少頂眞辭。北平歌謠裏，有一首打老婆歌：

小二哥，吃飯兒多。人來了，蓋上鍋；人走了，打老婆。打的老婆上窗户，窗户沒蹬兒，打的老婆照鏡兒；鏡兒沒底兒，打的老婆唱曲兒；曲兒沒頭兒，打的老婆耍猴兒；耍猴兒沒圈兒，打的老婆鑽天兒。

這也只能說「有趣兒」，不能說是眞正的修辭。因爲它只是信口唱去，沒經過合邏輯的安排。所以它只能當作一首好玩的歌謠來唱念。

廣東嘉應縣有一首兒歌：

月光光，秀才郎，騎白馬，過蓮塘。蓮塘背，種韮菜；韮菜花，結親家；親家門口一口塘，放個鯉魚八尺長；長個拿來炒酒吃，短個拿來娶姑娘。

這也是頂眞作法。民間歌謠，頗多這種形式。那只是念著順口，老婆子好教，小孩兒好學而已。

頂眞跟回文一樣，應以因需要而自然產生的爲上乘。如果特意製作，也應顧到近乎自然，而不過分矯揉造作。至於爲頂眞而頂眞，只堆砌一些無關的材料，就毫無意義了。而且，爲回文而回文，還可說難能而不可貴，爲頂眞而頂眞，卻是不難能也不可貴，就不必多此一舉了。

第二十八章　錯　綜

對偶、排比的好處是整齊畫一、富麗堂皇。但有時也有缺點，那就是容易流於重複、刻板。補救的辦法，就要藉「錯綜」來調劑。錯綜，是故意使上下文詞語各異，句子不齊，文法語氣不同，產生活潑多變化的美麗辭面。它分爲四種形式：㈠抽換詞面，㈡交蹉語次，㈢伸縮文身，㈣變化句式。分述於下。

一、抽換詞面

在同一個句子或上下的句子裏，須用同樣的詞語時，改易字詞，以避免重複。叫做「抽換詞面」。例如：

1. 故謀用是作，而兵由此起。（禮記禮運篇大同與小康章）

「作」和「起」固然一樣，「用是」和「由此」也完全相同。王引之經傳釋詞：「『由』可訓爲『用』，『用』亦可訓爲『由』，一聲之轉也。禮記禮運曰：『故謀用是作，而兵由此起。』『

用』亦『由』也，互文耳。」「互文」就是抽換詞面。

2.惟仁者為能以大事小，是故湯事葛，文王事昆夷；惟智者為能以小事大，故太王事獯鬻，句踐事吳。」（孟子梁惠王篇）

王靜安觀堂集林卷十三云：「據大雅緜詩本文，則太王所事正混夷（即昆夷），孟子易以『獯鬻』者，以上文云：『文王事昆夷。』故以異名同實之獯鬻代之。臨文之道，不得不爾也。」「異名同實」，就是抽換詞面。

3.伯夷、叔齊雖賢，得夫子而名益彰；顏淵雖篤學，附驥尾而行益顯。（史記伯夷列傳）

顧炎武日知錄說「附驥尾」三字，「本當是『附夫子』耳，避上文雷同，改作『驥尾』。」抽換詞面的目的就是「避雷同」。

如果疊用的句子很多，更須抽換詞面，以免重複。例如：

4.惠王用張儀之計，拔三川之地，西幷巴蜀，北收上郡，南取漢中，包九夷，制鄢郢，東據成皐之險，割膏腴之壤，遂散六國之從，使之西面事秦。（李斯：諫逐客書）

其中八句話裏的八個動詞，都是攻城略地的意思。如果以同樣詞面，疊用到底，在意義上也沒有什麼不通；但在詞面上就太重複呆板了。所以作者改換了八個詞面，使每一句話意義雖同，詞面各異，這樣就活潑漂亮多了。賈誼過秦論也使用這方法：

5.孝公既沒，惠、文、武、昭襄，蒙故業，因遺策，南取漢中，西舉巴蜀，東割膏腴之壤，北收要害之郡。……

這顯然是學諫逐客書的。過秦論的第一段：

6.秦孝公……有席卷天下，包舉宇內，囊括四海之意，并吞八荒之心。……

四句話的四個動詞，取任何一個疊用到底，都是可以的；但抽換詞面而使用，這四句話，就只有對偶的好處，沒有重複的缺點。

歐陽修的瀧岡阡表裏，有一句話：

7.歲時祭祀，則必涕泣曰：『祭而豐，不如養之薄也。』……

朱自清精讀指導舉隅裏說：「『祭而豐，不如養之薄也』，說作白話，就是：『祭得豐厚，不如供養得菲薄。』『養之薄』本來也可以作『養而薄』，現在不用『而』字而用『之』字，叫做『互文』。——就是說錯綜地使用作用相同的字。」

朱自清看出歐陽修的「互文」，他自己寫文章，自然也會「互文」。譬如他寫的春：

8.小草偷偷地從土裏鑽出來，一大片，一大片，滿是的。坐著，躺著，打兩個滾，踢幾腳球，賽幾趟跑，捉幾回迷藏。……

個、腳、趟、回，都是作用相同的量詞。如果全用某一個字（除「腳」字外）也是可以的，但是他「互文」了，這是爲了求變化，求美。那他爲什麼不把「幾」字也都換掉呢？譬如說作：「打兩個滾，踢三腳球，賽四趟跑，捉五回迷藏」等，豈不更「互文」了嗎？其實不然。因爲硬嵌上兩、三、四、五（說實在，「打兩個滾」的「兩」字也不如用「幾」字），反而更加呆板，弄巧成拙了。因此筆者認爲，古詩江南曲末四句：「魚戲蓮葉東，魚戲蓮葉西，魚戲蓮葉南，魚戲蓮葉北。」嵌上東、西、南、北，從民歌的尺度看，是質樸；從藝術的角度看，卻是呆板。

國父的心理建設自序裏有一句話：

9.惟自民國成立之日，則予之主張，反致半籌莫展，一敗塗地。

我們知道，「半籌莫展」這句成語，本來是作「一籌莫展」的。是國父故意把「一」字改爲「半」字的。爲什麼要改「一」爲「半」呢？因爲下句也有「一」字，重複了。所以抽換詞面的主要用意是：避免重複。

滹南老人王若虛在文辨裏說：「史傳中間有不避俗語者，以其文之則失眞也。齊後主欲殺斛律光，使力士劉桃枝自後撲之，不倒。通鑑改爲『不仆』。仆亦倒也。然『撲』字下不宜用。」王若虛認爲「撲」是俗語，下應接「倒」字，才不失眞；如果下接「仆」字，一俗一文，就失眞了。但是筆者認爲「撲」、「仆」都是同音入聲字，相繼連用，音感極劣；如用「倒」字，就抑揚有致，響亮好聽了。這是聲音的「互文」。雖然微妙一點，但也是値得注意的。

二、交蹉語次

把語詞的順序，安排得前後不同，叫做「交蹉語次」。句子的結構有了變化，韻味也就有別。譬如徐志摩的再別康橋詩首段：

1.輕輕的我走了，正如我輕輕的來。我輕輕的招手，作別西天的雲彩。

一、二句本來可以寫成「我輕輕的走了，正如我輕輕的來」。現在把「我」字上下移動了，這就是交蹉語次。交蹉之後，意義雖然一樣，結構和韻味卻不同。該詩末段「悄悄的我走了，正如我悄悄的來」二句，手法也一樣。而「輕輕」改爲「悄悄」，是抽換詞面，使首尾呼應又不重複。

從前的文人，很喜歡談論楚辭九歌東皇太一裏的「吉日兮辰良」這個句子的形式。沈括（存中）夢溪筆談卷十四，說韓愈羅池神碑銘，有「春與猿吟兮，秋鶴與飛」的句子，是模仿楚辭的。他說：

2.韓退之集中羅池神碑銘，有「春與猿吟兮，秋與鶴飛」。今驗石刻，乃「春與猿吟兮，秋鶴與飛」。古人多用此格。如楚辭「吉日兮辰良」，又「蕙殽蒸兮蘭藉，奠桂酒兮椒漿」。蓋欲相錯成文，則語勢矯健耳。

陳善捫蝨新話，說韓愈學楚辭，楚辭又是學春秋的。他說：

3.楚辭以「吉日」對「辰良」，以「蕙殽蒸」對「奠桂酒」，存中云：「此是古人欲錯綜其語，以爲矯健故耳。」予謂此法本自春秋。春秋：「隕石于宋五，是月，六鷁退飛過宋都。」說者皆以「石、鷁」、「五、六」先後爲義。殊不知聖人文字之法，正當如此。

而王應麟認爲韓愈是學論語，不是學楚辭。他在困學紀聞卷二十說：

4.論語「迅雷風烈，必變。」錯綜其文。「春與猿吟兮，秋鶴與飛。」本於此。非始於「吉日兮辰良」。

這種交蹉形式，以發生的先後說，春秋最先，論語其次，楚辭較後。韓愈學誰？很難說。以修辭的意義說，春秋經的兩句（見僖公十六年），必須如此交蹉才好，而論語、楚辭的兩句，卻沒有必須交蹉的理由。如果春秋經的兩句，改成：「隕石于宋五，退飛鷁過宋都六。」那就不成話了。公羊傳對本文的解釋，說隕石句是紀聞，六鷁句是紀見。隕石是先聞轟然之聲，再見其石，而後檢數是五。六鷁是先見六鳥飛於空中，再看是鷁，最後細視，方知退飛。照公羊傳的解釋，孔子只是按照實際情形寫，並非故意交蹉語次。另一方面，假使「迅雷」句改成「迅雷烈風」，「吉日」句改成「吉日兮良辰」，也沒有什麼不對。後來的成語，如「狂風暴雨」、「良辰美景」，不是很恰當嗎？如果說「亂七八糟」不能改成「亂七糟八」，那只是開始就錯，已成習慣，不易改正罷了。「迅雷風烈」、「吉日辰良」，很可能是作者偶然的誤置，或者是後來傳寫的無意顚倒，不一定是作者爲了語勢矯健而有意交蹉。禮記玉藻：「若疾風、迅雷、甚雨，則必變。」即是一證。

筆者認爲：韓文學楚辭，學論語，以及學春秋，都有可能。而王守仁瘞旅文裏的：

5.朝友麋鹿，暮猿與栖兮。

卻眞是學韓文的。就修辭而論，誰學誰，都不重要；重要的是應該交蹉就交蹉，不必交蹉就不交蹉。像孟子梁惠王篇：

6.君之府庫充，倉廩實，有司莫以告，是上慢而殘下也。

如果「上慢而殘下」也是交蹉語次，那還不如作「慢上而殘下」，不交蹉比較好。但同篇首章：

7.王何必曰利？亦有仁義而已矣。……王亦曰仁義而已矣，何必曰利。

卻是交蹉比較好。因爲這樣首尾呼應而又不呆板。朱自清的匆匆，也類似用這樣的方法：

8.（首段）聰明的，你告訴我：我們的日子爲什麼一去不復返呢？……（末段）你，聰明的，

告訴我：我們的日子爲什麼一去不復返呢？

他把「你」字上下移動一下，也首尾呼應而不呆板。又如紀弦的檳榔樹詩：

9.颯颯，蕭蕭，
蕭蕭，颯颯。
我掩卷傾聽你的獨語，
而淚是徐徐地下。

「颯颯、蕭蕭」的重疊，是爲了音節之美；「蕭蕭、颯颯」的交蹉，是爲了變化和「颯」、「下」的押韻。

梁實秋先生記張自忠將軍：

10.他（張自忠）招待我們一餐永不能忘的飯食，四碗菜，以青菜豆腐爲主；一隻火鍋，以豆腐

青菜為主。兩句都是「青菜豆腐」，重複而呆板；但是詞語交蹉一下，就活潑有趣了。這些都有交蹉的必要。

以上，大都是詞語的交蹉，還有句子交蹉的。像曹丕的與吳質書：

11.昔伯牙絕絃於鍾期，仲尼覆醢於子路；痛知音之難遇，傷門人之莫逮。

應該「伯牙」句緊接「痛知音」，「仲尼」句緊接「傷門人」。作者卻把它交蹉起來，成為一、三句一組，二、四句一組的形式。這樣的安排，卻是整齊的。還有交蹉得不整齊的，像陶淵明的歸去來辭：

12.或命巾車，或棹孤舟；既窈窕以尋壑，亦崎嶇而經丘。

「巾車」是「經丘」的，「孤舟」是「尋壑」的，而作者把它交蹉起來，成為一、四句一組，二、三句一組，就不整齊了。但是這有一個理由，就是讓「舟」、「丘」二字押韻。至於韓愈的進學解：

13.觝排異端，攘斥佛老；補苴罅漏，張皇幽渺；尋墜緒之茫茫，獨旁搜而遠紹；障百川而東之，迴狂瀾於既倒。

「尋墜緒」而「旁搜遠紹」，是為了「補苴罅漏，張皇幽渺」，合為一組；「觝排異端，攘斥佛老」，是為了「障百川」而「迴狂瀾」，合為一組。現在他以一、四句為組，二、三句為組的方式安排，而兩組的因果句又上下顚倒：眞可說極交蹉的能事了。但是這樣的交蹉，除了教人尋思索義以外，卻沒有什麼理由了。又如歐陽修的秋聲賦：

14.初淅瀝以蕭颯，忽奔騰而砰湃；如波濤夜驚，風雨驟至。……

「淅瀝」、「蕭颯」是「風雨至」，「奔騰」、「砰湃」是「波濤驚」。如果「波濤夜驚」、「風雨驟至」兩句上下交換，不但成爲一、三句爲組，二、四句爲組的比較整齊的形式，而且「驚」字跟下文「金鐵皆鳴」的「鳴」字，「人馬之行聲」的「聲」字也押韻。但現在這樣交蹉了，不知是什麼原因？

交蹉語次是爲了調劑呆板，但是不必交蹉而交蹉，卻只是徒亂人意了。

三、伸縮文身

伸縮文身是同樣的句子，增加或減少字數，使得句子長短不齊，有參差變化的好處。例如：

1.齊人有馮諼者，貧乏不能自存，使人屬孟嘗君：「願寄食門下。」孟嘗君曰：「客何好？」曰：「客無好也。」曰：「客何能？」曰：「客無能也。」孟嘗君笑而受之，曰：「諾。」左右以君賤之也，食以草具。居有頃，倚柱彈其劍，歌曰：「長鋏歸來乎！食無魚。」左右以告。孟嘗君曰：「食之，比門下之客。」居有頃，復彈其鋏，歌曰：「長鋏歸來乎！出無車。」左右皆笑之，以告。孟嘗君曰：「爲之駕，比門下之車客。」於是乘其車，揭其劍，過其友曰：「孟嘗君客我。」後有頃，復彈其劍鋏，歌曰：「長鋏歸來乎！無以爲家。」左右皆惡之，以爲貪而不知足。孟嘗君問：「馮公有親乎？」對曰：「有老母。」孟嘗君使人給其食用，無使乏。於是馮諼不復歌。（戰國策齊策）

馮諼三次彈劍唱歌，要求改善待遇，左右三次把這情形報告孟嘗君，都有文字的增減。第一次彈劍有「倚柱」二字，第二次沒「倚柱」而有「復」字，第三次又多一個「劍」字。（第一次用「劍」字，第二次用「鋏」字，是抽換詞面。）第一次的報告，只「左右以告」四字，第二次加「皆笑之」三字，第三次加「以爲貪而不知足」一句，減「以告」二字。這樣有增有減，句子有伸縮的變化，因此反復三次，也不覺單調可厭。

2.莊暴見孟子曰：「暴見於王，王語暴以好樂，暴未有以對也。」曰：「好樂何如？」孟子曰：「王之好樂甚，則齊國其庶幾乎！」他日，見於王，曰：「王嘗語莊子以好樂，有諸？」王變乎色，曰：「寡人非能好先王之樂也，直好世俗之樂耳！」曰「王之好樂甚，則齊其庶幾乎！今之樂，由古之樂也。」（孟子梁惠王篇）

第一次說「王之好樂甚」一句，作「則齊國」，第二次作「則齊」，減一個「國」字；但是第二次卻增加「今之樂，由古之樂也」一句。減一個「國」字，可能出於無心；增加「今之樂」一句，一則答齊王之言，二則爲本段話作結，是有意的安排。

3.客有歌於郢中者，其始曰下里巴人，國中屬而和者數千人；其爲陽阿薤露，國中屬而和者數百人；其爲陽春白雪，國中屬而和者，不過數十人；引商刻羽，雜以流徵，國中屬而和者，不過數人而已。是其曲彌高，其和彌寡。（文選宋玉對楚王問）

這段話因曲調的高低，分四個層次。到第三個層次陽春白雪，和唱的人，加了「不過」二字；到第四個層次陽春白雪的變調，又增加「而已」二字。一則表示「彌寡」，二則爲本段作結。

4.我是一個生命的信徒，起初是的，今天還是的，將來——我敢說——也是的。（徐志摩：迎上前去）

第三個短語，加「我敢說」三字，句子就長短有致，同時也有爲本句作結的作用。

大致說來，在末句增加字數，使語氣和緩，音調悠揚，適宜於作結。好像大多數的歌曲，到結尾總是餘音裊裊，慢慢休止的。

有好幾本修辭書，討論錯綜的伸縮文身時，都提到韓愈的送孟東野序的第一段：

5.大凡物不得其平則鳴：草木之無聲，風撓之鳴；水之無聲，風蕩之鳴，其躍也或激之，其趨也或梗之，其沸也或炙之；金石之無聲，或擊之鳴。」

這段是說草木、水、金石之鳴，都因外物的刺激而起。首句說草木之鳴，末句說金石之鳴，字數相等；中句說水之鳴，卻特別伸長，字數超過首末兩句的總和。討論的人都說這是伸縮文身的範例。但是筆者認爲這個例子過分造作，不太自然。除了配合起首提句的「不得其平」一語以外，沒有理由把水之鳴分得這麼細，伸得這麼長，使整段文字失去了平衡。而且安置在中間，更有畸形之感。林西仲評本文說：「從草木、水，轉入金石，爲下文『樂』字伏脈。」因爲下文談「金石絲竹、匏土革木」等善鳴之樂器。可見這段話的重點在金石，不在水，那麼水之鳴，更不該伸展得這麼長了。

伸縮文身，可使迴環複述的句子，長短不齊，參差有致，而不致拘滯畫一。但也不能過分枝蔓，形同贅疣。

四、變化句式

變化句式是重複出現的句子，用各種不同的句式，穿插使用。最常見的是肯定句和否定句，直述句和詢問句；但也有常態句和變式句，下句和上句作比較等方式。例如：

1.孟子見梁惠王。王立於沼上，顧鴻雁麋鹿，曰：「賢者亦樂此乎？」孟子對曰：「賢者而後樂此，不賢者雖有此不樂也。」（孟子梁惠王篇）

這是肯定句和否定句的錯綜使用。

2.人有亡鈇者，意其鄰之子。覩其行步，竊鈇也；顏色，竊鈇也；言語，竊鈇也；作動態度，無爲而不竊鈇也。（列子說符篇）

也是肯定句和否定句相錯綜。

3.古之人與民偕樂，故能樂也。湯誓曰：「時日害喪，予及汝偕亡。」民欲與之偕亡，雖有臺

池鳥獸，豈能獨樂哉？（孟子梁惠王篇）

這是直述句和詢問句的錯綜使用。

4.啊，那是新來的畫眉，在那凋不盡的青枝上試牠的新聲！啊，這是第一朵小雪球花，掙出半凍的地面！啊，這不是新來的潮潤，沾上寂寞的柳條？（徐志摩：我所知道的康橋）

也是直述句和詢問句相錯綜。

5.顏淵問爲邦。子曰：「行夏之時，乘殷之輅，服周之冕，樂則韶舞。……」（論語衞靈公篇）

末句和前三句句式不同。前三句是常態句，末句是變式句。如四句一式，那麼末句應作：「用虞之樂。」（韶爲虞舜之樂）

6.枝上停著一對黑色的八哥：一隻停得高些，小小的眼兒半睜半閉的，似乎在入夢之前，還有所留戀似的；那低些的一隻，背過臉來對著這一隻，已縮著頸兒睡了。（朱自清：一張小小的橫幅）

「一隻停得高些」、「那低些的一隻」，這兩句看似交蹉語次，其實是變化句式。第一句主語（八哥。省略。）後面有動詞、副詞，是常態句；第二句，動詞（停。省略。）、副詞，轉變爲形容附加語，結構不同。所以是變化句式。

前面說到，末句加長，有作結的作用。而變化句式，有時也有作結的作用。譬如列子的一例，「竊鈇也」、「竊鈇也」之後，用一句「無爲而不竊鈇也」，就有作結的作用。論語一例，也是爲了作結。

五、綜合的錯綜

以上四種錯綜法，不一定一段文章用一種，也可以一段合用兩種、三種，甚至四種。像前面所舉的馮諼三次彈劍，有抽換詞面和伸縮文身兩種錯綜法。魏徵的諫太宗十思疏的第一段，合用三種錯綜法：

1.臣聞：求木之長者，必固其根本；欲流之遠者，必浚其泉源；思國之安者，必積其德義。源不深而豈望流之遠？根不固而何求木之長？德不厚而思國之治，雖在下愚，知其不可，而況於明哲乎？

這段文章的形式是排比，作者用錯綜法變化它。首先說木之根、流之源、國之德；接著說源不深、根不固、德不厚。這是交蹉語次。「源不深而豈望流之遠？根不固而何求木之長？」是詢問句；「德不厚而思國之治，雖在下愚，知其不可，」是直述句。這是變化句式。「源不深」、「根不固」二句各爲九個字，「德不厚」句卻伸長爲十六個字。這是伸縮文身。合用了三種錯綜法。

水滸傳第九回，林教頭風雪山神廟，寫林沖殺死陸謙、富安等人。其中四次帶寫下雪的景象：

2.林沖投草料場來，正是嚴冬天氣，彤雲密布，朔風漸起，卻早紛紛揚揚捲下一天大雪來。…

（林沖）雪地裏踏著碎瓊亂玉，迤邐背著北風而行，那雪正下緊。……

（林沖）便出籬笆門，仍舊迎著朔風回來，看那雪，到晚越下得緊了。

（林沖）提著槍只顧走，那雪越下得猛。

水滸傳本不著重寫景，但偶然揷一、二句寫景的，也十分可愛。像武松打虎一段：「這輪紅日，厭厭地相傍下山。」就很有味道。而本段四次寫下雪，寫的又都是下大雪，因此作者用錯綜法變化：每次的句子都長短不齊，是伸縮文身；有的主語（雪）在前，有的在後，是變化句式；「下得緊」、「下得猛」，是抽換詞面。也合用了三種錯綜法。

戰國策齊策，鄒忌諷齊王納諫一章，合用了四種錯綜法：

3.鄒忌脩八尺有餘，而形貌昳麗。朝服衣冠窺鏡，謂其妻曰：「我孰與城北徐公美？」其妻曰：「君美甚，徐公何能及君也？」城北徐公，齊之美麗者也。忌不自信，而復問其妾曰：「吾與徐公孰美？」妾曰：「徐公何能及君也？」旦日，客從外來，與坐談，問之：「吾與徐公孰美？」客曰：「徐公不若君之美也。」明日，徐公來，孰視之，自以爲不如；窺鏡而自視，又弗如遠甚。暮寢而思之，曰：「吾妻之美我者，私我也；妾之美我者，畏我也；客之美我者，欲有求於我也。」於是入朝，見威王曰：「臣誠知不如徐公美。臣之妻私臣，臣之妾畏臣，臣之客欲有求於臣，皆以美於徐公。今齊地方千里，百二十城；宮婦左右莫不私王，朝廷之臣莫不畏王，四境之內莫不有求於王。由此觀之，王之蔽甚矣。」王曰：「善！」乃下令：「群臣吏民能面刺寡人之過者，受上賞；上書諫寡人者，受中賞；能謗譏於市朝，聞寡人之耳者，受下賞。……」

鄒忌和妻、妾、客，三問三答，合用四種錯綜法。「我孰與城北徐公美」、「吾與徐公孰美」，「我」、「吾」是抽換詞面；「孰與徐公美」、「與徐公孰美」，是交蹉語次。「君美甚，徐公何能及君也」、「徐公何能及君也」，增加「君美甚」三字，是伸縮文身。（問妻句多「城北」二字，也是伸縮文身。）「徐公何能及君也」、「徐公不若君之美也」，是變化句式。同一件事，同一話題，重複三次。重而不令人厭，複而不使人煩，全靠錯綜的調劑。「吾妻之美我者，私我也；……」和「臣之妻私臣，……」等句，又重複兩次。前者用分列句型，後者用綜合句型，也是一種變化。即使像「旦日」、「明日」等，也抽換了詞面，眞可說極錯綜的能事了。同中有異，錯落有致，化呆板爲活潑，變單調爲有味，這是錯綜的最大功用。

第二十九章　倒　裝

倒裝，就是一句話，在文法規律上，應該這麼順著說，但在修辭上，為了某種需要，卻那麼倒著說。譬如徐志摩「我所知道的康橋」裏有一句話：

靜極了，這朝來水溶溶的大道！

按照文法，應該是：「這朝來水溶溶的大道，靜極了！」但是作者為了修辭上的需要（强調靜景之美），把形容詞轉變的述語「靜」，倒裝在主語「大道」的前面，成為倒裝的句子。不過所謂文法，只是一種習慣法。研究文法，也只是一種解釋和追認的工作。詞序的排列，合於習慣，不是倒裝；不合習慣，就是倒裝。例如，我國文法，以「吃飯」為順，以「飯吃」為倒；日本語法，以「飯吃」為順，以「吃飯」為倒：都是習慣。誰是誰非，沒有理由可說。又如：

不患人之不己知，患不知人也。（論語學而篇）

吾誰欺？欺天乎？（論語子罕篇）

「不己知」、「吾誰欺」，在古代文言並不是倒裝。因爲否定句和疑問句，代名詞(己、誰)作賓語，倒置在外動詞述語(知、欺)的前面，是那時的習慣；以現在白話文法來看，就是倒裝，因爲它不合現代人說話的習慣。孟子梁惠王篇有「以羊易之」，也有「易之以羊」；現在只能說「拿羊換牠」，卻不能說「換牠拿羊」，也是古今文法習慣的不同。

一、爲文意的需要而倒裝

修辭的倒裝，不是自然的習慣問題，而是人工的特意安排。目的在使句子剛健有力，逼眞傳神。如禮記檀弓篇：

1.伯魚之母死，期而猶哭。夫子聞之，曰：「誰與？哭者。」

這就是眞正的倒裝。因爲不管文言、白話，習慣上都是：「哭者，誰與？」而它竟倒裝爲「誰與？哭者」，是誠實地記錄當時說話的情形，這樣比較得眞而傳神。「檀弓之文多倒裝。」早已有人說過。像曾子易簀那一章，執燭的童子兩次贊歎說：

2.華而睆，大夫之簀與！

也是倒裝句。順著說，就是：「大夫之簀華而睆與！」這句話順著說，平淡無味；倒著說，這個無知童子的歎羨神情，就表現無遺，整個故事，也更加生動起來。這就是倒裝在修辭上的功用。

管子戒篇：

3.中婦諸子謂宮人：「盍不出從乎？君將有行。」

順言就是：「君將有行，盍不出從乎？」爲逼眞地記錄說話的急速而倒裝。不過大部分的倒裝，是爲了增强語氣。如論語子罕篇：

4.三軍可奪帥也，匹夫不可奪志也。

這句話順言，就是：「三軍之帥可奪也，匹夫之志不可奪也。」順言，意思比較明瞭（蘇軾潮州韓文公廟碑，就改作：「勇奪三軍之帥。」），但語氣不如原句剛健有力。又先進篇：

5.孝哉閔子騫！

順言就是：「閔子騫孝哉！」它的倒裝，是加强形容閔子騫的孝順。孟子盡心篇：

6.盆成括仕於齊。孟子曰：「死矣，盆成括！」盆成括見殺。

孟子說這句倒裝話，是料定盆成括必死，也是加强語氣的意思。呂氏春秋重言篇：

7.少頃，東郭牙至。管子曰：「子耶，言伐莒者？」

順言就是：「言伐莒者，子耶？」管子把話倒裝了，是料定洩漏伐莒的秘密的人一定是東郭牙，含有責備的意思。

戰國策趙策魯仲連義不帝秦一段，當魯仲連向辛垣衍直說「吾將使秦王烹醢梁王」之後，辛垣衍很不高興地說：

8.嘻！亦太甚矣，先生之言也！

這句話的順言是：「嘻！先生之言也，亦太甚矣！」倒裝之後，能充分表現出辛垣衍的不悅。

顏氏家訓教子篇，顏之推聽到北齊有士大夫教兒子說鮮卑語，彈琵琶，以便服侍外族貴人，感慨地說：

9.異哉，此人之教子也！

這也是一句倒裝語，述語「異哉」倒裝在句首，表示十分的驚異，和非常的不屑。

王維五言律觀獵詩，首聯云：

10.風勁角弓鳴，將軍獵渭城。

照普通敍事法，這是倒裝句。先出現「風勁角弓鳴」的場面和音響，再補說「將軍獵渭城」的故事。這樣比較突出而有力量。

王嘉璧輯西山臬云：

11.王仲圭召試館中，作一絕，題云：「古木森森白玉堂，長年來此試文章。日斜奏罷長楊賦，閒拂塵埃看畫牆。」荊公見之，甚歎愛。為改作「奏賦長楊罷」，且云：「詩家語如此乃健。」

平心而論，改後是比較剛健一點，但也比較拗口。所以袁枚說王仲圭的原句比較渾成，王安石改後反而不自然。並說他不只是施政古怪而已（見隨園詩話）。陳善捫蝨新話，說王安石讀杜荀鶴雪詩：「江湖不見飛禽影，巖谷惟聞折竹聲。」認為「飛禽影」應改為「禽飛影」，「折竹聲」

應改爲「竹折聲」。顛倒一字後的短語，比較拗一點，但富有動性，在整句裏多一層波瀾，增一分情趣。這位施政不順民的拗相公，他的文字是非常遒勁的。適度的顛倒倔拗，有一個好處：強健。

二、爲格律的需要而倒裝

其次，是爲了遷就格律，而故意倒裝的。譬如爲了押韻，就常有倒裝。例如：

1.大風有隧，有空大谷。維此良人，作爲式穀。（詩經大雅桑柔）

俞樾古書疑義舉例說：「言大風則有隧矣，大谷則有空矣。今作『有空大谷』，乃倒句也。」「大谷有空」倒言爲「有空大谷」，是爲了「谷」、「穀」兩字押韻（兩字舊入聲）。

2.節彼南山，維石巖巖：赫赫師尹，民具爾瞻。（詩經小雅節南山）

「爾瞻」就是「瞻爾」。它所以倒裝，是爲跟上句「巖」字押韻。

3.往而不害，安平太。（老子第三十五章）

「平太」就是「太平」，爲押韻而倒裝。老子書大部分爲韻語。

4.循階除而下降兮，氣交憤於胸臆。夜參半而不寐兮，悵盤桓而反側。（王粲：登樓賦）

末句倒裝。因爲到了半夜還輾轉反側，不能入睡，只好起來盤桓解悶。動作順序原應如此。但爲了使「側」字和上句「臆」字押韻（二字都屬舊入聲職韻），就把「反側」倒置在「盤桓」之後了。

5.外治徒舉，內佐無聞。幸移蓬性，頗習蘭薰。式傳琴瑟，相酬典墳。（劉令嫻：祭夫徐敬業文）

中間兩句應作：「頗習蘭薰，幸移蓬性。」因爲「習蘭薰」是因，「移蓬性」是果。作者把它倒裝，是爲了「薰」字能和上面的「聞」字、下面的「墳」字押韻。又「典墳」一詞本作「墳典」，左傳所謂「是能誦三墳五典，八索九丘」（昭公十三年），也是爲了押韻而倒裝。

6.復服指期，曾不踰時，有國無之。（元結：大唐中興頌）

「復服指期」是指定日期，恢復失地。「服」是天子威德所服之地，作國土解。所以這句頌辭是「指期復服」的倒裝。因爲這篇頌模仿李斯會稽刻石文，三句一韻，「期」、「時」、「之」三字押韻，所以倒裝。

7.……管絃嘔啞，多於市人之言語。使天下之人，不敢言而敢怒。獨夫之心，日益驕固。（杜牧：阿房宮賦）

「不敢言而敢怒」應爲「敢怒不敢言」，也是爲了押韻而倒裝。「怒」字和上句「語」字、下句「固」字押韻。

8.天地有正氣，雜然賦流形：下則爲河嶽，上則爲日星，於人曰浩然，沛乎塞蒼冥。（文天祥：正氣歌）

這幾句由蘇軾潮州韓文公廟碑「故在天爲星辰，在地爲河嶽，幽則爲鬼神，而明則復爲人」，脫胎而來。「下則」、「上則」兩句上下顛倒。舊說天、地、人爲三才，「日星」在上。這也是爲了押韻。

9.嗚呼！汪氏節母，此焉其墓。更百苦以保其後，後之人尚保其封樹。（汪中：先母鄒孺人靈表）

「此焉其墓」爲「此其墓焉」的倒裝。是因爲「墓」字要跟上句的「母」字、下句的「樹」字押韻。

10.但我不能放歌，
悄悄是別離的笙簫；
夏蟲也爲我沈默，
沈默是今晚的康橋。（徐志摩：再別康橋）

前一句是「別離時笙簫是悄悄的」的倒裝，後一句是「今晚的康橋是沈默的」的倒裝。目的是使「簫」、「橋」押韻。

在近體詩裏，因爲要協調平仄而倒裝的，那就更多了。像王維被囚菩提寺，聞安祿山在凝碧池飲酒作樂，口吟云：

11.萬户傷心生野烟，百官何日再朝天？……

首句實爲「傷心萬戶生野烟」，因「萬戶傷心」方合七絕仄起平韻的格律，所以倒裝了。

12.琵琶起舞換新聲，總是關山離別情。……（王昌齡：從軍行）

事實上是「起舞琵琶換新聲」，又因求合七絕平起平韻的格律而倒裝。

13.盤飧市遠無兼味，樽酒家貧只舊醅。……（杜甫：客至）

「盤飧市遠」、「樽酒家貧」也都是倒裝，目的是爲協調平仄。至如秋興八首之八的頷聯：

14.香稻啄餘鸚鵡粒，碧梧棲老鳳凰枝。

那就不是爲了協調平仄了。因爲按常理順言爲「鸚鵡啄餘香稻粒，鳳凰棲老碧梧枝」，平仄完全一樣，主要用意，恐在「語必驚人」。不過這樣特意的倒裝，矯揉造作之跡是很明顯的。沈括夢溪筆談，說韓愈雪詩：「舞鏡鸞窺沼，行天馬度橋。」是仿效杜詩倒裝體的。並說他牽强。如作「窺沼鸞舞鏡，度橋馬行天」，豈不更好！趙翼說韓愈想從杜甫的奇險處，闢山開道，自成一家。這也可說是一個例子。他的詩詰屈聱牙，不如他的文章有名。

15.伏枕嗟公幹，歸田羡子平。年年白社客，空滯洛陽城。（孟浩然：李氏園臥疾）

楊樹達說張衡，字平子，有歸田賦（見文選卷十五）。所以孟浩然引他作詩。但「平子」倒作「子平」，謬改人名，實爲文病（見中國修辭學附錄）。筆者以爲孟浩然倒用人名，目的在求押韻，又協調平仄，就只好委屈古人遷就今詩了。

詞曲也常有倒裝詞語以遷就格律的。例如：

16.塞下秋來風景異，衡陽雁去無留意。（范仲淹：漁家傲詞）

「衡陽雁去」實爲「雁去衡陽」的意思，爲配合漁家傲本句平平仄仄的格律（見白香詞譜），所以倒裝了。

17.橫白玉八根柱倒，墮紅泥半堵牆高。（桃花扇餘韻哀江南）

首句爲「八根白玉柱橫倒」的倒裝句。爲配合沈醉東風曲牌的格律（包括平仄和對偶）而倒裝。

爲了協調平仄，還有不惜犧牲對偶而倒裝的。如：

18.裙拖六幅湘江水，鬢聳巫山一段雲。（李群玉：贈鄭相幷歌妓）

「六幅湘江」應對「一段巫山」，作者把下句倒裝成「巫山一段」，完全是爲了協調平仄。這聯詩雖也有錯綜之美，但到底是犧牲了應有的對偶了。不過這種例子很少；相反的，爲了遷就對偶而把詞語倒裝的，卻比較多。如王勃滕王閣詩序：

19.物華天寶，龍光射牛斗之墟；人傑地靈，徐孺下陳蕃之榻。

「人傑地靈」應作「地靈人傑」，因爲「地靈」是因，「人傑」是果，所謂山川毓秀。作者倒言爲「人傑地靈」，是爲了跟上句的「物華天寶」對偶。不過跟協調平仄也有關。

20.久拼野鶴如雙鬢，遮莫鄰雞下五更。（杜甫：書堂飲既夜月下賦絕句）

「野鶴如雙鬢」爲「雙鬢如野鶴」的倒裝。主要是要使「野鶴」與「鄰雞」對偶，「雙鬢」與「五更」對偶。

21.天闕象緯逼，雲臥衣裳冷。（杜甫：遊龍門奉先寺）

「天闕」是「闕天」的倒裝，「雲臥」是「臥雲」的倒裝。「雲臥」爲協調平仄而倒裝，「天闕」是爲了跟「雲臥」對偶而倒裝。

22.好鳥枝頭亦朋友，落花水面皆文章。（翁森：四時讀書樂）

「好鳥枝頭」應爲「枝頭好鳥」，因爲要和「落花水面」句對偶，所以倒裝了。

23.夜月荷鋤村吠犬，晨星叱犢山沈霧。（鄭燮：田家四時苦樂歌）

「村吠犬」應爲「村犬吠」，因爲要和「山沈霧」對偶，所以倒裝了。

因押韻、平仄、對偶而倒裝，目的是爲了合於格律，求得形式上的和諧美。此外還有：

24.花鈿委地無人收，翠翹、金雀、玉搔頭。（白居易：長恨歌）

事實上，花鈿、翠翹、金雀、玉搔頭，都是楊貴妃縊死後落在地上的飾物。所以這句詩應作：「花鈿、翠翹、金雀、玉搔頭，委地無人收。」作者把「委地無人收」倒裝在前面，是爲了整齊七言詩的句式。這在押韻、平仄、對偶以外，又以另一種理由而倒裝了。

丘遲與陳伯之書，有幾句話：

25.（將軍）見故國之旗鼓，感平生於疇日；撫弦登陴，豈不愴悢！

從事實說，首先是「撫弦登陴」，接著在陴（城）上看「見故國之旗鼓」，然後「感平生於疇日」，最後是「豈不愴悢」！所以，「撫弦登陴」應當列在第一句，是四字句、六字句、六字句、四字句的形式。但是這篇文章是六朝人愛用的駢儷文。駢儷文的形式，大都是四、六、四、六（所以又名四六文），六、四、六、四；或四、四、六、六，以及六、六、四、四等。沒有四、六、六、四的。（當然還有三字句、五字句、七字句等）作者爲了遷就駢儷文的格式，所以把第一句倒裝在第三句，成爲六、六、四、四的句式。這是爲了整齊句子的形式而倒裝的。

三、不必要的倒裝

爲了記述逼眞而倒裝，爲了增强語氣而倒裝，爲了配合聲律、體例而倒裝，都有它的必要。如果在意義上、形式上都毫無必要而倒裝，那就橫生阻隔，徒亂人意了。左傳昭公十九年：

> 令尹子瑕言蹶由於楚子，曰：「彼何罪？諺所謂『室於怒，市於色』者，楚之謂矣。舍前之忿可也。」……

「室於怒，市於色」句，談倒裝的人都喜歡引它作例子，認爲是典型的倒裝句。其實這個倒裝句，在意義上、形式上都毫無價值。洪亮吉春秋左傳詁，說石經已把這句話改刻爲「怒於室而色於市」；並說戰國策所引諺語，也是「怒於室者色於市」。順言之後，用字還是照舊，而意義就明白多了。

文選李陵答蘇武書：

> 陵雖孤恩，漢亦負德。

如「孤恩」作「負恩」，「負德」作「孤德」，那就更加適切。意思是：我李陵投降匈奴，固然背負了漢朝的恩惠；但漢朝殺了我老母，也太刻薄寡德了。孤作寡解，十分恰當。

文選江淹恨賦：

或有孤臣危涕，孽子墜心。遷客海上，流戍隴陰。……

「危涕」應作「危心」，「墜心」應作「墜涕」，上下句顛倒一字。「危心」原是根據孟子「獨孤臣孽子，其操心也危，其慮患也深」而來；「墜涕」原是根據王粲登樓賦「涕橫墜而弗禁」而來。所以李善注道：「心當云危，涕當云墜；江氏愛奇，故互文以見義。」這是很含蓄的批評，看來李善並不欣賞這樣的句子。如此顛倒，實在「愛奇」得過分。江淹又有一篇別賦，其中也有一句怪文：

使人意奪神駭，心折骨驚。

不說「心驚骨折」，而說「心折骨驚」。心而可折，骨竟能驚，無疑又是江氏愛奇的一例了。倒裝，本來就是一種不合常規的特殊語法，爲了配合某種特殊情況，不妨偶而使用。但它到底不可作爲一種規律，隨便用在各種句子上。

第三十章 省 略

——兼論文章繁簡

省略是該用字的地方把字省了。它本是文法上的習慣。譬如：

一、對話時往往有省略：

1.（ ）請（ ）坐！（省「我」、「你」。）

2.（ ）（ ）（ ）（ ）乾（ ）杯（ ）！（省「我請你喝」、「這」、「酒」。）

二、自述時往往有省略：

3.（ ）清早起來，（ ）推開窗戶一看，啊！已雨過天晴，正是（ ）郊遊的好天氣。（省略「我」、「我」、「我們」。）

三、前句已有的主語，後句往往省略：

4. 王老師走進教室來，（ ）向全班同學掃視了一下，（ ）就打開書本，（ ）講起書來了。（省略三個「王老師」。）

第三種叫做承前省略。承前省略，不只是文法習慣，而且是修辭作用了。如：

5.武松正走，看看酒湧上來，（　）便把氈笠兒掀在脊梁上，（　）將哨棒綰在肋下，（　）一步步上那岡子來。（水滸傳第二十三回）

這段話省了三個「武松」。如果補上了，在文法上雖沒錯，但在修辭上卻形同贅疣，很不好看了。也有下句有字而預先省略的，例如：

6.子曰：「可與（　）言，而不與之言，失人；不可與（　）言，而與之言，失言。知者不失人，亦不失言。」（論語衞靈公）

（　）裏也可以補上一個「之」字，因爲下句已有「之」字，就省略了。這也是爲了求得修辭簡潔的緣故。

因此，修辭上就有省略這一格，分「承上省」和「探下省」二類。

一、承上省

承上省的例子，如：

1.君子篤於親，則民興於仁；（君子）故舊不遺，則民不偷。（論語泰伯篇）

2.多聞，擇其善者而從之；多見，（擇其善者）而識之。（論語述而篇）

3.祭仲曰：「都城過百雉，國之害也。先生之制：大都，不過參國之一；中（都），（不過）五（國）之一；小（都），（不過）九（國）之一。今京不度，非制也。君將不堪。（左傳

隱公元年）

4.楚人爲食，吳人及之。（楚人）奔，（吳人）食而從之。（左傳定公四年）

5.景公問於晏子：「治國何患？」曰：「患夫社鼠。夫國亦有（社鼠）焉，人主左右是也。」（晏子春秋）

6.王不在大，湯以七十里（王），文王以百里（王）。（孟子公孫丑篇）

7.予天民之先覺者也，予將以斯道覺斯民。非予覺之而誰（覺之）也？（孟子萬章篇）

8.萬章問曰：「人有言：『伊尹以割烹要湯。』有諸？」孟子曰：「否，不然。……吾聞其以堯舜之道要湯，未聞以割烹（要湯）也。」（孟子萬章篇）

9.治亂，天邪？曰：日月星辰瑞曆，是禹、桀之所同也。禹以治，桀以亂。治亂，非天也。（治亂，）時邪？曰：繁啓蕃長於春夏，畜積收藏於秋冬，是又禹、桀之所同也。禹以治，桀以亂。治亂，非時也。（治亂，）地邪？曰：得地得生，失地則死，是又禹、桀之所同也。禹以治，桀以亂。治亂，非地也。（荀子天論）

10.左師公曰：「今三世以前，至於趙之爲趙，趙王之子孫侯者，其繼有在者乎？」曰：「無有。」曰：「微獨趙，諸侯（之子孫侯者，其繼）有在者乎？」曰：「老婦不聞也。」（戰國策趙策。觸讋說趙太后）

11.若是死時，我與你們同死；（若是）活時，（我與你們）同活。（水滸傳第二回）

以上是承上省略。第一例省略一個主語「君子」，很明白；第四例省略兩個主語「楚人」、「吳人」，就需要解釋了。第二例省略一個短語「擇其善者」，第八例也省略一個短語「要湯」，這樣上下句有參差之美。第九例省略兩個「治亂」，因爲句中「治亂」字太多，省略後才不顯得重複。第十例省略「之子孫侯者，其繼」字樣，就較爲費解了。其他各例的省略，都有它的作用。

二、探下省

探下省的例子，如：

1. 七月（蟋蟀）在野，八月（蟋蟀）在宇，九月（蟋蟀）在戶，十月蟋蟀入我牀下。（詩經豳風七月）
2. 子曰：「躬自厚（責）而薄責於人，則遠怨矣。」（論語衞靈公篇）
3. 陳臻問曰：「前日於齊，王餽兼金二百（鎰）而不受；於宋，餽七十鎰而受；於薛，餽五十鎰而受。……」（孟子公孫丑篇）
4. 夏后氏五十（畝）而貢，殷人七十（畝）而助，周人百畝而徹，其實皆什一也。（孟子滕文公篇）
5. 楊子之鄰亡羊，既率其黨（追之），又請楊子之豎追之。（列子說符）
6. 其南爲丈夫（喪），北爲女子喪。（史記天官書）

7.扞彌南與渠勒（接），東北與龜茲（接），西北與姑墨接。（漢書西域傳）

8.你我相逢在黑夜的海上，你有你的（方向），我有我的方向。（徐志摩：偶然）

探下省是一種比較少用、也比較不易的修辭法。像第一例七月詩，前三句都省略「蟋蟀」，到第四句才出現，是一般作者不敢輕易嘗試的。所以胡仔漁隱叢話（前集卷一）引張文潛的話說：「詩三百篇，……要之非深於文章者不能作。如『七月在野』至『入我牀下』，於『七月』以下皆不道破，直至『十月』方言『蟋蟀』，非深於文章者，能爲之邪？」

三、樞紐省

還有一種省略法，是在上下句子轉折的時候，省了一句或數句。它不是承上省，也不是探下省；但又像承上省，也像探下省。也許可以稱爲「樞紐省」。樞紐省的句子大部分是假設句，例如：

1.人君唯毋聽寢兵，（聽寢兵，）則群臣賓客莫敢言兵。（管子立政九敗解）

管子說人君不應任令停止軍事，若任令停止軍事，那麼群臣都不敢談軍事了。句中省略「聽寢兵」一句假設的話，它是作樞紐用的。

2.其母曰：「亦使知之，若何？」曰：「言，身之文也。身將隱，焉用文之？（若文之，）是求顯也。」（左傳僖公二十四年）

介之推不言祿，也不讓晉文公知道。因爲他不求顯宦，只想歸隱。「隱」與「顯」之間，省了一句「若文之」的過接語。

3.（句踐）遂使之行成於吳，曰：「寡君句踐乏無所使，使其下臣種，不敢徹聲聞於天王，私於下執事曰：寡君之師徒，不足以辱君矣，願以金玉子女賂君之辱；請句踐女女於王，大夫女女於大夫，士女女於士，越國之寶器畢從；寡君率越國之眾，以從君之師徒，惟君左右之。若以越國之罪爲不可赦也，將焚宗廟，係妻子，沈金玉於江；有帶甲五千人，將以致死，乃必有偶，（若赦越罪而許成，）是以帶甲萬人事君也；（若不赦越罪而不許成，）無乃即傷君王之所愛乎？與其殺是人，寧得此國也？其孰利乎？」（國語越語）

越國還有軍隊五千人，將作殊死戰，一對一，當可殺死吳軍五千人。如果赦罪許和，就可留下一萬軍隊侍候吳王；如不赦罪、不許和，那就要傷害到吳王所愛的軍士了。這段話轉了兩次彎，中間省略了兩句作爲轉折樞紐的假設言辭。

4.晉獻公將殺其世子申生。公子重耳謂之曰：「子蓋言子之志於公乎？」世子曰：「不可。君安驪姬，（若我言志於公，）是我傷公之心也。」……（禮記檀弓）

驪姬置毒於酒肉而誣陷申生弒父，申生不肯辯白。理由是：父親不能沒有驪姬，如果辯白了，驪姬將被殺，這就傷害了父親。中間轉折處，少了一句「若我言志於公」。

5.上既聞廉頗、李牧爲人良，說而搏髀曰：「嗟乎！吾獨不得廉頗、李牧時爲吾將，（若得廉頗、李牧時爲吾將，）吾豈憂匈奴哉！」（史記馮唐傳）

中間應有「若得廉頗、李牧時爲吾將」一句，也是轉折處省略了一句。楊樹達「古書疑義舉例續補」省句例，以爲是「以語急而省」。他又說「太史公自序」云：「故有國者不可以不知春秋，前有讒而弗見，後有賊而不知；爲人臣者不可以不知春秋，守經事而不知其宜，遭變事而不知其權。」兩「不可以不知春秋」下，各當有「不知春秋」一語，因爲避複，所以省去。這都是承上啓下的樞紐省。

6. 王冕看了一回，心裏想道：「古人說：『人在圖畫中。』其實不錯。可惜我這裡沒有一個畫工，把這荷花畫他幾枝，（如有一個畫工，把這荷花畫他幾枝，）也覺有趣。」（儒林外史楔子——王冕）

「把這荷花畫他幾枝」一句，作爲「沒有一個畫工」的末句，也作爲「也覺有趣」的首句，是一句兩用的樞紐；事實上是少了「如有一個畫工，把這荷花畫他幾枝」的假設句，因嫌重複，就把它省略了。

這種省略，既可說承上，也可說探下，所以就稱它爲樞紐省。目的是爲了「避複」。

四、文章繁簡

省略，是爲了求文辭的簡潔。但如果求簡而過省，使句義晦澀，須另加注解，那反而不好了。像前面所舉的管子立政九敗解條，王念孫以爲「『毋』爲語詞，本無意義」，楊樹達認爲王氏解錯了，不是「毋」字沒意義，而是中間少「聽寢兵」一句。楊氏說：「管子原文以語急而省去一句，即善讀書如王氏者，亦不得其解。果如王說，則不唯『毋』字無義，即『唯』字亦爲贅文矣。」（見古書疑義舉例續補）可見過分省略，即使是飽學之士，也會解錯，何況一般讀書人。

又如前面舉檀弓記申生故事，只說「君安驪姬，是我傷公之心也」，亦嫌過省。左傳僖公四年，寫這件事，是作：「或謂太子曰：『子辭，君必辯焉。』太子曰：『君非姬氏，居不安，食不飽，我辭，姬必有罪。君老矣，吾又不樂。』……」文辭比較完備，意思更加明白。但是陳騤卻說：「觀檀弓之載事，言簡而不疏，旨深而不晦，雖左氏之富豔，敢奮飛於前乎？」他以這件事的記述作比較，結論是：「考此，則檀弓爲優。鳧脛雖短，續之則憂；鶴脛雖長，斷之則悲；檀弓之文，長短有度，不可增損，其類是哉！」（文則下）其實檀弓之文，也不見得言簡而不疏，也不見得鳧脛難續；要不然，鄭玄注禮，以簡潔著稱，爲什麼要在「是我傷公之心也」句下，注上「言其意，則驪姬必誅也」一句？還不是用左傳的說法來補充檀弓？

因此，作文，簡有簡的好處，繁有繁的好處。不當簡而簡，是晦澀；不當繁而繁，是冗贅。總之，應簡就簡，該繁就繁。

顧炎武論文章繁簡，說：「辭主乎達，不論繁與簡也。」這話很對。他引用黃震黃氏日鈔的話說：「蘇子由古史，改史記多有不當。如樗里子傳，史記曰：『母，韓女也。樗里子滑稽多智。』古史曰：『母，韓女也，滑稽多智。』似以母爲滑稽矣，然則『樗里子』三字其可省乎？甘茂傳，史記曰

：『甘茂者，下蔡人也。事下蔡史舉，學百家之說。』古史曰：『下蔡史舉，學百家之說。』似史舉自學百家矣，然則『事』之一字其可省乎？以是知文不可以省字爲工。字而可省，太史公省之久矣。」（日知錄卷二十一）這是不當簡而簡了。

洪邁容齋隨筆卷一，文繁簡有當條云：「夫文貴於達而已，繁與簡各有當也。史記衞青傳：『校尉李朔、校尉趙不虞、校尉公孫戎奴，各三從大將軍獲王。以千三百戶封朔爲涉軹侯，以千三百戶封不虞爲隨成侯，以千三百戶封戎奴爲從平侯。』前漢書但云：『校尉李朔、趙不虞、公孫戎奴各三從大將軍，封朔爲涉軹侯，不虞爲隨成侯，戎奴爲從平侯。』比於史記五十八字中省二十三字，然不若史記爲朴贍可喜。」這是洪邁的看法。仔細推敲，史記的似嫌繁複，漢書的卻簡潔得要，因爲漢書記的已很「達」，既然已「達」，就不必那麼繁了。

檀弓有「南宮縚之妻之姑之喪」的句子，有人說疊用三個「之」字，很妙。檀弓又有一則：「石駘仲卒，無適子，有庶子六人，卜所以爲後者。曰：『沐浴佩玉則兆。』五人皆沐浴佩玉。石祁子曰：『孰有執親之喪，而沐浴佩玉者乎？』不沐浴佩玉。石祁子兆。衞人以龜爲有知也。」有人說疊用四句「沐浴佩玉」，尤妙。（洪邁亦持此說。見隨筆卷八。）但是章學誠卻說：「檀弓『南宮縚之妻之姑之喪』，評者謂疊用三『之』字，句法之妙；又石駘仲卒，疊用四『沐浴佩玉』句，評者又謂文之妙於繁者。檀弓之文誠古，然佳處卻不在此。如云：『南宮縚妻有姑之喪。』句自簡明無弊，何爲必疊用『之』字見長？石駘仲章，但云：『卜所以爲後者，曰：「沐浴佩玉則兆。」五人從之，石祁子則否，曰：「烏有執親之喪而沐浴佩玉者乎？」』省去二重疊句，未嘗不妙。夫經傳成文，流傳已久，豈可妄議增損字句；但必謂古人文辭佳處在此，則傅會之見矣。」（丙辰劄記）這話說得非常公平合理。

過分挑剔古人的文章，固然不對；一味贊頌古人的文章，也不見得合理。黃震說：「字而可省，太史公省之久矣。」但史記的偉大並不在於無一字可增損。王若虛滹南遺老集，就說史記屈原列傳「王使屈平爲令，……每一令出，平伐其功曰，以爲『非我莫能爲也』」一節，其中「『曰』字與『以爲』意重複。」可能是誤衍一個「曰」字，但最好是刪去「以爲」二字。可見史記是有字可省的。但這無損史記的偉大。

顧炎武又說孟子公孫丑篇「時子因陳子而以告孟子，陳子以時子之言告孟子」這兩句話，不須重出而意已明。上文原是齊宣王把一番挽留孟子的話，叫時子告訴孟子，時子又叫陳子轉告孟子，所以只要「時子因陳子而以告孟子」一句就可以了，重出並無意義。但是萬章篇：「有饋生魚於鄭子產，子產使校人畜之池。校人烹之，反命曰：『始舍之，圉圉焉；少則洋洋焉；攸然而逝。』子產曰：『得其所哉！得其所哉！』校人出，曰：『孰謂子產智？予既烹而食之，曰：「得其所哉！得其所哉！」』」兩句「得其所哉」，就必須重出。因爲這故事，是說明「君子可欺以其方」的道理，重出了，才能顯出校人的狡詐和子產的坦誠。何處宜簡，何處應繁，各以文章的需要而定。

鼂錯論貴粟疏，寫農夫工作之苦時，說：「春耕夏耘，秋收冬藏；伐薪樵，治官府，給徭役；春不得避風塵，夏不得避暑熱，秋不得避陰雨，冬不得避寒凍；四時之間，亡日休息。」其中「春不得避風塵，……」四句，和「四時之間，……」二句，意重句複，如果刪去，豈不簡單明瞭？但是全文主旨是在說明農民太辛苦了，必須提高穀子的價格，使農民獲得相當的報酬。所以他特地加重描寫農民的辛勞。看似繁複，卻是應該如此。相反的，他認爲商人工作輕鬆，賺錢容易，應該抑制。所以他寫商人是：「而商賈大者積貯倍息，小者坐列販賣，操其奇贏，日遊都市，乘上之急，所賣必倍。」聊聊數語，就交代出來。其實商人也有難念的苦經，尤其是小商人，稱斤計兩，覓取蠅頭微利，哪能「坐列販賣」就獲利必倍？漢朝的經濟政策是重農抑商，本文就是代表。所以他詳述農民的勞苦，簡敍商人的安逸。適應文章主旨，繁簡之間，故意作這樣的描述。

朱自清的「背影」，用「我從北京到徐州，打算跟父親奔喪回家」、「回家變賣典質，父親還了虧空，又借錢辦了喪事」幾句，交代了許多家庭事務，這是簡，一種適當的簡；卻用很多文字描寫父親浦口送別的一幕，送別中極大部分的文字，寫父親替他買橘子的一事，這是繁，一種必需的繁。因爲這篇文章的目的，是寫父子的天倫之愛，尤其著重無微不至的父愛。其中有一句：「他給我揀定了靠車門的一張椅子；我將他給我做的紫毛大衣舖好坐位。」「他給我做的」一語，實是贅疣；甚至「紫毛」二字也可省略。但當讀到下文「他戴著黑布小帽，穿著黑布大馬褂、深青布棉袍」的時候，你就知道那是作者苦心特意安排的「繁」。如果你不粗心，眼前必然出現兩個形象：一位穿著紫毛大衣，光鮮體面的大學生兒子；一個戴著黑布小帽，穿著青布棉袍，寒酸土氣的鄉下佬父親。而那件紫毛大衣，正是那個戴黑布小帽的人「給我做的」。父母之愛，總是犧牲自己，成全兒女。爲了烘托主題，這些看似不必要的繁辭，就不能省了。

省略，並不是很重要的修辭法。它只是能使句子簡潔，避免重複；但有時，也有使人探索缺漏，獲得弦外音的趣味。省其可省，就是簡，但必須簡而不晦；不省不可省，就是繁，但必須繁而不贅。如何取捨，當視文章的需要爲準。

本書參考書目

甲、修辭法參考書

文心雕龍　南朝梁劉勰　世界書局
唐詩紀事　宋計有功　臺北鼎文書局
翁注困學紀聞　宋王應麟　中華書局
夢溪筆談　宋沈　括　商務印書局
苕溪漁隱叢話　宋胡　仔　廣文書局
文則　宋陳　騤　商務印書館
老學庵筆記　宋陸　游　廣文書局
鶴林玉露　宋羅大經　臺灣開明書店
容齋隨筆、續筆　宋洪　邁　商務印書館
滹南遺老集　金王若虛　商務印書館四部備要初編
文章指南　明歸有光　廣文書局

丹鉛雜錄　明楊　愼　商務印書館
日知錄　清顧炎武　明倫出版社
隨園詩話　清袁　枚　啓明書局
陔餘叢考　清趙　翼　世界書局
述學　清汪　中　廣文書局
十駕齋養新錄　清錢大昕　商務印書館
古文析義　清林西仲　廣文書局
退庵隨筆　清梁章鉅　藝文印書館
宋稗類鈔　清潘永固
古書疑義舉例又續補　清俞　樾，民國楊樹達　世界書局
兩般秋雨盦隨筆　清梁紹壬　商務印書館
涵芬樓文談　清吳曾祺　商務印書館
清詩話　清丁福保編　明倫出版社
白香詞譜　清舒夢蘭　廣文書局
玉谿詩謎　蘇雪林　商務印書館
唐詩三百首詩話薈編　彭國棟　華岡出版社

文藝論衡　趙友培　商務印書館
漢詩研究　方祖燊　正中書局
修辭格　唐　鉞　商務印書館
古書修辭例　張文治　中華書局
中國修辭學　楊樹達　世界書局
修辭學發凡　陳望道　文史哲出版社
中國文學欣賞舉隅　傅更生　臺北地平線出版社
修辭學　傅隸樸　正中書局
字句鍛鍊法　黃永武　商務印書館
中國詩學　黃永武　巨流出版社
修辭學發微　徐庭芹　中華書局
修辭學　黃慶萱　三民書局

乙、修辭例引用書

周易　十三經注疏　藝文印書館
尚書　十三經注疏　藝文印書館

毛詩　十三經注疏　藝文印書館
春秋左傳詁　清洪亮吉編注　商務印書館
禮記　漢鄭　玄注　新興書局
論語　宋朱　熹注　中華叢書委員會
孟子　漢趙　岐注，清焦循疏　商務印書館
國語　三國吳韋昭注　藝文印書館
戰國策　漢劉　向編，漢高　誘注　中華書局
史記　漢司馬遷撰，南朝宋裴駰集解　藝文印書館
漢書　漢班　固撰，唐顏師古注，清王先謙補注　藝文印書館
後漢書　南朝宋范　曄撰，唐李　賢注　藝文印書館
三國志　晉陳　壽撰，南朝宋裴松之注　藝文印書館
新五代史　宋歐陽修撰　藝文印書館
老子　漢河上公注　廣文書局
莊子纂箋　錢　穆箋　三民書局經售
晏子春秋　中華書局
荀子　唐楊　倞注　中華書局

呂氏春秋　漢高　誘注　中華書局
說苑　漢劉　向撰　世界書局
世說新語　南朝宋劉義慶撰，梁劉孝標注　啓明書局
曹子建集　三國魏曹　植撰　新興書局
陶淵明全集　清陶　澍注　新興書局
文選　南朝梁蕭　統編，唐六臣注　廣文書局
古詩源　清沈德潛編　臺中曾文出版社
韓昌黎集　唐韓　愈　世界書局
柳河東集　唐柳宗元　中華書局
李太白集　唐李　白　中華書局
杜詩鏡銓　唐杜　甫　臺北華正書局
王右丞集注　唐王　維　中華書局
白香山詩集　唐白居易　中華書局
玉谿生詩箋注　唐李商隱　中華書局
歐陽修全集　宋歐陽修　世界書局
蘇東坡全集　宋蘇　軾　河洛圖書公司

南唐二主詞彙箋　民國唐圭璋編　正中書局
李清照集　宋李清照　河洛圖書公司
宋六十名家詞　宋毛　晉輯　中華書局
宋詩精華錄　石遺老人評　廣文書局
元曲選　明臧晉叔輯　中華書局
西廂記　元王實甫　臺北西南書局
琵琶記　元高　明　臺北西南書局
水滸傳　元施耐庵　世界書局
西遊記　明吳承恩　世界書局
牡丹亭　明湯顯祖　臺北西南書局
袁中郎集　明袁宏道　廣文書局
長生殿　清洪　昇　臺北西南書局
桃花扇　清孔尚任　臺北大方出版社
紅樓夢　清曹雪芹　世界書局
鄭板橋全集　清鄭　燮　新興書局
小倉山房尺牘　清袁　枚　啓明書局

納蘭詞　清納蘭性德　世界書局
清詩選　民國吳遁生編　商務印書館
聊齋志異　清蒲松齡　世界書局
鏡花緣　清李汝珍　世界書局
儒林外史　清吳敬梓　世界書局
浮生六記　清沈　復　臺灣開明書店
幽夢影　清張心齋　臺北西南書局
老殘遊記　劉　鶚　世界書局
飲冰室合集　梁啓超　中華書局
胡適文存　胡　適　遠東圖書公司
徐志摩全集　徐志摩　傳記文學出版社
朱自清全集　朱自清　正言出版社
劉大白文集　劉大白　臺北大漢出版社
雅舍小品　梁實秋　正中書局
陳之藩散文集　陳之藩　遠東圖書公司
莎士比亞戲劇　朱生豪譯　世界書局

中央日報副刊